중국을 움직이는

# CEO들

# 중국을 움직이는
# CEO들

홍순도 지음

베이징 특파원 11인이 발로 쓴 중국 대표 **CEO** 심층 취재기

서교출판사

편집위원 겸 집필에 참여한 베이징특파원

강성주 • 재외동포저널 편집위원
김용관 • 동양대학교 교수
최창근 • KBS 전 해설위원
장동훈 • 뉴스통신진흥회이사
김규환 • 서울신문 국제부 선임기자
유상철 • 중앙일보 중국 전문기자
여시동 • TV조선 신사업기획단 단장
한우덕 • 중앙일보 중국연구소 소장
하종대 • 동아일보 편집국 부국장, A채널 앵커
오광진 • 한국경제신문 국제부 차장

"부지런하고 예의바르고 붙임성 있고
누구에게나 친구가 되고 적을 만들지 마라.
성공의 우선 조건이다."

'리콴유 자서전' 중에서

# 중국 부자를 알면
# 중국 경제의 비밀 코드가 보인다

중국의 국기인 오성홍기(五星紅旗)를 보면 붉은색 바탕에 노란색 큰 별 하나와 작은 별 네 개가 그려져 있다. 큰 별은 공산당을 나타내고 작은 별 네 개는 노동자·농민·소자산계급·민족자산계급을 나타낸다고 한다. 요즘 무산계급자들의 당인 중국공산당이 묘하다. 중국에서는 매년 3월에 연중 최대 정치행사인 정치협상회의(정협)와 전국인민대표대회(전인대) 두 개의 회의가 열린다. 양회(兩會)는 매년 숱한 화제를 뿌리지만 2015년에는 양회에 참석한 중국 부자들이 화제였다. 2015년 정협 위원 정수 2,237명 중 7%에 달하는 156명이 중국 상장기업의 경영진이었고 더 놀라운 점은 정협에 참석한 자본가들의 회사 시가총액이었다. 이들의 시가총액은 무려 6조 3983억 위안(한화 1120조 원)으로 중국 증시 전체 시가총액의 23%에 달했다. 이렇다보니 사회주의국가 중국에서 자본주의의 꽃이라는 증시에 상장된 상장기업의 오너들이 사회주의국가의 핵심기관 대표라는 사실은 과연 중국이 사회주의국가가 맞는지 헷갈리게 한다.

또한 '후룬연구소'가 조사한 바에 따르면 전인대 참석 인원의 상위 2%인 중국 자본가 60명의 순자산은 5,658억 위안(한화 99조 원), 평균 재산은 14.4억 달러(한화 1조 7000억 원)에 달해 미국 의회의 상위 2% 부자의원 11명의 평균 재산인 3.2억 달러(한화 3,800억 원)와 비교해 볼 때 중국 자본가들의 재산이 얼마나 많은지를 알 수 있다. 그래서 요즘 중국에서는 공산당이 노동자·농민들의 정당이 아니라 '부자들의 당'이란 소리가 나오고 있다. 그러나 사실 중국은 '중국식 자본주의'국가다. 이미 34년 전인 1978년에 개혁·개방을 하면서 소련식 사회주의는 사라졌다. 어찌 보면 중국의 자본가들은 현재의 중국을 만드는 데 가장 크게 공헌을 한 덩샤오핑(鄧小平)이 주창했던 '능력 있는 자가 먼저 부자가 돼라'는 '선부론(先富論)'을 가장 잘 실천한 '우수한 사회주의자'들인 셈이다.

지금 중국에는 백만장자가 140만 명이 넘고 그 수도 매년 늘어나고 있다. 그 덕분에 7,000만 명의 해외 여행객들이 전 세계 면세점을 싹쓸이하고 있다. 중국의 상위 5%, 7,000만 명의 소비가 세계 명품업계를 확 뒤집어 놓은 것이다. 이젠 '메이드 인 차이나(Made in china)'가 아니라 중국의 부자들을 위해 만드는 '메이드 포 차이나(Made for china)'시대가 온 것이다. 지리적으로 중국과 가장 가까운 한국은 중국을 고급품의 최대 소비시장으로 인식하고 중국인에게 먹히는 고가 명품 브랜드를 창조하지 못하면 굴러들어온 호박을 걷어차는 꼴이 될 가능성이 있다. 그래서 사회주의 중국의 슈퍼 리치, 상위 5%만을 위한 한국의 대중국 명품 창조 프로젝트가 시급하다. 현재 한국에서 잘나간다는 자본가들은 모두 50~60년씩 된 대기업의 가족 경영권 승계에 따라 사장에 오른 CEO들이 대부분이지만 중국의 자본가들은 설립된 지 10~20년밖에 안 된 젊은 기업들의 CEO들이 대부분이다. 이들 CEO 연령대 역시 중국이 확연히 낮다. 한국의 CEO 평균 연령은 63세로 1952년생들이 가장 많지만, 중국 상장회사 CEO의 평균 연령은 53세로 한국 평균보다 열 살이나 어리다. 또한 중국은 '생산대약진' 운동으로 세계의 공장이 되면서 G2의 반열에 올랐고, 지금은 '소비대약진' 단계에 들어서고 있다. 중국의 '소비대약진운동' 다음에는 '자본대약진'의 시대가 올 전망이다. 이미 전 세계 10대 은행 중 4개가 중국은행이고 미국 정부의 최대 채권자가 중국이다. 중국은 이제 국제사회에 인해전술이 아니라 '쩐의 전쟁'인 '전해전술(錢海戰術)'로 나오고 있다. 중국은 아직 레버리지가 없는 사회다. 만약 중국의 CEO들이 중국 금융기관의 레버리지를 등에 업고 세계로 나오는 순간 전 세계 인수·합병(M&A)시장의 물건은 모두 중국기업가의 손으로 넘어갈 가능성이 매우 높다.

중국을 공략해서 돈을 벌려고 하면 중국에서 돈 번 사람이나 기업을 제대로 아는 것이 중요하다. 중국 부자를 알면 중국경제의 비밀코드가 보인다. 중국의 성장 주도 산업은 매년 발표되는 중국의 부자 순위 상위에 랭크된 부자들이 무슨 업종에 종사하는지를 보면 알 수 있다. 중국 현지에서 발로 뛰며 중국을 취재하는 특파원들이 쓴 이 책은 그래서 더 의미가 있어 보인다. 이 책은 중국에서 크게 성공한, 그야말로 쟁쟁한 부자들의 도전 정신과 기업가 정신 그리고 사업 전략까지도 파헤쳤다. 이 책이 보여주는 생생한 정보는 중국을 공략하려는 한국의 기업인들과 투자가들은 물론 창업을 하려는 젊은이들에게 도전 정신을 일깨워 줄 수 있을 것이다.

전병서(중국경제금융연구소 소장 겸 경희대 China MBA객원교수)

# 왜 중국의 CEO를 알아야 할까?

중국의 근대사를 살펴보면 정말 도깨비 같은 나라라는 생각을 지우기가 어렵다. 세계 최고의 인구와 광활한 영토, 그리고 무궁무진한 자원을 보유한 엄청난 잠재력에도 불구하고 19세기 후반부터 20세기 전반까지 '동아시아의 병자'로 불리는 치욕을 당한 사실만 봐도 이 생각은 크게 틀리지 않다. 극성기였던 청나라 건륭제(乾隆帝) 때의 중국은 글로벌 GDP의 무려 35% 가까이를 차지했지만, 1950년대 들어서는 고작 1%만 점유했으니 더 이상의 설명은 사족이라고 해도 좋다. 이 정도 되면 부자는 망해도 3대는 간다는 말이 무색할 만큼 완전 쫄딱 망했다는 표현도 과하지 않은 상황이었다. 그러나 더욱 불가사의한 것은 재기 불능일 것만 같던 나라가 서서히 체력을 회복하면서 소생하는가 싶더니 지금은 미국을 대신할 G1으로 등극하려는 조짐까지 보이고 있다는 사실이다. 그야말로 전 세계의 내로라하는 국가들이 "어, 어?" 하는 사이에 급피치를 올려 완벽한 뒤집기 쇼를 연출한 것이다.

혹자는 중국이 이렇게 지옥과 천국을 들락날락 하는 식의 롤러코스트를 경험한 것을 두고 중국인들이 늘 입에 올린다는 '일치일란(一治一亂)'과 연결해 생각할지도 모른다. 또 소설 《삼국연의(三國演義)》에도 나오는 이른바 '합구필분, 분구필합(合久必分, 分久必合)'의 운명론과 비슷한 것이 아닌가 생각도 한다.

그러나 인도가 중국에 비해 결코 뒤지지 않는 인구와 영토에도 불구하고 아직까지 코를 골며 자고 있는 미래의 거인이라는 사실을 감안하면 얘기는 많이 달라진다. 운명론 외에도 무언가 대단하고 극적인 모멘텀(Momentum)이 있었기 때문에 1세기 이상의 치욕을 벗어나 미국을 뛰어넘어 팍스 시니카 시대를 향해 달려가고 있지 않을까. 결론적으로 말하면 그렇다. 중국에 대해 약간의 관심이나 상식이 있는 이들이라면 이 모멘텀들을 어느 정도 알 수 있을 것이다. 역시 가장 먼저 꼽아야 할 것이 개혁·개방을 통해 사회주의 시장경제를 35년여 동안 추진한 '뚝심'이 아닌가 싶다. 여기에 개혁·개방의 총설계사로 불리는 덩샤오핑(鄧小平)의 '리더십'도 간과해서는 안 된다. 그가 이른바 〈흑묘백묘론〉과 먼저 부자가 돼라는 〈선부론〉으로 중국인들의 잠자고 있던 이재 본능을 자극해 과거의 영광을 되찾도록 만들었다고 해도 과언이 아니다. 당연히 이 과정에서 덩의 후계자들인 장쩌민(江澤民)과 후진타오(胡錦濤) 등도 나름의 큰 역할을 했다. 35년여 동안 개혁·개방 정책을 이끌어가면서 부정부패, 사회 양극화 등 온갖 부조리가 생겨나는 것을 완벽하게 막아내지는 못했으나 그래도 중국을 어느 정도 정상적으로 굴러가도록 견인한 것이다. 이 밖에 반드시 잊지 말아야 할 존재들도 있다. 과거 사회주의 시절의 계획경제 때와는 확연히 다른 현 중국의 시장경제 아래서 기업인들이라고 불리는 사람들이 바로 그들이다. 사실 차려놓은 밥상에 먹을 사람이 없어서는 안 된다. 기껏 노력해서 먹을 자리를 만들어놨는데 아무도 오지 않는 것 역시 마찬가지다. 황새는 아니더라도 최소한 수많은 뱁새들이라도 날아와야 하는 것이다. 중국의 기업인들은 이재에 관한 한 유대인을 뺨친다는 중국인 아니랄까봐 덩샤오핑이 그럴싸하게 밥상을 차려놓자 목마른 사슴처럼 시장경제의 샘물로 달려나왔다. 이어 난다 긴다 하는 중국인들 사이에서도 두각을 나타낼 수 있는 능력을 부여받은 그들답게 중국 경제의 견인차 역할을 너무나도 확실하게 잘 해냈다. 공산당이 없었다면 신중국도 없었겠지만 이들이 없었다면 아마 개혁·개방은 절대 성공하지 못했을 것이다. 바로 이런 점 때문에 필자는 이 책에서 중국 기업인들을 해부하기로 결정을 내렸다.

중국 기업인들은 통상적으로 '홍색자본가(紅色資本家)'로 불린다. 이들 중 상당수는 이렇게 불리는 것을 내심 싫어할 수도 있다. 아무래도 레드라는 단어가 주는 어감은 기업인들에게는 썩 잘 어울리지 않으니까 말이다. 더구나 이들 중에는 공산당원이 아닌 사람도 적지 않다. 심지어 드러내놓지는 않아도 공산당에 반감을 가지고 있는 사람도 있다. 원래 홍색자본가라는 말은 덩샤오핑 이전 마오쩌둥(毛澤東) 등이 혁명을 이끌던 시대에 사회주의를 지지한 일반 자본가들과 당원 기업가들을 일컫던 말이었다. 예컨대 신중국이 성립하자 전 재산을 국가에 기부한 룽이런(榮毅仁) 전 국가 부주석과 홍콩 출신 훠잉둥(霍英東) 전국정치협상회의(정협) 부주석 등이 이런 부류에 속한다. 이들 가운데 룽은 1957년 자신의 재산을 국가에 헌납해 당시 천이(陳毅) 부총리로부터 직접 홍색자본가라는 칭호를 부여받기도 했다. 그러나 지금은 홍색자본가라는 단어가 일반명사로 변했기 때문에 개혁·개방을 통해 부를 축적한 기업인들을 지칭한다고 해도 큰 무리는 없다. 영어로 하면 레드 캐피털리스트, 사회주의와는 전혀 어울릴 것 같지 않은 홍색자본가, 이들은 과연 누구일까? 그동안 어떻게 부를 축적했고 지금은 또 어떻게 부를 늘려가고 있는가? 21세기에도 이들은 지속적으로 중국 경제를 견인할 주역이 될 수 있을 것인가? 이 책을 읽으면 이런 의문들을 하나씩 풀어 갈 수 있다. 중국의 오늘을 있게 만든 원동력과 현실을 제대로 이해할 수 있을 뿐만 아니라 나아가 중국의 미래도 확실하게 전망할 수 있을 것이다.

홍순도(중국 전문작가 겸 아시아투데이 베이징 지국장)

## ▌ 목차

### 제1부
# 중국 CEO, 그들은 누구인가?

### 제2부
# 우리도 주목하라:
# 또 다른 신화의 주인공들

카자흐스탄

닝샤후이족자치구

● 우루무치

키르기스스탄

신장웨이우얼자치구

간쑤성

서닝

칭하이성

시장자치구(티베트)

● 라싸

쓰

네팔

부탄

윈난성

인도

방글라데시

미얀마

인도양

태국

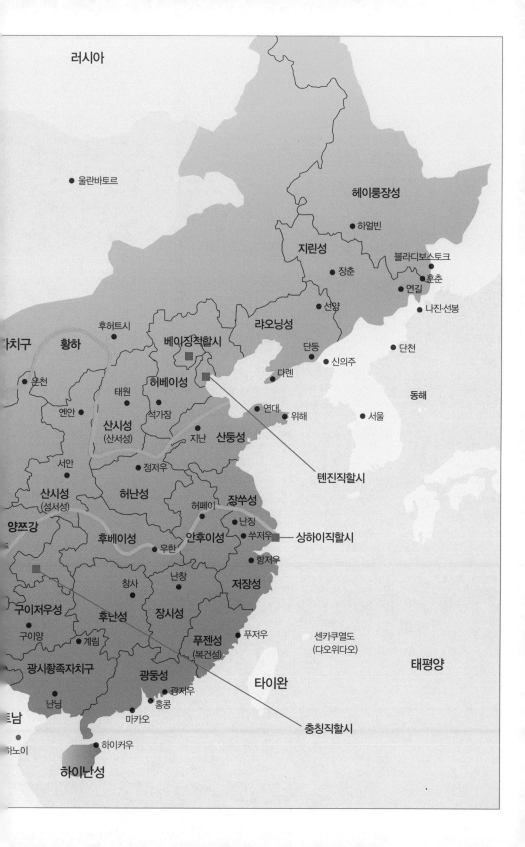

# 중국 CEO,
# 그들은 누구인가?

덩샤오핑의 개혁·개방 정책을 통해 자본가가 될 기회를 가장 먼저 잡은 사람들은 정부의 적극적인 지원을 등에 업은 당원이나 관료 출신이었다.

이들은 사업에 뛰어든다는 의미의 이른바 '샤하이(下海)'를 통해 시장경제의 바다로 나와 큰돈을 만지기 시작했다. 이들은 덩샤오핑이 주창했던 선부론 구호대로 먼저 사업을 시작하고 부를 축적해 현대적 개념의 자본가로 우뚝 서게 된 것이다. 1부에서는 중국의 자본가는 어떤 사람들인지 살펴보고 그들을 대표하는 스타 CEO 3인의 성공 스토리를 들어보자.

## 독일과 손잡은 중국, 한국기업을 시장에서 내몰다

　　중국 산업의 '탈(脫)아시아' 움직임이 가속화된다. 제조업 강국을 향한 '중국 제조 2025'의 결과물 때문이다. 생산대국의 대명사인 중국이 기술대국인 독일과 손을 잡으며 제조 혁신에 나선 것이다. 지난 2년 사이 중·독 양국 정상은 네 차례나 서로 오가며 친밀함을 과시했다.

　　지난 30여 년 동안 중국의 산업 파트너는 일본·한국·대만 등 동아시아 국가였다. 이들 나라에서 생산된 부품을 중국 곳곳에서 조립해 미국과 유럽에 파는 분업 구조였다. 그러나 독일과의 기술 제휴로 수준이 높아진 중국 기업이 부품을 자체 조달하면서 이러한 구조에도 변화가 생겼다. 중국과 주변 아시아 기업이 협력과 분업이 아닌, 경쟁 상대로 바뀌어가는 추세가 가속화된 것이다. 건설장비 분야의 대표 기업인 싼이(三一)중공업은 2012년 독일 유명 중장비 회사인 푸츠마이스터 인수를 계기로 독일의 최신 기술을 빨아들이기 시작했다. 퀼른에 R&D센터와 교육센터도 세웠다. 그 결과 2010년 6.6%였던 시장점유율은 2015년 현재, 약 17%를 넘어섰다. 한때 우리는 중국을 '세계 하청 공장'이라고 평가절하했지만 중국의 시장혁신을 따라잡지 못한다면 머지않아 그 판도는 뒤바뀔 것이다.

# 중국공산당과
# 신흥 홍색자본가

중국인들과 돈은 참 잘 어울린다는 느낌이 든다. "재주는 곰이 부리고 돈은 되놈이 번다."는 표현만 떠올려 봐도 그렇다. 중국의 역사를 살펴봐도 이런 점은 명확히 드러난다.

중국 역사 최초의 자본가로 꼽히는 왕해(王亥), 강태공으로 더 유명한 여상(呂尙), 공자의 제자로 이재에 천부적인 재능을 보였다는 자공(子貢), 월, 제, 도나라 등 삼국에서 이름을 떨쳤던 범려(范蠡), 진시황을 등장시키는 데 혁혁한 공을 세운 여불위(呂不韋), 1,000여 명의 처첩을 거느렸다는 석숭(石崇), 살아있는 재신(財神)으로 불렸던 명나라의 심만삼(沈萬三), 청나라 예산 12년치와 맞먹는 재산을 소유했던 화신(和珅), 윤리경영의 상징 호설암(胡雪岩) 등 중국에는 예부터 세상을 뒤흔든 거부들이 헤아릴 수 없을 정도로 많았다.

이런 거부들의 명맥도 그러나 19세기 중반 서구 열강의 침입으로 명맥이 끊기다시피 했다. 이 시기 중국은 '동아시아의 병자'로 조롱을 받으며 온

21

갖 수모를 당했다. 이 같은 현상은 20세기 들어서도 거의 변하지 않았다. 중국은 완전히 껍데기만 남은 종이호랑이가 되어 중국인들은 거의가 궁핍한 삶을 살아야 했다. 이러한 최악의 조건도 현대적인 개념의 대자본가가 탄생하는 것은 막을 수 없었다. 사회가 혼란하고 어려울수록 이에 편승해 부를 축적하는 1%의 극소수 사람들이 나타났기 때문이다. 이는 현재 멕시코나 인도 같은 나라의 경우를 봐도 확인할 수 있다. 대다수 국민이 기아에 허덕여도 이들을 밟고 일어선 슈퍼리치들은 그 어느 나라 못지않게 늘어나고 있는 것이 현실이다.

## 홍색자본가 등장하다

남의 불행을 나의 행복으로 만든 20세기 초, 중국의 자본가들 중에서도 단연 손꼽히는 이들은 중화민국 4대 가족의 구성원들이다.

다시 말해 장씨의 장제스(蔣介石), 쑹씨의 쑹쯔원(宋子文), 쿵씨의 쿵샹시(孔祥熙), 천씨의 천리푸(陳立夫), 천궈푸(陳果夫) 형제를 말한다.

장제스를 중심으로 각각 혈연, 인척 관계에 있는 이 네 집안은 원래 지방의 소자본가 내지 매판 계급에 지나지 않았다. 하지만 공산당과 국민당 간의 내전 과정에서 차츰 부를 쌓아 화신이나 호설암을 능가하는 대자본가로 성장했다. 특히 장제스는 1927년 4월 12일 공산당에 대한 백색 테러로 정권을 장악한 이후 중국 대륙을 완전히 쥐락펴락했다.

이들이 부를 축적한 방법은 간단했다. 이른바 '4행(중앙은행·중국은행·교통은행·중국농민은행) 2국(우정저금회업총국·중앙신탁국)'이라는 국가 관료 독점자본의 지배 체제를 확립해 금융 산업을 쥐고 흔든 것이다. 이후 제조업을 비롯한 다른 모든 산업 분야가 이들의 손아귀에 들어간 것은 자연스러운 일이었다.

그러나 얼마 후 이들은 국공 내전에서의 패전과 해외 탈출로 인해 중국 역사에서 완전히 사라지고 말았다. 자본가라는 단어도 마찬가지여서 1949년 신중국이 건국된 뒤 사람들 입에 오르내리는 것조차 금기시됐다. 심지어 1966년부터 1976년까지의 문화대혁명 기간에는 자본가의 반열에 들 수 있는 지주와 부농들까지 철저한 타도 대상이 되기도 했다. 훗날 홍색자본가의 대명사로 불리는 룽이런(榮毅仁) 전 국가부주석이 이 격랑에서 살아남아 자본가로 재등장한 것이 신기할 정도였다.

1979년 1월 17일 덩샤오핑은 당시 60세를 훌쩍 넘긴 룽이런을 비롯한 구(舊)중국 시대의 자본가 다섯 명을 초청해 개혁·개방 정책 추진과 관련한 심도 있는 대화를 나누는 자리를 마련했다. 이 자리에서 덩은 그들에게 정치 및 사회 활동을 그만두고 경제에 매진할 것을 당부했다.

이렇게 해서 룽의 주도로 외국 자본과 선진 기술 도입을 주요 업무로 하는 '중국국제신탁투자공사(CITIC)'가 1979년 7월 8일 설립, 공포되었다. 자본금 1,000만 위안은 당시 국고가 텅 비어 있던 중국의 사정을 고려해 룽이 조달했으나 형식은 국영기업이었다. 이후 이 회사는 발전을 거듭해 지금은 전체 자산 1조 위안(180조 원), 순자산 1,000억 위안(18조 원)의 대형 그룹으로 우뚝 서게 됐다. 한때 자본가였다가 기꺼이 홍색자본가가 되기를 마다하지 않은 룽이런의 공로였다.

그는 이런 공로로 인해 세상을 떠난 지 벌써 10년(2005년 사망)의 세월이 흘렀지만 홍색자본가의 대명사로 지금까지 존경을 받고 있다.

개혁·개방 정책 추진 이후의 홍색자본가를 입에 올릴 때 간과해서는 안 되는 인물은 또 있다. 역시 룽이런과 같은 상하이 출신으로 신중국 건국 이전까지 각 기업체들의 전문경영인을 지냈던 징수핑(經叔平) 전 전국인민정치협상회의(정협) 부주석이 그 주인공이다.

❶ 덩샤오핑과 환담하고 있는 중신그룹(시틱, CITIC) 초대회장 룽이런.

❷ 장쩌민 주석과 만나 악수하는 징수핑. 그들은 중국에서 홍색자본가의 대명사로 불린다.

1979년 1월 17일 룽과 함께 덩샤오핑을 만난 다섯 명의 구중국 자본가 중 한 사람이었던 그는 개혁·개방 정책 이후 과거 자신의 경험을 정말 알뜰살뜰하게 중국 경제에 잘 접목시켰다. 무엇보다도 그의 공로는 자신보다 두 살 많은 룽의 오른팔이 돼 CITIC의 부동산 사업 부문을 크게 성장시켰고 중국 최초의 주식제 상업은행인 민성(民生)은행을 설립하는 데 혁혁한 공을 세운 것이다. 이런 여러 가지 공로로 인해 진정한 홍색자본가로 우뚝 섰고 룽과 마찬가지로 정협 부주석 등 정부 요직을 역임했다.

한때 마오쩌둥과 권력을 다툰 류사오치(劉少奇)의 처남인 왕광잉(王光英) 전 광다(光大)그룹 명예 이사장도 대표적인 홍색자본가다. 동갑인 징수핑과 함께 룽을 돕다가 광다그룹을 창업해 지금의 대금융 그룹으로 키워냈다. 광다그룹은 2014년 2조 위안(360억 조 원)의 자산규모로 은행, 증권, 보험 등의 업무에서 경쟁력이 뛰어나다는 것이 국제 금융계의 평가다.

개혁·개방 정책 추진 이후 본격적으로 등장한 유·무명의 홍색자본가들은 이 밖에도 적지 않다. 그러나 대체로 공산당원이거나 공산당에 우호적이었던 이들 중 많은 사람이 1990년대부터 본격적으로 등장한 사영 기업인들에게 자리를 내주는 운명을 감수해야 했다. 더구나 요즘에는 이들 사영 기업인들도 홍색자본가로 불리고 있어 더 이상 홍색자본가의 의미는 퇴색하고 말았다.

## 전통적 홍색자본가를 대체하는 신흥 홍색자본가

덩샤오핑의 개혁·개방 정책을 통해 자본가가 될 기회를 가장 먼저 잡은 사람들은 정부의 적극적인 지원을 등에 업은 당원이나 관료 출신이었다. 이들은 사업에 뛰어든다는 의미의 이른바 '샤하이(下海)'를 통해 시장경제의 바다로 나와 큰돈을 만지기 시작했다. 이들은 덩샤오핑이 주창했던 선부론 구호대로 먼저 사업을 시작하고 부를 축적해 현대적 개념의 자본가로 우뚝 서게 된 것이다.

이렇게 개혁·개방 정책 초기, 당정의 혜택을 많이 받았던 홍색자본가 계층도 세월이 흐르면서 진화하기 시작했다. 우선 공산당원이 아닌 경우가 많아졌다. 또 관료 출신도 많이 줄어들었다. 대신 이들의 자리는 정치색이 비교적 약한 정보기술(IT) 인력들이 차지하게 됐다. 특히 해외 유학을 통해 한 차원 높은 IT 기술을 습득하고 귀국한 유학파(하이구이·海歸)들은 완전히 물 만난 고기처럼 빠르게 모태 홍색자본가들을 대체해 나갔다. 바다 건너갔다 왔다고 해서 '하이구이(海龜·바다거북)'로도 불리는 이들 중에서 단연 두드러지는 인물을 만나 보자.

2014년 포브스 중국부자 랭킹 2위를 차지하고 있는 리옌훙(李彦宏·46)을 우선 꼽을 수 있다. 그는 미국 실리콘밸리에서 활약하다가 중국으로 돌아와 인터넷 검색엔진인 '바이두(百度·Baidu)'를 창업하고 채 10년도 안 된 짧은 기간에 일약 억만장자가 된 CEO다. 최소한 중국에서만큼은 구글과 야후도 상대가 되지 못할 정도로 바이두를 확실하게 경영했다는 평가를 받고 있다.

또 중국의 빌 게이츠로 불리는 장차오양(張朝陽·51) '써우후(搜狐·Sohu)' 대표 역시 해외 물을 먹은 주목해야 할 IT 분야 자본가다. 장차오양은 산시(陝西)성 시안(西安) 출신으로 1986년 칭화(清華)대학 물리학과를 졸업하고 MIT로 유학을 떠나 일찍이 성공을 예감한 바 있다. 1993년에 박사 학위를 취득한 후 중국으로 돌아와 1998년 포털 사이트 써우후를 창업해 오늘에 이르고 있다. 2000년 7월에는 써우후의 미국 나스닥 상장으로 대박을 터뜨렸다. 한때 '신랑(新浪·Sina)'의 창업자 왕즈둥(王志東·48), 왕이(網易·Netease)의 오너 딩레이(丁磊·44) 등과 함께 중국 인터넷업계의 삼총사로 불리기도 했다.

　이 밖에도 해외 유학을 한 바다거북이든 중국 땅을 떠나본 적이 없는 토종이든 IT 분야의 중국 자본가들은 이루 헤아릴 수 없이 많다. 650여 개를 헤아리는 중국 전역의 크고 작은 도시들의 주요 IT 센터에는 최소한 몇 십 명에서 몇 백 명까지, 베이징이나 상하이 같은 대도시의 경우에는 당연히 여기에서 0이 하나 내지 두 개가 더 붙는다. 이들이 보유한 재산의 총규모도 그에 비례한다고 보면 된다. 모태 홍색자본가들을 빠르게 대체하는 또 다른 유형의 자본가들로는 부동산업자들도 거론해야 한다. 사회주의 계획경제 시절만 해도 중국의 주택은 복지 차원에서 주택을 분배한다는 뜻의 이른바 '푸리펀팡(福利分房)' 원칙 아래 직장이나 기관에서 분배하는 것이 기본이었다. 소유의 개념과는 완전히 무관한 시기였다.

　그러나 1990년대부터 이런 푸리펀팡 제도가 퇴색하면서 서서히 소유의 개념이 등장하기 시작했고 21세기 들어서는 완전히 주택 소유의 개념이 정착됐다. 당연히 주택에 대한 수요가 폭발적으로 늘어났다. 이런 상황을 이재에 관한 한 일가견이 있는 중국의 기업가들이 놓칠 리 없었다.

　더구나 이 시기부터 중국인들도 주택 구입을 단순하게 그저 거주의 개념에서 보지 않았다. 주식처럼 투자의 대상으로 보기 시작한 것이다. 부동산 사업에 눈을 돌린 자본가들이 대박의 행운을 잡는 것은 따라서 크게 이상할 것이 없었다. 실제로 2014년판 〈후룬리포트〉(胡潤百富)를 들여다 보면 부호 랭킹 50위권 안에만 해도 부동산 업종의 자본가들 이름이 자주 눈에 띈다. 거의 절반 가까운 자본가들이 부동산 사업을 전문적으로 하거나 주요 부대사업으로 하는 것으로 조사돼 있다.

　대표적인 인물은 젊은 여성 자본가인 양후이옌(楊惠妍·34)을 꼽아야 한다. 부동산 개발업체 '비구이위안(碧桂園)'의 창업자인 농민 출신 아버지 양

중국 100대 부호 소재지 분포도

중국의 100대 부호들은 베이징(15명), 상하이(13명), 광저우(10명), 선전(7명), 항저우(6명) 등 개혁·개방의 직접적인 영향을 받은 연해 부근 도시에 터전을 잡고 있다.

궈창(楊國强·60) 회장으로부터 회사를 물려받은 덕택에 소녀 자본가로 우뚝 섰다. 수년 전에는 회사의 주식이 홍콩에 상장되면서 대박이 터져 무려 1,300억 위안(23조 4,000억 원)의 자산을 기록하기도 했으며, 2014년 〈후룬리포트〉 기준으로 440억 위안(8조 5억 원)의 재산으로 중국 부호 랭킹 11위에 올랐다.

새로운 홍색자본가 태자상 등장

당정 고위 원로들의 후예를 일컫는 태자당의 멤버들이 자본가로 변신하는 모습도 모태 홍색자본가들이 활약하던 시절에는 보기 어려운 광경이었다. 물론 이들 대부분이 공산당 핵심 계층이라는 사실에 비춰보면 뭉뚱그려 홍색자본가라고 불러도 된다. 그러나 초창기에는 거의 활약을 하지 않았다는 점이나 주변의 눈이 부담스러워 적극적으로 대외 활동을 하기보다는 각 기업체들의 배후에서 막강한 영향력을 행사한다는 사실을 감안하면 구분해 보는 것이 맞을 것 같다.

요즘 들어서는 이들을 태자당 출신 자본가라는 의미에서 '태자상(太子商)'으로 부르기도 한다.

대표적인 인물로는 장쩌민(江澤民·89) 전 총서기 겸 국가주석의 큰아들인 장멘형(江綿恒·64) 전 중국과학원 부원장을 거론할 수 있다. 미국 유학파 과학자로 대외적으로는 자본가와 무관한 듯 보이나 중국 현지에서는 그렇게만 보진 않는다.

그럴 수밖에 없는 것이 황금알을 낳는 거위로 불리는 통신업계의 중진 업체 '차이나넷컴(CNC)'의 대주주인 데다, 대만 최고 부호였던 대만 플라스틱의 왕융칭(王永慶) 회장의 장남 왕원양(王文洋·64)과 상하이에 공동으로 설립한 '홍리(宏力)반도체'의 실질적 오너로 알려져 있기 때문이다.

그는 이런 구설수로 인해 중국 과학원 부원장 자리에서 물러났으나 '차이나넷컴'이나 '홍리반도체'에서 그만뒀다는 말은 들리지 않는다. 공식적인 재산이 많진 않을지 몰라도 두 회사의 보유주식만 최소한 100억 위안(1조 8,000억 원)어치 이상을 보유한 대자본가라는 소문이 파다하다.

1990년대와 2000년대 초 장쩌민과 함께 권력의 쌍두마차를 구축했던 주룽지(朱鎔基·87) 전 총리의 아들 주윈라이(朱雲來·57)도 태자당 출신 자본가로 거론해야 한다. 그는 국부펀드인 '중국투자공사(CIC)'가 투자한 중국 내 가장 큰 투자은행(IB)으로 유명한 '중국국제금융공사(CICC)' 회장으로 근무하고 있다. 학창 시절에는 학문에 뜻이 있어 기상학을 전공하고 미국 위스콘신대학에서 기상물리학 박사 학위를 받기도 했으나 중간에 금융 전문가로 인생항로를 틀었다. 땅 짚고 헤엄치기인 아버지의 후광을 거부하지 못한 것이다. 그뿐만 아니라 2012년 이후부터 사실상 정치국 상무위원으로 활동하는 왕치산(王岐山·67) 부총리의 절대적인 지원도 큰 힘이 되었다. 왕 부총리가 지금도 당정 고위층에 많이 남아 있는 주룽지 사단의 핵심 멤버라는 얘기가 돌고 있는 만큼 그의 앞날은 쾌청하다.

이 밖에도 주윈라이는 한국에 다녀간 적이 있을 뿐만 아니라 차이나머니에 군침을 흘리는 한국 금융계 인사들과 상당한 친분이 있다는 소문도 자자하다. 아버지처럼 판단력이 뛰어나고 추진력이 강하다는 평가를 듣고 있음에도 국영기업 CEO치고는 너무나 많은 재산을 모은 것이 약점으로 꼽힌다. 하지만 언젠가는 독립해 진정한 태자상으로 우뚝 설 것이라는 평가를 받고 있다.

원자바오(溫家寶·73) 총리의 아들인 윈윈쑹(溫雲松·43)은 최근 갑작스레 주목을 받는 케이스에 해당한다. 미국 유학파로 알려진 그는 한때 위성

위치확인시스템(GPS) 단말기 제조업체를 창업, 경영했으나 두드러진 성공을 거두지는 못했다. 그러다가 2007년 '신톈위(新天域)캐피털'이라는 사모펀드 설립 때 일약 주목을 끄는 성공을 거뒀다. 그 사모펀드에 주요 파트너로 참여해 무려 70억 위안(1조 2,600억 원)에 이르는 부를 쌓는 주인공이 된 것이다.

솔직히 말해 중국에서는 30대 중반의 나이에 이런 천문학적 성공을 거두는 것은 불가능한 일이 아니다. 하지만 그의 신분이 남달랐다는 게 문제였다. 급기야 특혜를 봤다는 소문에 휘말리게 됐다.

평소 청빈을 강조했던 원자바오로서도 어쩔 수가 없었다. 결국 사모펀드에서 손을 떼고 2012년 초 국영기업인 '중국위성통신(CSC)' 회장으로 자리를 옮기게 됐다. 그로서는 다소 억울할 수도 있었겠으나 합법적으로 국영기업의 CEO로 옮겼다는 점에서는 오히려 전화위복이었다. 더구나 CSC는 12개의 위성을 보유하고 있는 중국 최대 위성통신 서비스 업체로 연간 매출이 대략 100억 위안(1조 8,000억 원)에 이른다. 기존의 재산을 지키면서도 권위는 더 세울 수 있게 된 셈이다. 덕분에 최근 급속하게 떠오른 대표적 태자상이라고 불려도 손색이 없다.

후진타오 전 총서기 겸 국가주석의 아들 후하이핑(胡海峰·43)은 원윈쑹과 비교하면 더 억울할지도 모른다. 칭화대학 출신인 아버지와는 달리 비교적 평범한 것으로 알려진 베이팡자오퉁(北方交通)대학을 졸업한 그는 처음에 식품 분야 국영회사인 '중량(中糧)그룹'에서 사회생활을 시작했다. 이때만 해도 주위의 눈도 있었던 탓에 조용하게 일했다. 그러나 30대 중반 나이에 일약 '칭화(淸華)홀딩스'의 자회사인 '웨이스(威視)'라는 보안시스템업체 사장으로 발탁되면서부터 그의 인생도 자의반 타의반 변하기 시작했다.

태자상으로 올라설 수 있는 계기가 마련됐고 실제로도 그랬다. 불과 수

태자상의 일원으로 유명세를 탔던 리샤오린 전 국영 중국전력국제유한공사 그룹 회장(좌)과 리샤오펑 산시성 부성장(우·전 화능국제전력회장),
둘 다 리펑 전 총리의 자녀들이다.

년의 짧은 재임 기간에도 불구하고 상당한 규모의 자산을 축적한 것으로 알려져 있다.

그러나 그는 수년 전 아프리카 나미비아공화국 공항 공사 수주계약을 따내기 위해 뇌물을 제공했다는 의혹이 제기되면서 횡액을 당했다. 급기야 2009년 칭화대학 부비서장 자리로 밀려난 다음 저장성에 소재한 '칭화창싼자오(淸華長三角)연구원'의 당서기로 전출되면서 완전히 말을 갈아탔다. 최근에는 같은 성의 자싱(嘉興)시 부서기로 일하고 있다. 하지만 그가 계속 학자나 지방 관료로 남아 있을 것이라고 보는 재계 인사들은 아무도 없다. 2013년 봄, 아버지 후진타오가 정계에서 은퇴하면서 오히려 홀가분한 몸의 태자상이 됐던 후하이펑 역시 이미 모아놓은 재산은 원원쑹에 못지않다고 한다.

이 밖에 태자상으로 불리는 이른바 관얼다이(官二代·태자당 2세)나 관싼다이(官三代·태자당 3세)들도 적지 않다. 중국의 일반인들도 알 만한 인사만 대충 꼽아도 당 권력서열 상위에 있던 리창춘(李長春·70) 당 정치국 상무위원의 딸 리퉁(41) 홍콩 '중인궈지(中銀國際)' 산하 사모펀드 대표와 아들 리후이디(李慧鏑·39) '차이나모바일' 부사장, 리루이환(李瑞環·81) 전 정협 주석의 두 아들인 '오퍼튜니티 사모펀드' 대표 리전즈(李振智·50)와 리전푸(李振福·46) 등이 우선 눈에 들어온다. 또 우방궈(吳邦國·74) 전인대 상무위원장의 사위인 펑사오둥(馮紹東·47), 류윈산(劉雲山·68) 정치국원의 아들 류러페이(劉樂飛·41) 등도 주목해야 한다. 펑사오둥과 류러페이는 각각 국유 투자 펀드인 '중광핵(中廣核) 투자기금'과 국유 금융기관의 산하 펀드 대표를 맡기도 했다. 위에서 소개한 이들은 태자당 출신 자본가들이라고 해도 좋다.

## 중국 재계·금융계에 포진한 주요 '태자상' 인사

| 이름 | 집안 배경 | 사업분야 |
|---|---|---|
| 후하이펑 | 후진타오 전 국가주석 아들 | 누크베크 회장. 칭화홀딩스 공산당 서기 |
| 원윈쑹 | 원자바오 전 국무원 총리 아들 | 차이나 샛콤 회장 |
| 류러페이 | 류윈산 정치국 상무위원 아들 | 중신산업투자기금관리유한공사 CEO |
| 윌슨 펑 | 우방궈 전인대 전 상무위원장 사위 | 중광해 산업투자기금 회장 |
| 레빈 주 | 주룽지 전 총리 아들 | 국제금융공사(CICC) 회장 |
| 장멘헝 | 장쩌민 전 국가주석 아들 | 상하이 알리안스투자(SAI) 회장 |
| 리후이디 | 리창춘 정치국 전 상무위원 아들 | 차이나 모바일 부총재 |
| 리퉁 | 리창춘 정치국 상무위원 딸 | 중국은행 홍콩지점 사모펀드 운영 |
| 제프리 쩡 | 쩡페이엔 전 국무원 부총리 아들 | 카이신 창업투자관리공사 회장 |
| 조지 리 | 리루이환 전 정협수석 장남 | 독립 사모펀드 운영 |

## 2014년 중국 여성 부호 톱 10

(단위: 억 위안, %)

| NO | 이름 | 나이 | 회사 | 직종 | 자산 규모 | 자산증감률 |
|---|---|---|---|---|---|---|
| 1 | 양후이옌 | 33 | 비구이위안 | 부동산 | 440 | −14 |
| 2 | 천리화 | 73 | 푸화 | 부동산 | 400 | 8 |
| 3 | 장인 | 57 | 주룽 | 제지 | 290 | 7 |
| 4 | 우야쥔 | 50 | 룽후 | 부동산 | 260 | −7 |
| 5 | 마등민 | 44 | 바이두 | 검색엔진 | 225 | 없음 |
| 6 | 장신 | 49 | 소호차이나 | 부동산 | 220 | 29 |
| 7 | 루쳰팡 | 53 | 야쥐뤄 | 부동산 | 190 | −14 |
| 8 | 주린야오 | 44 | 화바오 | 향료 | 165 | 14 |
| 9 | 천진샤 | 46 | 융진투자 | 의약·투자 | 135 | 35 |
| 10 | 장징 | 45 | 마오예 | 부동산 | 135 | 13 |

(자료: 중국 후룬리포트)

## 진화하는 신 홍색자본가의 특징

중국의 자본가들은 최근 들어 과거 홍색자본가들이 크게 두각을 드러내지 못했던 분야에도 적극적으로 뛰어들고 있다. 특히 모든 산업의 기본이자 상황에 따라서는 부가가치가 엄청나게 큰 제조업에서 승부를 거는 사례가 늘어나고 있는 것이다.

기본적으로 중국은 그 어떤 나라도 추종을 불허하는 엄청난 인구를 가지고 있다. 따라서 운명적으로 제조업에 강점이 있을 수밖에 없다. 게다가 개혁·개방 정책을 본격적으로 추진한 이후에도 상당 기간 노동자들의 임금은 세계 평균보다 훨씬 낮았다. 제조업을 하기가 그 어느 나라보다 조건이 유리하다고 할 수 있다. 체질적으로 이재에 천재성을 가지고 있는 중국의 기업가들이 이런 좋은 조건을 놓칠 이유가 없었다.

여기에다 세계 500대 기업의 대부분이 중국에 경쟁적으로 진출해 기술을 상당 수준 이전해준 것도 자본가들로 하여금 제조업에 뛰어들도록 만든 중요한 요인이었다.

이런 여러 가지 호재들은 제조업에 종사하는 기업가들이 〈후룬리포트〉 랭킹의 최상위 순위에 이름을 올릴 수 있는 여건을 만들어 줬다. 그 결과 2011년 기준으로 량원건(梁穩根·58) '싼이(三一)중공업그룹' 회장(2014년 현재 포브스 중국부자 27위)과 쭝칭허우(宗慶后·69) '와하하(娃哈哈)그룹' 회장(2014년 현재 포브스중국부자 순위 6위)이 각각 〈후룬리포트〉부호 순위 1, 2위에 오를 수 있었다. 게다가 제조업이 당분간 강세를 보일 전망인 만큼 앞으로도 제조업에 대한 자본가들의 참여 추세는 큰 변화가 없을 것이다.

중국의 자본가들이 진화한다는 사실은 부호 랭킹 가운데 여성과 젊은이들이 유독 많은 숫자를 차지한다는 사실에서도 드러난다. 이러한 추세는

35

〈후룬리포트〉부호 순위에도 잘 나타나 있다. 우선 여성 자본가들을 살펴보면 매년 100억 위안(1조 8,000억 원) 이상의 재산을 보유한 부호가 15명 전후에 이르는 것으로 집계되고 있다. 또한 매년 1,000명 정도를 선정하는 〈후룬리포트〉랭킹에 80명 정도가 이름을 올리고 있다. 이런 비율로 따져봤을 때 전체 부호 중 여성 자본가들이 대략 8%를 차지한다는 계산이 나온다. 이런 비율은 재산이 상대적으로 적은 중소 규모 CEO들까지 포함하면 더욱 높아진다. 〈후룬리포트〉는 중소 규모의 자본가까지 포함할 경우 여성 CEO의 비율은 30% 정도가 될 것이라고 추정하고 있다.

이들 중 단연 가장 돋보이는 인물은 우야쥔(吳亞軍·50) '룽후(龍湖)부동산' 회장이다. 중국 대륙 남서부 충칭(重慶) 출신인 그녀는 시베이(西北)공업대학을 졸업한 직후인 1988년부터 1993년까지 《중궈시룽바오(中國市容報)》라는 신문의 건설부동산 담당 기자 겸 편집자로 일했다. 우 회장은 이때 공무원 및 업계 관계자들과 밀접한 인적 네트워크를 쌓을 수 있었다. 그는 얼마 후 돈이 공중에 둥둥 떠다닌다는 사실을 깨닫고 퇴사를 결심했다. 이후 룽후부동산을 설립해 부동산 사업에 뛰어들었다. 곧 다양한 인맥을 활용해 충칭시로부터 중산층을 위한 주택개발권도 획득했다. 이어 상하이 등 대도시로 사업영역을 넓혔다. 2008년에는 회사가 홍콩증시에 상장되면서 재산이 빠르게 불어나기 시작했다. 〈후룬리포트〉에 의하면 2011년 말 420억 위안(7조 5,600억 원)의 재산으로 중국 내 순위 8위를 기록하며 최고치를 찍었다. 2014년 현재는 260억 위안으로 약간 주춤하고 있지만 여전히 순위권 35위를 유지하고 있다.

한때 중국 최고 부호로 우뚝 섰던 '비구이위안(碧桂園)그룹' 양궈창(楊國强) 회장의 딸인 양후이옌(楊惠妍)도 빠뜨릴 수 없다. 몇 년 전보다는 부호 순위가 많이 내려갔으나 2012년 이후 부동산 시장이 다시 활성화되면서 치고 올라갈 가능성은 얼마든지 있다. 또 1982년 이민을 떠나 홍콩에서 부동산 사업으로 부를 축적한 천리화(陳麗華·73) '푸화(富華)국제그룹' 회장은 명실상부한 여성 홍색자본가로 불려야 한다. 그녀는 전국 정협도 모자라 베이징 정협의원까지 겸했다. 게다가 만주족 출신으로 베이징의 유명한 회원제 사교 클럽인 '창안쥐러부(長安俱樂部)'의 오너로도 명성이 높다. 2014년 하반기 기준으로 400억 위안(7조 3,000억 원)의 재산을 보유하고 있어 〈후룬리포트〉부호 순위 17위에 올랐다. 마지막으로 장인(張茵·57) '주룽지업(玖龍紙業)' 회장은 입지전적인 성공 스토리로 대단한 감동을 주는 여성 자본가라고 볼 수 있다. 그녀는 원래 고향인 광둥(廣東)성 둥관(東莞) 대학에서 재무회계학을 공부한 평범한 여성이었다. 하지만 부모가 모두 문화대혁명 때 박해를 당했던 인민 해방군 간부 출신인 데다 동생도 7명이나 돼 끼니를 걱정하지 않는 날이 없었다. 이런 상황에서는 앞날의 희망이 보이지 않았다. 그러나 그녀의 인생은 대학을 졸업하고 달랑 3만 위안을 들고 이주한 홍콩에서 180도 달라졌다. 길거리나 쓰레기통의 쓸모없는 종이가 돈이 된다는 사실을 깨닫고 폐지 수집 사업에 뛰어들어 성공 가도를 달리기 시작한 것이다. 이로 인해 그녀는 1980년대 말에는 '폐지대왕'이라는 별명으로 불렸다. 1990년에는 미국 LA로 건너가 '중난(中南)유한회사'를 설립하는 기염까지 토했다. 이후 10년 동안 각고의 노력을 펼친 끝에 그녀는 미국에서도 제지업계의 여왕이라고 불릴 만큼 성공가도를 달렸다. 아주 싼 가격으로 거둬들인 미국의 폐지를 화물을 부려놓고 빈 채로 돌아가는 중국행 컨테이너에 실어 보낸 전략이 주효한 것이다.

이들 폐지는 중국의 골판지 공장에서 재활용돼 완전히 황금알로 변신했다. 2014년 말 집계된 〈후룬리포트〉에 의하면 290억 위안(5조 3,000억 원)

중국을 대표하는 여성 자본가 3인방. 우야쥔 룽후부동산 회장(좌), 양후이옌 비구
이위안사장(중앙), 장인 주룽지업 회장(우). 특히 양후이옌 사장은 젊은 나이에 미
모까지 겸비해 한동안 중국 젊은 남성들의 우상이었다.

으로 부호 순위 30위에 머물고 있으나, 한때는 최대 380억 위안(6조 8,400억 원)의 재산을 자랑하기도 했다. "폐지는 곧 삼림이다."라는 유명한 말을 남긴 그녀는 자신만의 확고한 경제철학을 가진 여성 CEO로도 손꼽힌다.

이와 같이 현재 중국의 자본가들은 전통적인 의미의 홍색자본가에서 현대적인 의미의 홍색자본가로 급격하게 진화하고 있다. 진정한 의미의 홍색자본가들을 밀어내고 본격적으로 중국 경제를 견인하고 있는 그들은 어떤 사람들일까? 중국 경제를 이끌어 나가고 있는 대표 CEO들을 한 명 한 명 자세히 살펴보자.

# 열등생에서 세계 신화를 쓴 CEO
# 알리바바그룹
# 마윈 회장

    2014년 미국의 포브스 선정 중국부자 1위는 알리바바 그룹의 마윈 회장이다. 동년 12월 마윈 회장의 재산은 1,193억4,000만 위안(한화 21조4000억 원)이라고 한다. 그는 세계 최대 전자 상거래 회사. 세계에서 두 번째 큰 인터넷 회사 알리바바의 창립자이다. 2014년 9월 뉴욕 증시 상장 이후 주당 90달러 선에서 거래를 이어가고 있다. 2015년에는 최대 공모가를 경신했다. 중국의 제조업 인프라를 전 세계와 연결함으로써 전 세계의 비즈니스맨들이 중국의 공장을 쉽게 이용하도록 하는 일로 시작한 알리바바는 4500만 명이 등록돼 있는 거대한 무역 플랫폼이 돼 있다. 타오바오를 통해 중국인들의 생활방식을 혁명적으로 바꿔놓은 21세기의 신화적 인물 잭 마윈. 그는 머지않은 훗날, 신화가 아닌 전설로 남을 것이 틀림없다.

    인터넷 세계는 꿈일까? 현실일까? 마윈은 말한다. 알리바바는 이상주의적 색채가 짙은 기업이면서 동시에 매우 현실적이라고. "꿈에게 기회를 주지 않으면 영원히 기회를 잡을 수 없다."라는 멋진 말을 남긴 그의 생각하는 방식은 요즘 전 세계 젊은이들이 열광하고 있는 관심사이다.

2000년대 초반까지만 해도 중국을 비롯한 전 세계에서 알리바바(阿里巴巴·Alibaba)'라는 B2B 전자상거래 업체를 아는 사람은 거의 없었다. 훗날 알리바바그룹으로 발전하는 알리바바는 이즈음 세상에 모습을 나타낸 지 채 1년도 안 되는 회사였기 때문이다. 게다가 이때까지는 인터넷 사이트를 통해 소위 사이버 장터를 제공함으로써 기업들끼리 서로 물건을 사고 팔도록 연결해주는 B2B 전자상거래 사업은 생소하기 이를 데 없는 아이템이었다.

그뿐만 아니라 알리바바 창업 당시 30대 후반이었던 알리바바그룹의 마윈(馬雲·Jack Ma) 회장을 아는 사람도 거의 없었다. 그는 일반적으로 꿈을 이룬 사람들이 그렇듯 남들보다 뛰어난 능력을 보유했다거나 성공적인 인생을 살아왔다고 보기 어려운 사람이었다. 오히려 정반대에 가까웠다.

그는 무엇보다 학벌이 일반인의 상상이나 상식을 조금 벗어나 있다. 대체로 베이징, 칭화, 푸단(復旦)대학을 비롯한 베이징과 상하이의 명문대나 해외 유학파를 뜻하는 하이구이(海歸) 출신이 대다수인 중국 IT업계의 영웅들과는 거리가 한참 멀다. 그는 중국 대학 랭킹 200위권에 해당하는 항저우의 항저우스판(杭州師範)학원 영어과를 크게 뛰어나지 않은 성적으로 졸업했을 뿐이다. 그것도 3수 끝에 들어간 대학이었다.

그의 인생 항로도 특별하지 않았다. 1988년부터 1995년까지 무려 8년여 동안 고향인 항저우전자과기대학에서 영어를 가르치는 강사로 그저 그런 평범한 생활을 했다. 지금의 IT 영웅 마윈의 모습은 이때 전혀 감지조차 되지 않고 있었다. 신체적인 조건도 좋게 타고났다고 하기 어렵다. 162센티미터의 작은 키에 체중은 45kg으로 왜소하고 얼굴 역시 광대뼈가 툭

알리바바를 이끌고 있는 작은 거인 마윈.

항저우에 위치한 알리바바 본사 건물.
알리바바 본사는 최첨단 미래지향적 건물로 유명하다.

튀어나와 E·T라는 별명으로 불릴 만큼 다른 IT업계의 꽃미남 CEO들과 많이 비교된다. 이 천재적인 사업가를 미국인들은 개구쟁이처럼 이를 드러내며 웃는 소년 같다고 말한다. 본인 역시 "남자의 외모와 능력은 반비례하지요."라며 너스레를 떤다.

그러나 지금 알리바바와 그의 입지는 괄목상대라는 말로도 모자란다. 우선 알리바바는 정확하게 창업 13년여 만에 세계 최고의 B2B 전자상거래 업체로 우뚝 섰다. 또 평범하다는 말을 듣는 것도 고마워해야 했던 마윈 회장은 무명의 사업가에서 일약 중국을 대표하는 IT기업인 반열에 올라섰다. 앞서 말했듯이 그의 재산만 봐도 잘 알 수 있다. 순수하게 자신의 능력으로 성공했다는 것을 감안했을 때는 기적이라고 해도 지나치지 않는다.

IT업계에서는 이르다고 하기 어려운 36세의 나이에 맨주먹으로 창업해 업계 최대 기업 알리바바를 일군 마윈 회장은 분명 남보다 특별하지 않았지만 안 좋은 조건들에 좌절하지 않고 도전하는 삶을 선택한 끝에 성공을 일궈냈고 엄청난 부까지 쌓았다.

그의 성공 신화는 별로 복잡하지 않다. 성공에 이르게 만든 DNA도 하늘 아래에서 찾아보기 어려운 희귀한 것들이 아니다. 언젠가는 온라인 세상에서 기업 간 상거래가 대세가 될 것이라고 보고 끈질기게 한 우물을 판 결과였다. 여기에다 위기의 순간에 발 빠르고 적극적으로 대처한 기민함과 과감한 발상의 전환, 그리고 고객과 임직원을 최우선으로 생각하는 기업관 등도 성공에 나름대로 한몫을 했다고 볼 수 있다.

그는 결코 뛰어난 머리와 신체조건, 유복한 가정환경을 가지고 태어나지 않았다. 그러나 성실했기 때문에 결국 성공했다. 이런 점은 사회의 우등생뿐 아니라 열등생에게도 시사하는 바가 적지 않다. 아니 열등생들에게는 동류의식이나 카타르시스 같은 묘한 기분을 느끼게 할 수 있을지도 모른다. 그래서 꼴찌에게 갈채라는 말을 현실로 만들어놓은 그의 인생 스토리를 자세하게 한번 들여다보는 것도 커다란 의미가 있을 것이다.

배짱과 의협심 많은 악동, 꿈을 찾지 못해 헤매다

"저는 어릴 때부터 바보 같은 아이였습니다. 옛날 중국의 속담에 큰 멍청이는 지혜로운 사람이라는 말이 있습니다만 분명 그건 아니었습니다. 지금 제가 생각해도 깜짝 깜짝 놀랄 정도로 멍청했습니다. 보십시오, 머리도 이처럼 작지 않습니까? 나는 그저 하나씩만 생각해야 했습니다. 만약 누가 저에게 세 가지 질문을 한꺼번에 던지면 감당하지 못했습니다."

마윈 알리바바그룹 회장은 최근 중국의 한 언론과 가진 인터뷰에서 자신의 입에 거의 밴 이 말을 다시 한 번 반복했다.

그러나 그에게는 전형적인 모범생이 가지기 어려운 큰 재산이 있었다. 그것은 '맷집은 맞으면 맞을수록 강해진다'라는 말처럼 끝없는 실패가 가져다준 선물과 무관하지 않았다. 다시 한 번 시도하면 될 것이라는 오기와 최악의 경우 실패밖에 더 하겠는가 하는 배짱이었다. 다시 말해 죽을 때까지 포기하지 않는 잡초 같은 불굴의 정신이라고도 할 수 있었다. 목표를 세우고 열정을 쏟고 역경을 인내하며 꿈을 이루어 간 그의 삶이라고 본인 스스로 말하고 있다.

교과서적 모범생과는 거리가 있었던 그는 1964년 비단과 미인의 고장으로 유명한 저장성의 항저우에서 태어났다. 운명의 신은 처음부터 그에게 그다지 호의적이지 않았다. 무엇보다 출신 성분이 나빴다. 그의 할아버지는 중국이 공산화되던 1949년 이전에 공산당의 반대 세력인 국민당의 정보기관에서 활동한 관리 출신이었다. 한마디로 공산 혁명에 방해가 되는, 나라에 크게 도움이 안 되는 집안의 후손이었던 셈이다.

당연히 부모의 직업도 좋을 까닭이 없었다. 아버지가 생활에 아무런 도움을 주지 못하는 항저우연극협회의 직원, 어머니가 시계공장의 노동자였다. 생활이 어려웠던 것은 크게 이상할 일이 아니었다. 그렇다고 귀엽게 생겼다거나 머리나 성적이 기가 막히도록 좋은 것도 아니었다. 학교생활에 적응하는 것이 쉬울 리가 없었다. 초등학교 때부터 진짜 그랬다. 자주 싸움을 한 탓에 교사들로부터 좋은 평가를 받지 못했던 트러블 메이커였다.

그렇다고 요즘 한국 학교의 일진들처럼 남을 이유 없이 괴롭히지는 않았다. 싸움 자체를 즐긴 것도 아니었다. 그저 친구들이 학교 주변 불량배들에게 괴롭힘을 당하거나 자신이 억울한 일을 당했을 때에만 주먹을 휘둘렀다. 이를테면 의협심이 강한 정의의 사도였다고 볼 수 있다.

대표적인 사례가 있다. 그가 초등학교 6학년 때 평소 친하게 지내던 반 친구 하나가 중학교 3학년에게 맞고 왔다. 그러자 키가 140센티미터에 불과했던 그가 키 180센티미터인 중학교 3학년에게 도전장을 내민 것이다. 누가 봐도 싸움은 처음부터 결과가 예측됐다.

마윈은 앞뒤 가리지 않고 친구 앞에서 철없이 호언장담한 자신이 너무나도 한심스럽고 원망스러웠다. 속으로는 저 멀리 보이는 시후(西湖) 쪽으로 죽어라 도망가고 싶었지만 친구까지 대동한 입장에서 그럴 수도 없었다.

그는 눈을 질끈 감고 상대를 향해 달려들었다. 이후 그는 헤아릴 수 없을 만큼 많이 맞았다. 그러나 상대는 쓰러져도 오뚝이처럼 일어나는 그의 끈질긴 근성과 간간이 만만찮게 충격을 주는 주먹에 질린 듯 싸움을 시작한 지 10여 분 만에 줄행랑을 치고 말았다. 결과적으로 승리는 했으나 그가 지불한 대가는 엄청나게 컸다. 우선 머리가 깨져 무려 열세 바늘이나 꿰매는 수술을 하지 않으면 안 됐다. 또 정학의 징계까지 당했다. 문제아라는 주위의 시선은 더욱 커져만 갔고 나중에는 전학까지 가게 됐다.

마윈이 어린 시절을 보냈던 항저우의 시후.
그는 이곳에서 아르바이트를 하며 외국인들로부터 영어를 익히고
달변가의 기질을 다듬었다.

하지만 얻은 것도 없지 않았다. 주위 친구들로부터 의협심 넘치는 진정한 영웅으로 인정받은 것이다. 또 항저우 시내에서 모르는 사람이 없을 정도로 유명세를 타게 되었다. 그중에서도 가장 중요한 것은 이때부터 절대 포기하지 않는 정신이 그의 뇌리에 확고하게 자리 잡았다는 사실이다.

이후 그는 항저우 전체가 공인한 소년 영웅답게 시후 일대를 주름잡고 다녔다. 그렇다고 마냥 싸움만 하고 다닌 것은 아니었다. 공부와는 담을 쌓은 녀석이 어쩌면 저럴까 싶을 만큼 외국인 관광객만 만나면 따라가 영어로 말을 건 다음 상대방의 의사와는 상관없이 관광 가이드를 해주는 기행을 일삼기도 했다.

그의 말대로 하면 자신의 특징인 '허우렌피(厚臉皮)' 즉, 친화력과 일맥상통하는 철면피 정신은 이때부터 본격적으로 싹트지 않았나 싶다. 그의 영어 실력이 하루가 다르게 놀랍도록 발전한 것은 너무나 당연했지만 그에 비해 학과 성적은 더욱 나빠졌다. 혹시나 하는 집안의 기대는 이미 실망으로 바뀐 지 오래였다. 훗날 IT 영웅의 소년기는 이렇게 멋지게 한 번 꽃을 피워보지도 못한 채 훗날 '의협심 강한 백절불굴의 트러블 메이커, 영어 하나만큼은 잘하는 낙제생'이라는 오명만 뒤집어쓴 채 막을 내렸다.

낙제생이 대학에 불합격하는 것은 크게 이상할 것이 없었다. 그것도 두 번이나 말도 안 되는 성적으로 떨어졌다. 수학 성적이 입시 첫 해에는 달랑 1점, 다음해는 19점이었다. 대가는 아주 혹독했다.

담임선생님은 그에게 심한 말을 했다.

"너는 정말 약도 필요 없는 녀석이구나. 너 같은 제자는 정말 처음이야. 앞으로도 너 같은 녀석을 다시 만나는 일은 없을 것 같다. 만약 네가 수학 성적 60점을 맞는다면 나는 앞으로 내 성을 거꾸로 해서 평생 쓰겠다."

거듭된 좌절이 더 큰 좌절을 부른 것은 맷집 좋은 그에게도 극복하기 쉽지 않은 일이었다. 그는 자신이 도저히 가능성 없는 아이라고 생각하지 않을 수 없었다. 이 와중에 집안이 경제적으로 어려웠던 탓에 인력거를 끌면서 잡지를 배달하는 일도 해야 했다. 때로는 이삿짐센터 일용직으로 일을 나가 간간이 용돈을 버는 노동도 하지 않으면 안 됐다. 그나마 시후 부근에서 짬짬이 외국인들을 상대로 했던 관광 가이드는 단연 최고 아르바이트라고 할 수 있었다. 어쨌거나 주경야독이었던 셈이다. 어린 나이에는 견디기 쉽지 않은 괴로운 생활이었다.

그는 이때의 괴로움과 좌절 때문에 잠시 방황했던 적도 있었다. 술과 담배도 이때 조금씩 손을 댔다. 아버지에게 들켜 죽지 않을 만큼 맞은 것도 한두 번이 아니었다. 그나마 어머니는 그에게 관대한 편이었다. 부모를 잘못 만나 네가 이렇게 됐다면서 어려운 살림에도 책을 사서 읽을 돈만큼은 꼭 챙겨주었다. 당시 그를 이끌어줄 멘토는 지금도 그의 우상인 홍콩 출신 유명한 무협소설 작가 진융(金庸)의 작품 속 주인공들 외에는 없었다. 그는 곧 무협소설 속의 매력적인 청년 주인공 곽정(郭靖) 같은 영웅들의 무용담에 푹 빠져 들어갔다. 언젠가는 나도 이런 영웅들처럼 되겠다는 야심 역시 그의 뇌리에 자리 잡기 시작했다.

그러나 현실의 벽은 여전히 그에게 좌절을 강요했다. 세 번째 치른 대학 입시라고 크게 다르지는 않았다. 합격선에서 총점 5점이 모자란 것이었다. 그러나 이때는 좀 달랐다. 무려 89점으로 뛰어오른 수학 성적과 다른 과목들과는 전혀 비교될 수 없을 정도로 뛰어났던 영어 성적에 입시 사정관들이 감동한 기적 같은 드라마가 일어난 것이다. 게다가 경쟁률 자체도 미달이었으므로 특별히 합격을 시켜줘도 괜찮았다. 그는 천신만고라는 말이 어울리게 21세의 나이에 겨우 대학생의 꿈을 이룰 수 있었다.

그는 열등생의 가능성을 알아준 학교 측의 배려로 겨우 들어간 대학 생활에서 희미한 미래의 가능성을 발견할 수 있었다. 우선 영어 실력이 뛰어난 덕분에 성적이 눈에 띄게 좋아졌다. 게다가 시후에서 외국인들을 상대로 갈고 닦은 타고난 친화력과 언변을 마음껏 과시했다. 당연히 이 장점은 그의 트레이드마크인 의협심과 잘 어우러졌다. 주변에 친구들이 많이 꼬이는 것은 자연스러웠고 특히 여학생들은 말과 영어를 두루 잘하는 그에게 열광했다. 이 중에는 훗날 그의 부인이 되는 장잉(張瑛)도 있었다. 성격도 더욱 적극적으로 변하기 시작해 학생들 앞에 서서 사자후를 토하는 일은 거의 매일 되풀이되는 일상이었다. 이로 인해 2학년 때부터 학생회장에 3년 연거푸 당선되는 기적을 낳는 주인공이 될 수 있었다.

더 놀라운 것은 3학년 때 항저우 시 대학생 연합회 회장에까지 당선되는 기염을 토한 사실이었다. 이때 그는 난생 처음으로 항저우 언론에 대대적으로 소개되는 영광을 누리기도 했다.

항저우 시내가 다 알아주던 천하의 낙제생, 이른바 미운 오리가 화려한 백조로 변신한 것이다. 그에게 봄날이 오고 있다는 전조라고 해도 좋았다.

## 미국에서 천재일우의 기회 인터넷을 접하다

대기만성이라고 해도 좋을 마윈의 인생은 대학 졸업과 동시에 시작한 강사 생활을 할 때 훨씬 나아졌다. 게다가 대학 동창인 장잉과 결혼함으로써 얻은 정신적 안정은 그에게 나도 뭔가 할 수 있다는 성취 욕구를 강하게 촉발시켰다. 그가 항저우전자과기대학 시절 강의 잘하는 대표적인 강사로 거의 매년 선정된 것은 다 이유가 있었던 것이다. 그러나 그는 왠지 허전했다. 아마 이때 자신의 성격적 장점과 딱 맞아떨어질 사업을 하고 싶다는 생각을 하지 않았나 싶다.

결국 그는 나이 30세가 된 1994년 1월 용단을 내렸다. 친구와 제자 몇

마윈의 아들과 부인 장잉.
장잉은 마윈과 같은 대학 출신으로 마윈의 언변과 리더십에 반해 결혼했다.

명과 함께 자신의 특기를 살려 당시 수요가 꽤 많았던 영어를 전문적으로 번역해 서비스하는 회사 '하이보(海博)'를 학교 안에 설립한 것이다. 영어의 '호프(Hope)'에서 이름을 따온 이 회사는 그에게 처음부터 희망을 안겨 주지는 못했다. 항저우 시 공상국(工商局)의 적지 않은 지원을 등에 업고 땅 짚고 헤엄치는 수준의 쉬운 사업이었음에도 불구하고 경영 실적이 눈에 확 두드러지지 않았다. 그때 그가 한 달에 올린 순수익은 대략 1,000위안에 불과했다.

당시 사무실 임대료는 700위안이었고 인건비까지 계산하면 사실상 적자였다. 하지만 그는 좀 더 시간이 지나면 성공할지 모른다는 생각에 버티기로 했다. 이를 위해 어린 시절에 하던 육체적 고생도 마다하지 않았다. 항저우 근처의 이우(義烏)와 광둥성 광저우(廣州)까지 꽃과 옷가지 등을 들고 가서 파는 행상에 나선 것이다. 이 정도에서 좌절하지 않겠다는 오기를 동반한 그의 노력은 1년여 가까이 이어졌다. 그러나 영업 상황은 크게 개선되지 않았다.

매출액이 커질수록 기본적으로 써야 하는 돈도 계속 늘어나는 현상이 계속됐다. 그로서는 더 버티다가는 아까운 시간만 허송하겠다는 생각을 하지 않을 수 없었다. 좌절이 그를 덮쳤지만 비록 작은 규모의 회사라도 어쨌든 경영이라는 것을 해 봤으니 약간의 희망을 동반한 좌절이었던 셈이었다. 그는 훗날 강연을 다니면서 설파한다. "작은 기업의 중요한 전략은 살아 남기, 돈벌기이다."라고. 그리고 그는 "가난보다 무서운 것은 꿈이 없는 삶이다."라고도 강조하는데 그는 역시 꿈을 포기하지 않았다.

이듬해 초 그는 향후 추진할 사업 아이디어의 구상에 연초 휴가를 온전히 바치고 있었다. 무슨 사업을 할까 머리를 싸매고 며칠째 고심하던 어느날, 항저우 시 정부로부터 전화가 왔다. 용건은 간단했다. 자신들이 진행하는 안후이(安徽)성 푸양(阜陽)까지의 고속도로 건설 공사에 필요한 영어 통역을 맡아달라는 부탁이었다. 미국의 한 기업이 자금을 대대적으로 투자해 건설하는 프로젝트이므로 통역이 있어야 했던 것이다. 영어 실력과 언변만큼은 자신이 있었던 그는 봉직 중인 학교의 명예를 걸고 이 임무를 훌륭하게 수행했다.

그러나 웬걸, 얼마 후 큰일이 터져버렸다. 고속도로 공사에 동원된 수천 명 인부들의 임금이 무려 1년 동안이나 밀려 있다는 사실이 밝혀진 것이다. 액수만 최소한 1,000만 위안(18억 원)이 넘었다.

마윈은 항저우 시 정부의 요청으로 미국 측 책임자인 미국인에게 임금 체불 해결을 요구했다. 당연히 아무 걱정하지 말라는 대답이 돌아왔다. 하지만 그는 차일피일 미루다 슬그머니 로스앤젤레스(LA)로 출국해버리고 말았다.

항저우 시 정부도 만만치 않았다. 이때까지만 해도 베이징 땅조차 제대로 밟아보지 못했던 마윈에게 사건 해결을 위해 미국 LA를 다녀오라고 했던 것이다. 정말 생각지도 않은 엉뚱한 일로 생전 처음 외국 땅을 밟아 본 마윈은 LA에서 더 황당한 일을 당하게 된다. LA로 달아난 미국인이 사실은 국제 사기꾼에다 전국구 마피아 조직의 중간 보스였던 것이다.

마윈은 호랑이굴로 제대로 걸어 들어간 격이었다. 그는 LA 공항에 내리자마자 마피아 중간 보스에게 끌려갔다. 도착한 곳은 어느 후미진 슬럼가의 아파트였다. 완전히 혹 떼려다 혹 붙인 격이었다. 돈 달라는 말을 할 엄두조차 못 낼 상황이었다.

갇혀 지낸 지 며칠이 지난 어느 날, 웬일로 마피아 중간 보스가 권총을 손에 든 채 그의 앞에 나타났다. 분위기를 감지한 마윈은 그 자리에서 눈을 질끈 감았다. 시원하게 한 번 날개도 펴보지 못한 채 그저 그런 인생이 엉뚱하게 이국땅에서 끝나게 됐다는 허무한 생각과 함께 부인 장잉과 자신을 꼭 빼닮아 '아기E·T'라는 별명으로 불리던 네 살짜리 아들의 얼굴도 떠올랐다.

그러나 중간 보스가 공포 분위기를 조성한 데에는 까닭이 있었다. 풀어주는 조건으로 미수금을 받지 않겠다는 다짐과 자신들이 중국에서 시작할 인터넷 사업에 적극적으로 협조하겠다는 약속을 받아낼 작정이었던 것이다.

마윈은 완전히 공갈과 협박에 가까운 중간 보스의 말에 무조건 예스를 외쳤다. 이어 짤막한 대화가 끝나기 무섭게 어디인지도 모를 아파트에서 부리나케 뛰쳐나왔다. 그는 그러나 즉각 귀국하는 선택은 하지 않았다. 그 와중에도 시애틀에 사는 미국인 친구를 만나고 가야겠다는 순진한 생각이 든 것이다. 그는 택시가 한참을 내달린 다음에야 온몸이 땀으로 흥건히 젖어 있다는 사실을 깨달았다. 긴장도 비로소 풀리고 있었다. 그러나 그는 땀을 닦을 생각도 하지 않은 채 아까부터 입에 올리고 있었던 단어를 계속 읊조렸다. 그건 다름 아닌 인터넷이라는 평생 처음 들어본 생소한 단어였다.

미국인 친구는 마윈이 당한 횡액이 아무 일도 아니니 괘념치 말라는 표정으로 위로했다.

"하하, 자네 정말 좋은 경험을 했다고 생각해. 인터넷이라는 단어를 들은 것도 나름대로 행운일 수 있으니까. 그 마피아는 완전히 시대를 앞서가는 친구들이구먼."

마윈은 친구의 위로가 어쩌면 맞는 말인지도 모른다고 생각했다. 그래서였을까? 그는 친구의 다음 설명에 진지하게 귀를 기울일 수 있었다. 이때만 해도 컴퓨터를 전혀 몰랐던 그는 인터넷을 검색하면 원하는 지구상의 모든 정보를 얻을 수 있다는 친구의 말에 엄청난 문화적 충격을 받았다.

"자네 한번 검색을 해 봐. 자판에다 아무 단어나 쳐 넣어보라고."

미국인 친구가 검색 엔진 야후(Yahoo)의 화면을 처다보면서 마윈에게 컴퓨터 앞에 앉을 것을 권했다. 그러나 마윈은 평생 다뤄본 적이 없는 컴퓨터의 자판을 만진다는 사실 자체가 두려웠다. 혹시 잘못 만졌다가 망가지기라도 하면 큰일이라는 생각도 들었다. 그러나 친구는 아무 걱정하지 말고 검색창에 단어를 쳐 넣어 보라고 계속 권고했다.

마윈은 조심스럽게 'Beer'라는 단어를 두들겼다. 다섯 개 맥주 회사의 정보가 떴다. 미국과 일본, 독일 회사였다. 중국 회사는 없었다. 중국 회사가 없다는 아쉬움과 호기심이 동시에 발동한 그는 다시 'China Beer'를 두들겼다. 역시 아무 정보도 뜨지 않았다. 그나마 'China history'는 좀 나았다. 무려 50개 정보가 떴다. 순간 마윈은 평생 한 번도 느껴보지 못한 짜릿한 흥분이 온몸을 관통하는 것 같은 전율을 느꼈다. 더구나 한참 후에는 친구의 도움으로 인터넷에 올린 자신의 간단한 신상 정보에 대한 질문이 전 세계 곳곳에서 이메일(E-mail)로 5건이나 들어왔다. 하나같이 자신들과 중국 사업을 같이할 파트너가 되지 않겠느냐고 제안하는 내용이었다.

그는 자신이 미국까지 흘러들어온 것이 운명이라고 생각했다. 더불어 훗날 중국에서 인터넷 사업도 하지 못하고 FBI에 체포된 마피아 중간 보스에 대한 고마운 마음까지 갖게 됐다.

게다가 항저우로 돌아가면 반드시 인터넷 사업을 해야겠다는 결정도 바로 이때 내렸다. 브랜드 역시 지체 없이 이때 결정됐다. 다름 아닌 '알리바바'였다. 자신이 40인의 도적과 우연히 조우한 후 이들이 동굴에 감춰둔 엄청난 보물을 얻게 되는 행운의 사나이 알리바바가 아닐까 하는 생각이 들어 그렇게 정했던 것이다.

다시 창업의 바다로 떠나는 작은 거인

마윈은 시애틀에서 친구로부터 인터넷에 대해 배우고 창업을 결심한 이후 거의 매일 잠을 이루지 못했다. 너무 흥분한 탓이었다.

게다가 자신이 최고 브랜드라고 생각한 알리바바에 대한 의구심도 조금은 들고 있었다. 그는 이 고민을 해결하기 위해 1주일 동안이나 시애틀의 잠 못 이루는 밤을 보낸 다음 직접 거리로 나섰다. 지나가는 시민들을 붙잡고 물어 봐야겠다는 생각이 든 것이다.

"혹시 알리바바 아세요?"

"열려라, 참깨!"

길을 오가던 시애틀 시민들은 키도 무지하게 작고 이상하게 생긴 동양인이 엉뚱한 질문을 하자 처음에는 고개를 갸웃했으나 곧 미소 띤 얼굴들로 대답을 해줬다. 그가 질문을 던진 사람은 60여 명에 이르렀다. 일단 그들의 반응은 나쁘지 않았다. 그러나 마윈은 여기서 그치지 않고 자신이 곧 창업할 회사의 이름을 알리바바로 하려고 하는데 어떠냐는 질문을 여러 사람들에게 던졌다. 모두들 "허, 그 이름 기가 막히게 좋군요."라는 우호적인 대답을 들려줬다. 친구 집으로 돌아온 그는 비로소 발 쭉 뻗고 편안한 하룻밤을 보낼 수 있었다.

마윈은 2주일 동안 인터넷에 푹 빠져 지낸 시애틀에서 1995년 4월 초 항저우로 무사히 돌아오자마자 바로 자신의 구상을 행동으로 옮겼다. 마윈은 이때 인터넷이 사람들의 생활을 바꿀 것이라고 생각했다. 구체적으로 사람들에게 어떻게 영향을 줄지는 알 수 없었다. 그러나 한 가지는 확실했다. 이것이야말로 진정 자신이 하고 싶은 일이라는 것이었다. 집에 돌아온 당일 밤 평소 형제처럼 지내던 친구와 선후배, 대학 강사 시절의 제자들 24

❶ 미국 뉴욕증권거래소 IPO(기업공개)를 앞두고
거래소 앞에서 엄지를 치켜세우는 마윈 회장.
❷ 그가 대학에 사표를 낸 것과 동시에 탄생한 벤처기업 중궈황예.
단 3명의 직원과 겨우 10만 위안을 들고 창업했다.
대부호가 된 현재의 모습과 달리 행색이 매우 초라하다.

명을 집에 불러 사업 설명회를 개최했다. 그러나 그의 기대는 빗나갔다. 24명 중에서 그의 제안에 찬성한 사람은 오로지 딱 한 사람뿐이었다. 두 살 어린 대학 동창 허이빙(何一氷)이었다.

알리바바라는 상호와 전자상거래라는 비즈니스 모델은 아예 입에 올릴 엄두조차 내지 못했다. 그는 차라리 호텔이나 주점을 개업하는 것이 더 낫지 않겠느냐는 의견을 개진한 23명의 반대에 좌절하지 않았다. 대신 자신을 믿어준 동창의 신뢰에는 어떻게든 부응해야겠다는 의지를 굳게 다졌다.

다음부터는 일사천리였다. 중국 최초의 상업 사이트로 공인되고 있는 '중궈황예(中國黃頁·Chinapage.com)'는 그가 대학에 사표를 낸 것과 거의 동시에 탄생했다. 직원은 그와 부인인 장잉과 허이빙 등 단 3명이었고, 자본금은 달랑 10만 위안(1,800만 원)이었다. 그들의 최종 목표는 반드시 성공해 몇 단계 업그레이드된 전자상거래 업체 알리바바를 보란 듯 설립하는 것이었다.

기업체들의 홈페이지 제작과 각종 비즈니스 정보 제공을 사업 모델로 했던 중궈황예는 불행히도 크게 성공하지 못할 것이라는 주변의 예상을 뛰어넘지 못했다. 출발도 미미했으나 그해 연말까지의 경영은 더욱 비참했다. 자본금은 어디론지 사라지고 대신 빚은 자꾸 늘고 있었다. 창업한 지 8개월여 만에 다시 찾아온 실패의 위기는 잠깐이나마 호황의 시기도 있었기 때문에 마윈의 마음을 더욱 안타깝게 만들었다.

마윈이 위기를 극복하지 못한 이유는 역시 규모를 키우기에는 역부족인 자금과 관련이 있었다. 더구나 1996년 초에는 중국 중앙 정부에서 제공하는 막대한 자금을 등에 업은 전자상거래 업체인 '시후왕롄(西湖網聯)'이 출범을 했다. 자본금만 중궈황예의 무려 3,000배인 3억 위안에 이르는 업체였다. 중궈황예가 몇 명의 게릴라였다면 시후왕롄은 몇 만 명을 보유한 대

군이었으니 도저히 경쟁이 될 리가 없었다. 중궈황예가 망하는 것은 거의 시간문제라고 해도 좋았다. 우려는 곧 현실로 나타났다.

시후왕롄이 '차이니즈페이지닷컴(Chinesepage.com)'으로 명명한 사이트를 출범시키고 대대적인 압박을 가해온 것이다. 마윈은 절체절명의 순간 바로 백기를 들어 항복하는 선택을 했다.

방법은 크게 복잡하지 않았다. 지분 30%를 인정받고 스스로 인수·합병되는 길을 택하는 것이 그가 쓸 수 있는 유일한 카드였다.

그러나 30% 지분의 위력도 그다지 오래 가지는 못했다. 시후왕롄의 최고경영진에서 나가달라는 말만 하지 않을 뿐이었다. 결국 그는 1997년 11월 자신이 가졌던 지분 중 21%를 중궈황예 출신 직원들 30여 명에게 무상으로 나눠준 다음 완전히 손을 털었다. 사업으로서는 두 번째 실패였고 인생의 실패로는 몇 번째인지 셀 수조차 없었다.

다행히 이때는 탈출구가 있었다. 바로 몇 년 전부터 계속 생각해온 베이징행이었다. 마침 2개월 전쯤 중앙부처인 대외경제무역 합작부 산하 '중국국제전자상무중심(EDI)'에서 그의 능력을 높이 평가해 합작을 제의해온 적이 있었다. 그는 그해 말 중궈황예에서 데리고 나온 8명의 팀을 이끌고 뒤도 돌아보지 않고 베이징으로 떠났다. "나는 언젠가 반드시 항저우로 돌아올 것이다. 실패한 고향에서 보란 듯 성공을 하겠다."라는 말을 남긴 채.

그러나 그는 그때도 겨우 1년을 버티고는 계속 베이징에 있어야 하는지 고민에 빠졌다. 자신과 팀원들이 구축한 사이트들이 상당한 흑자를 내고 있긴 했지만 알리바바라는 세계 최대 전자상거래 사이트를 구축하겠다는 당초의 생각과는 거리가 멀었기 때문이다. 게다가 EDI에서는 한시도 가만히 있지 않고 경영에 간섭을 했다. 따라서 자신과 팀원들의 일사불란한 팀워크로 창의성이 발휘되는 것은 불가능한 현실이었다. 그가 고심한 시간은 길지 않았다. 베이징에서 생활한 지 1년 1개월 정도가 되던 1998년 말, 그는 이때 이미 18명으로 불어난 팀원들을 불러 모았다. 모종의 결단을 내리겠다는 뜻이었다.

"나는 여러분들에게 세 가지 선택권을 주겠어. 첫째는 포털사이트 야후로 가는 거야. 갈 사람은 내가 추천하겠어. 아마 임금이 많겠지? 그다음 선택은 써우후(搜狐)나 신랑(新浪), 아니면 왕이(網易) 같은 인터넷 사이트야. 이곳에도 나는 추천을 할 수 있어. 임금도 야후 못지않을 거야. 그리고 마지막 선택은 나와 함께 고향으로 돌아가는 거야. 임금은 많이 못 줘. 800위안(10만 4,000원) 이상이 안 될 거야. 여러분들은 사흘 안에 이걸 결정하라고."

고향으로 돌아가겠다는 마윈의 말은 비장했다. 그러나 이때 이미 '십팔나한(十八羅漢)'으로 불리기 시작한 팀원들의 심정은 더욱 비감한 듯했다. 마윈이 생각할 시간을 사흘이나 줬으나 모두들 10여 분 만에 눈물을 흘리면서 행동을 같이할 것을 다짐했다. 마윈의 가슴이 뜨거운 눈물로 넘쳐 흘렀다.

이미 전자상거래 분야에서 사업을 해보리라 마음먹은 마윈은 중소기업이 제품을 판매할 수 있는 웹사이트를 구상했다. 그는 중소기업들이야말로 인터넷을 가장 필요로 한다고 생각했다. 인터넷 서비스를 제공한다면 이들 기업이 전 세계를 대상으로 사업을 펼칠 수 있고 자신의 제품을 팔 수도 있을 것이었다. 마윈은 이렇게 방향을 정하고 부하들과 함께 항저우로 돌아가기로 하고 동료들과 함께 만리장성에 갔다가 '누구누구가 왔다 간다.' 등의 낙서를 보고 영감을 받았다. 전자게시판을 떠올린 것이다.

## 알리바바 출범하다

고향 항저우로 돌아온 마윈은 정확히 1개월 하고 6일이 지난 후인 1999년 2월 21일 저녁, 자신의 구상을 일목요연하게 정리해 십팔나한에게 발표했다. 영문도 모르고 그의 집인 후판(湖畔) 아파트로 불려온 십팔나한은 아무 말도 하지 못했다. 그저 고향으로 돌아온 그날부터 지금까지 40여 일 동안이나 백수로 지냈다고 말하는 그의 입만 계속 쳐다볼 뿐이었다. 마윈은 거칠 것이 뭐 있느냐는 표정으로 자신의 주머니를 뒤지기 시작했다. 얼마 되지 않는 돈이 테이블 위에 놓였다. 그가 다시 입을 열었다.

"창업 자금은 포켓머니뿐이야. 다른 사람들한테 빌려서는 절대 안 돼. 왜냐? 망할 수도 있으니까. 여러분들, 며칠 동안 밥 먹을 돈만 빼놓고 다들 털어놓으라고. 회사는 우리 집이야. 한 푼이라도 아껴야지."

마윈의 말에 십팔나한들은 각자의 주머니를 털었다.

무려 50만 위안(9,000만 원)이나 걷혔다. 전 재산이 들어 있는 통장을 내놓은 팀원도 있었다. 마윈으로서는 실패를 거듭하는 자신을 믿고 따르는 팀원들이 너무나 고마울 수밖에 없었다. 눈에서는 어느덧 감격의 눈물이 조용히 흘러내리고 있었다. 거인 알리바바를 향한 거보는 바로 이렇게 마윈의 집에서 조촐하게 시작됐다.

사실 지금 관점에서 보면 사이트를 통해 기업들 간의 거래를 연결해주는 알리바바의 사업 모델은 단연 탁월한 선택이었다고 할 수 있다. 더구나 당시 알리바바는 모든 일반 서비스를 3년 동안이나 무료로 해주겠다는 원칙을 공언한 바 있었다. '참깨부터 초대형 유조선까지'라는 모토를 내걸고 지구상에 존재하는 모든 상품을 취급하겠다고 장담한 야심만만한 목표도 예사롭지 않아 보였다.

마윈의 당초 생각이 먹혀들었을 경우 경영은 출범하기 무섭게 순조로워야 했다. 그러나 사이트를 구축하고 본격적으로 사업을 시작한 1999년 상반기(알리바바의 공식 창사 기념일은 9월임)의 상황은 기대 밖이었다. 기업 회원의 가입은 마치 "마윈의 생각은 유조선을 히말라야로 운항하게 하려는 무모한 비즈니스 모델이다."라는 주위의 비웃음을 증명이라도 하듯 지지부진했다. 완전 게걸음이었다.

당연히 이유가 없지 않았다. 인터넷이 보편화되지 않은 환경이 무엇보다 문제였다. 이때만 해도 중국 전체의 네티즌 수는 1,000만 명에도 미치지 못했던 것이다. 또한 상거래를 현찰 위주로 하는 중국 기업들의 관행도 걸림돌이었다. 아무리 거래하는 상대가 같은 기업이고 알리바바가 보증을 한다고 한들 얼굴도 보지 못했는데 어떻게 믿을 수 있느냐는 부정적인 선입관을 기업들이 가지고 있었다는 것이다. 여기에다 이미 업계 선두 주자를 자임한 왕쥔타오(王峻濤·52) 휘하의 8848 웹사이트도 부담스러웠다.

알리바바의 행보가 80년을 이어갈 기업이라는 모토를 내걸었던 사실이 무색해지는 데에는 그리 오랜 시간이 걸리지 않았다. 무엇보다도 자금난이 가장 큰 문제였다. 원래 종잣돈이 부족했던 데다 수입이 거의 없었으므로 자금난은 당연했지만 7월 들어서는 십팔나한을 비롯한 직원들의 월급을 금융권에서 차입하지 않으면 안 될 정도로 상황이 심각해졌다. 급기야 마윈의 뇌리에는 다시 실패라는 불길한 단어가 어른거렸다.

### 악마와 천사의 돈을 구분하다

설상가상이라는 말이 있다. 1999년 7월 한 푼이 절실했던 알리바바에 최악의 상황이 현실로 다가왔다. AK-47 소총을 비롯한 불법 살상 무기류가 알리바바 사이트에서 공공연하게 매매된다는 얘기가 네티즌 사이에 퍼져 일파만파로 온라인을 달궜던 것이다. 더 큰 문제는 이 소문이 미국 유력 경제지 《비즈니스 위크(Businessweek)》에도 보도돼 전 세계적으로 난리가 난 것이다.

배짱에 관한 한 누구에게도 뒤지지 않는 마윈도 이 상황에서는 당황하지 않을 수 없었다. 그는 부하 직원들에게 사이트를 샅샅이 수색하라는 지시를 내렸다. 결과는 당연히 사실무근이었다. 누군지 불분명한 라이벌 업체에서 악의적으로 퍼뜨린 흑색선전이 분명했다. 마윈은 화가 났지만 범인이 누군지 모르는 상황에서 딱히 어떻게 대응할 방법이 없었다. 그저 분노를 꾹꾹 눌러 삼켜야 했다.

그러나 전화위복이라는 말이 있듯 이 사건은 오히려 알리바바에게 축복이었다. 《비즈니스위크》 보도와 이에 따른 네티즌들의 폭발적 관심에 힘입어 인지도가 급속도로 올라간 것이다. 금액으로 환산하기 어려운 엄청난 광고 효과를 봤다. 곧이어 무기류를 밀매한다는 소문보다 더 황당한 일이 벌어졌다. 알리바바의 위상과 발전 가능성에 주목한 투자자들이 돈을 싸들고 달려드는 희한한 상황이 벌어진 것이었다.

당장 한 푼이 아쉬웠던 마윈은 이들과 협상에 임했고 상하이의 한 벤처캐피털 회사와는 직접 몇 차례 대면하는 기회도 가졌다. 그러나 마윈은 한탕을 노리는 투기자본의 유입을 끝내 거절했다. 이렇게 해서 마윈은 지금도 중국 IT업계에서 전설로 통하고 있는 무려 38개 기업과 개인의 투자를 계속 거절하는 전대미문의 기록을 남겼다. 물론 알리바바는 이로 인해 엄청난 자금난을 계속 겪어야만 했다.

그러나 고통의 시간은 짧았다. 그해 10월 알리바바가 그토록 고대하던 천사가 드디어 나타났다. 주인공은 골드만삭스를 비롯해 피델리티그룹, 싱가포르 정부과학기술 발전기금 등이었다. 오로지 알리바바의 가능성만 보고 500만 달러를 긴급 수혈해주겠다는 결정을 내린 것이다. 알리바바로서는 출범과 동시에 닥친 위기로 가슴을 졸이다 비로소 한숨을 돌릴 수 있게 됐다.

그럼에도 이후 알리바바의 고전은 한동안 계속됐다. 그러나 반가운 소식이 전혀 없는 것은 아니었다. 무엇보다도 여러 가지 사건을 겪으면서 알리바바의 인지도 상승이 두드러지기 시작한 게 고무적이었다. 인터넷의 보급이 늘어나면서 전자상거래에 대한 긍정적인 방향으로의 인식 변화와 세계의 공장으로 부상하기 시작한 중국의 위상 제고 등도 나름대로 희소식이라고 할 수 있었다.

특히 중국의 부상은 알리바바로서는 정말 바라마지않던 기쁜 소식이라고 해도 과언이 아니었다. 외국 기업들의 중국 경제에 대한 높아가는 관심이 전자상거래 활성화 내지는 알리바바의 역할 증대로 연결될 가능성이 높았기 때문이다. 영업실적은 여전히 적자였으나 가능성은 계속 커져 가고 있다고 해도 좋았다.

마윈은 이 상황에서 그저 나무에 달린 감이 떨어지기만을 기다리지 않았다. 중국 내외에 전자상거래와 알리바바의 존재를 알리는 노력을 적극적으로 전개하면서 새로운 수익 모델 찾기에도 게을리하지 않았다. 전체적으로 무료 서비스를 제공한다는 개념은 유지한 채 유료 부가 서비스 확충에 본격적으로 나서기 시작한 것이다.

노력은 결과로 나타났다. 그것도 누가 보더라도 절묘한 방식이 채택됐다. 알리바바 최초의 이 수익 모델은 지금까지 알리바바의 최대 수익원으로 맹활약하는 '중국공급상' 서비스였다. 유료 서비스라고 내용이 복잡한 것은 아니었다. 그저 연간 589달러의 회비를 내고 이 서비스에 가입한 기업들이 일반 회원들과는 다른 대우를 받는 것이 다를 뿐이었다.

우선 유료 회원들은 모든 수단을 총동원해 알리바바의 사이트에서 자신들의 상품들을 홍보할 수 있었다. 또 알리바바의 지원을 얻어 조금 더 편리한 방법으로 각종 온·오프라인 국제 전시회에 참가하는 것도 가능했다. 알리바바로부터 바이어를 상대하는 요령이나 관련 문서 작성 노하우, 각종 에티켓 등에 대한 정보도 제공받을 수 있었다. 한마디로 중국공급상에 가입하면 적어도 확실한 멘토가 하나 생기게 된다고 단언해도 좋았다.

마윈의 생각은 적중했다. 이 서비스의 도입은 중국 내외의 적지 않은 중소기업들로부터 열광적인 환영을 받았다. 하루에 100여 개 업체가 가입하는 날도 많았다. 어디 내놓기조차 부끄러웠던 액수의 매출액도 그나마 입에 올릴 정도의 수준에는 이르게 됐다. 하지만 목표로 내걸었던 영업흑자고지는 너무나 멀리 있었다. 흔히 말하는 2%가 아니라 20% 이상이 부족했다. 골드만삭스 등으로부터 들여온 자금도 서서히 바닥을 향해 달려가고 있었다.

그런데 2000년 10월 중순 정말 생각지도 않았던 귀인이 베이징의 푸화(富華) 호텔에 갑자기 나타났다. 일본 소프트뱅크의 한국계 일본인 손정의 회장이었다. 마윈은 즉각 손정의 회장을 찾아갔고 다행히 그를 만날 수 있었다. 그가 6분여 동안 알리바바의 현황에 대해 침을 튀겨가면서 열심히 설명했을 즈음이었다. 손정의 회장이 마윈의 열변에 감탄했다는 표정을 지으며 입을 열었다.

"얼마를 원하십니까? 저는 사람을 잘 알아봅니다."

"저는 단순히 돈만 필요로 하지 않습니다."

"돈이 필요하지 않다면 왜 저를 찾아오셨나요?"

"회장님께 투자를 권하러 온 것이 아닙니다. 전자상거래 사업에 대한 제 생각을 설명하기 위해 왔습니다."

"그러지 마십시오. 나는 회장님이 보통 분이 아니라고 생각합니다. 알리

사업 초창기(1999년) 알리바바의 창업 멤버들과 함께한 마윈.

바바에 투자하겠습니다. 한 번 일본으로 찾아오십시오. 투자 방안을 진지하게 논의해 봅시다."

그해 말 마윈은 임직원 몇 명과 함께 도쿄로 날아갔다. 손정의 회장은 수차례의 접촉과 협상에 임했다. 얼마 후 손 회장이 드디어 결정적인 한마디를 던졌다.

"좋습니다. 3,000만 달러를 투자하겠습니다. 회장님의 전자상거래에 대한 확실한 신념과 비전, 열정에 감복했습니다. 말에도 신의가 있습니다. 회장님은 진짜 사업가입니다."

보통 사람은 아마 상황이 이 정도 됐다면 기뻐서 펄펄 뛰었을지도 모른다. 그러나 마윈은 그렇지 않았다. 그가 한참을 생각한 다음 더욱 놀라운 말을 던졌다.

"우리는 충분한 자금을 원합니다만 그게 딱 2,000만 달러입니다. 3,000만 달러는 너무 많습니다. 돈이 많으면 일을 그르칠 수도 있습니다."

손정의 회장은 황당했다. 그때까지 투자를 더 받겠다는 부탁은 해도 덜 받겠다고 한 사업가는 없었기 때문이다. 그러나 그는 마윈이 보통 사람이 아니라는 사실을 진즉부터 알고 있었다. 손 회장은 마윈의 희한한 제의를 흔쾌히 수용했다. 손 회장이 한 말도 재미있다.

"당신의 그 독특한 기질을 잃지 마시오. 내가 당신에게 투자하는 가장 큰 이유가 거기에 있으니까 말이오."

알리바바가 3개월 후 손에 쥐게 된 2,000만 달러는 가뭄 끝의 단비였다. 알리바바는 이 자금을 통해 생존을 위한 기반을 굳건하게 다질 수 있게 됐다. 2,000만 달러의 효과는 곧 나타났다.

2000년 후반기부터 서서히 늘어나기 시작한 영업이익이 마침내 2002년에는 마윈이 2001년 초에 공언한 대로 1억 위안의 상징적인 흑자로 돌아선 것이다(실제로는 몇 백만 위안의 흑자였음). 창업 4년째인 알리바바의 성공은 이제 먼 나라의 얘기가 아니었다.

이후에도 알리바바의 앞길에는 중간 중간 어려운 시기가 없지 않았다. 그러나 결정적인 치명타를 맞아 재기 불능 상태에 빠지지는 않았다. 그래서 2003년 5월 10일에는 일반적으로 인터넷 쇼핑몰이라고 부르는 개인 간의 전자상거래 중개를 위한 C2C 사이트인 '타오바오(淘寶·Taobao)'도 성공적으로 출범시킬 수 있었다. 보물을 캔다는 의미의 브랜드 명을 가진이 사이트는 현재 중국 전체 C2C 시장의 70% 이상을 장악할 정도로 맹위를 떨치고 있다. 알리바바에서 성사시킨 거래액은 2008년에 1,000억 위안(18조 원)을 돌파했고, 2010년에는 4,000억 위안(72조 원), 2011년에는 6,000억 위안(108조 원)에 이른 것으로 파악되고 있다.

타오바오의 성공적 출범은 알리바바의 경영에도 긍정적 효과를 미쳤다. 알리바바가 2004년 사상 최대인 3억 위안대의 순익을 올린 데 이어 중국 최대 포털 사이트들인 신랑과 써우후의 2배인 30억 달러의 기업 가치를 가진 기업으로까지 성장한 것은 무엇보다 이런 현실을 여실히 증명했다고 할 수 있었다. 마윈이 여세를 몰아 타오바오 전용 전자결제 시스템인 '즈푸바오(至付寶·Alipay)' 사이트를 2004년 12월 독립 출범시킨 것도 다 이런 분위기에 힘입은 바가 컸다. 즈푸바오도 출범과 동시에 어렵지 않게 안정 궤도에 진입할 수 있었다.

세계화에 나서는 알리바바와 마윈

마윈은 이런 성공들에 고무돼 드디어 2005년 8월에는 일생일대의 대도박에 나섰다. 도박은 다른 것이 아니었다. 인터넷 업계 세계 최고 브랜드

중 하나인 야후의 중국 법인인 야후차이나를 인수하는 계획이었다. 조건은 알리바바의 주식 40%를 야후 본사에 주고, 야후차이나와 10억 달러를 받는 것이었다. 솔직히 이때까지의 위상만 놓고 보면 야후차이나의 본사인 미국야후와 알리바바는 덩치의 차이가 엄청났다. 시가총액만 해도 야후는 500억 달러 전후, 알리바바는 많이 쳐줘야 40억 달러로 추산되고 있었다. 게다가 야후차이나 자체의 브랜드 가치도 알리바바보다는 훨씬 높은 것으로 평가됐다.

야후차이나를 인수하겠다는 마윈의 야심찬 계획에 대한 알리바바 내외의 전망은 비관적일 수밖에 없었다. 심지어 업계 일부에서는 공룡을 삼키려다 배가 터질지 모른다는 우려까지 했다. 또 알리바바의 주식 40%를 겁없이 선뜻 내줬다가 경영권을 완전히 잃을 수도 있다는 비관적인 전망도 많았다. 알리바바가 야후차이나를 인수하는 것이 아니라 인수되는 것이라는 비관론자들의 혹평은 무리한 것도 아니었다. 이때 야후차이나는 중국 내 검색엔진 시장에서의 시장점유율이 7%로 내리막길을 걷고 있었다. 주식을 40%까지 내줄 만한 알토란 같은 먹잇감은 결코 아니라는 평가였다.

마윈으로서도 알리바바 내부에서조차 득보다 실이 많을 것이라고 우려하는 상황에서 마냥 자신의 생각을 그대로 밀고 나가기는 쉽지 않았다. 그는 고심에 고심을 거듭했다. 그러나 아무리 주판알을 튕겨 봐도 밑지지 않을 것이라는 계산이 계속 나왔다. 무엇보다 야후라는 브랜드가 너무나 매력적이었다. 알리바바와 합치면 엄청난 시너지를 볼 수 있다는 확신이 들었던 것이다.

또 시가총액 면에서 야후 본사에 거의 육박하는 성공을 거둔 야후 재팬의 성공이 중국에서도 가능하지 말라는 법이 없었다. 더구나 야후차이나를 인수할 경우 알리바바는 단순한 전자상거래 회사에서 검색엔진까지 새롭게 장착하는 명실상부한 종합 인터넷 그룹이 될 수 있었다. 이 말은 곧 알리바바가 구글이나 야후와 같은 글로벌 기업과 어깨를 나란히 하게 된다는 얘기였다.

야후차이나를 인수할 때의 긍정적 효과는 이뿐만이 아니었다. 야후차이나가 중국 진출 이후 지난 7년여 동안 꾸준히 도입해온 야후 스타일의 선진 경영 기법도 알리바바에 큰 도움이 될 수 있다는 것이 당시 마윈의 판단이었다.

마윈은 경영권에 대해서도 나름의 생각을 하지 않은 것이 아니었다. 아니 수없이 되풀이 생각했다는 표현이 맞을 듯하다. 결과는 한결같이 자신과 알리바바의 임직원, 우호적인 대주주들의 지분 60%를 합치면 경영권은 충분히 방어할 수 있다는 쪽으로 나왔다. 그는 용단을 내렸다. 평소 절친한 관계를 맺고 있던 야후의 CEO 제리 양(Jerry Yang)과 엄청난 판돈이 걸렸다고 해도 좋은 일생일대의 도박을 하기로 결정을 내린 것이다.

그의 판단이 틀리지 않았다는 사실은 겨우 2년여 후인 2007년 11월 확인됐다. 알리바바가 야후라는 세계적 브랜드를 등에 업고 홍콩 증시에 상장을 하자마자 주가가 폭등한 것이다. 시가총액이 무려 2,000억 홍콩달러(29조 원)였다. 알리바바는 이때 17억 US달러(1조 9,000억 원)를 가볍게 조달하는 실적도 거뒀다. 야후차이나 역시 그의 생각을 크게 벗어나지 않았다. 얼마 후 서서히 옛날 위력을 회복해 업계 1위를 바짝 추격하는 2위 자리까지 차지하는 저력을 보였다. 그의 결정은 확실히 탁월한 선택이었다.

야후차이나 인수 이후 알리바바의 행보는 브레이크 없는 스포츠카의 질주를 무색케 했다. 2006년 영업이익 7억 위안(1,260억 원)을 돌파한 다음 2007년 9억 위안(1,620억 원)을 거쳐 2008년 12억 위안(2,160억 원)에 이르렀다. 이 회사가 과연 영업이익 1억 위안(180억 원) 목표를 돌파한 후 조

2005년 마윈은 야후차이나를 인수했다.
마윈은 야후차이나의 성공으로 야후본사를 인수하려는 행보도 보이고 있다.

졸한 파티를 가졌던 업체일까, 하는 의문이 들 정도였다.

이후의 상황은 더욱 눈부셨다. 2010년의 경우 매출액 55억 위안(9,900억 원)에 영업이익 15억 위안(2,700억 원)을 기록했다. 거침없는 승승장구가 따로 없었다. 더구나 앞으로 이 여세를 몰아 아예 인수·합병 소문이 끊이지 않는 야후본사를 인수하려는 행보에도 나설 것으로도 보였다. 조금 심하게 말하면 한때의 새우가 썩어도 준치인 고래를 먹으려 한다고 봐도 크게 틀리지 않았다. 그는 전 단계 조치로 야후차이나를 인수할 때 넘겨준 40%의 알리바바 지분 회수에 필요한 30억 달러를 조달할 계획을 세웠다. 그렇게 2015년 7월 기준으로 2014년 회계연도 순이익은 무려 37억1000만 달러를 기록할 수 있었다. 홍콩 증시에서의 시가총액은 2125억 홍콩달러(32조 3,200억 원)에 이르는 기염을 토했다.

'타오바오'도 만만치 않았다. 2014년 개인 회원 5억 명, 하루 방문객 6,000만 명을 돌파하였으며 총판매액 1조 1,700억 위안(2,2010조 원)을 기록했을 정도로 C2C 시장에서는 단연 독주했다. 여기에 전자결제 서비스 사이트 '즈푸바오', 전자 상거래 관리 소프트웨어 업체 '알리 소프트', 온라인 광고 플랫폼 '알리마마(Alimama)'와 '알리 바오바오(Alibaobao)' 등 11개 계열사까지 합치면 야후나 구글도 부럽지 않을 진용을 갖추게 되었다. 낙제생 출신인 회장 마윈으로서는 실패에 실패를 거듭하다 창업 12년여 만에 세계가 인정한 기업인으로 우뚝 서게 된 것이다.

### 값으로 따질 수 없는 브랜드 가치에 눈 뜨다

마윈의 성공한 요인은 각종 성격적 장점 외에 다른 여러 가지를 더 꼽을 수 있지만 군이 하나만 더 선택하라면 발상의 전환을 통한 자신만의 성공 철학을 견지한 뚝심을 거론해야 할 것 같다. 이 자세는 그가 1999년 초 알리바바라는 브랜드를 도메인으로 등록하려 했을 때 가장 먼저 발휘됐다.

본격적으로 십팔나한과 함께 창업 준비에 나섰던 당시 그는 '알리바바 닷컴(Alibaba.com)'이 다른 사람에 의해 선점됐을 것이라고는 생각조차 하지 않았다. 그러나 그렇지 않다는 사실이 얼마후 밝혀졌다. 캐나다에 사는 한 네티즌이 이미 이 도메인을 며칠 전에 등록하고 소유 중인 것으로 확인된 것이다.

그는 간발의 차이로 자신의 것이라고만 생각했던 도메인을 놓친 것이 너무 억울해 땅을 쳤으나 이미 도메인은 자신의 것이 아니었다. 다행히 도메인의 소유주인 캐나다인과 연락을 취해 본 결과는 절망적이지 않았다. 1만 달러를 주면 언제든지 도메인을 양도하겠다는 말을 들은 것이다. 그는 즉각 부인 장잉을 비롯한 십팔나한을 모두 소집해 회의를 열었다. 그가 먼저 입을 열었다.

"이건 무조건 사야 해. 1만 달러는 지금 우리에게 엄청난 돈이라고 할 수 있어. 그러나 나는 이게 훗날 수억 달러의 가치를 가질 것이라고 생각해."

장잉과 십팔나한은 이미 1만 달러를 투자하기로 결정한 듯한 마윈의 말에 모두들 기가 막힌다는 표정을 지었다. 자칫하다가는 달랑 50만 위안(9,000만 원)에 불과한 창업 자금에서 6분의 1인 8만 3,000위안(1,495만 원)을 도메인 하나 값으로 날려야 했으므로 그럴 수밖에 없었다. 평소 바른말 잘하기로 유명했던 신문기자 출신 진젠항(金建杭·46)이 과감하게 반대의 입장을 표했다.

"나는 반대합니다. 아무리 미리 선점을 했다고 해서 1만 달러나 부르다니요? 이건 우리를 바싹 구워먹으려고 하는 게 아니고 뭐겠습니까?"

"그렇습니다. 우리가 중궈황예를 경영했을 때를 당연히 기억하실 걸로 알고 있습니다. 당시 후발주자이던 경쟁 회사 시후왕롄이 우리의 Chinapage.com을 그대로 본떠 Chinesepage.com을 들고 나온 사실을 설마 잊어버린 것은 아니겠죠."

진젠항의 말에 용기를 얻은 듯 처음부터 줄곧 마윈을 따랐던 장푸(張璞·51)도 반대 입장을 피력했다. 회의에 참석한 십팔나한 대부분은 시큰둥한 표정으로 침묵을 지켰으나 그건 반대 입장을 천명한 동료들에게 동조하겠다는 태도와 다를 바가 없었다.

마윈은 그러나 결연한 어조로 자신의 확고한 입장을 재차 밝혔다.

"돈은 필요할 때 다시 만들면 돼. 그러나 이 도메인은 지금 사지 않으면 훗날 수백 배 아니 수천 배로 값이 뛸지도 몰라. 물론 나도 Alibaba.com이 아니라 Alibaba.com.cn이나 Alibaba.cn으로 회사명을 등록해볼까 하는 생각을 안 해본 것이 아니야. 또 Alipapa나 Alifather로 이름을 바꾸는 것도 생각했었지. 그러나 이건 변칙이야. 정공법이 절대 아니야. 세계시장을 상대로 하려면 알리바바닷컴 도메인을 잡아야 해. 우리의 꿈은 세계 전자상거래 시장의 석권이잖아. 후회하기 전에 1만 달러를 빨리 투자하자고. 얼마 안 있어 틀림없이 몇 백 배의 가치를 창출할 거야. 상품의 질도 중요하지만 브랜드의 파워도 무시해서는 안 된다고."

마윈은 말을 마치기 무섭게 인생의 반려자에서 창업 동지로 완전히 변신한 부인 장잉을 쳐다봤다. 빨리 분위기를 잡으라는 신호였다. 그녀는 남편의 의중을 모르지 않았다.

"그래요. 한 번 모험을 해 봅시다. 도메인에 투자를 한다고 생각하죠. 나중에 설사 잘못 돼도 다시 팔 수 있을지 모르잖아요."

장잉의 한마디로 대세는 서서히 기울기 시작했다. 마윈의 뜻은 만장일치로 통과됐다. 그의 이 결정이 탁월한 선택이었다는 사실은 얼마 지나지 않아 확인됐다. 구글이 중국 진출을 위해 중국인이 보유 중이던 'Google.

com.cn'과 'Google.cn' 등 두 도메인을 무려 100만 달러라는 거금에 구입한 사실이 알려진 것이다.

알리바바로서는 순간의 선택을 통해 엄청난 비용을 절감할 수 있었던 셈이다. 아니 아차 잘못 선택했더라면 아마도 알리바바의 탄생은 불가능했을지도 몰랐다. 이뿐만이 아니었다. 알리바바는 'Alibaba.com'을 보유하게 됨으로써 훗날 'Alimama.com'과 'Alibaby.com'의 도메인을 재빨리 등록해 보유하는 길을 열게 됐다. 브랜드 가치를 제대로 판단한 마윈의 눈썰미와 발상의 전환이 있었기에 가능했던 일이었다.

그가 브랜드를 얼마나 중시했는가는 2003년 5월 10일 타오바오를 출범시켰을 때도 확인된 바 있다. 당시 마윈은 이 신생 업체가 탄탄대로를 달리는 밑거름이 될 수 있도록 그럴듯한 브랜드들을 하나씩 생각해보라는 숙제를 임직원들에게 내줬다. 즉각 '러거우(樂購·즐겁게 쇼핑을 한다)', '이거우(易購·쉽게 산다)', '이마이(易買·쉽게 산다)', '톈바오(天寶·하늘의 보배)', '타오바오' 등 브랜드 50여 개가 취합됐다.

마윈은 이들 브랜드를 적은 리스트를 보자마자 지체하지 않고 타오바오를 찍었다. 듣기에도 좋고 기억하기에도 좋은 브랜드라는 느낌이 순간적으로 왔던 것이다. 결과적으로 그의 판단은 탁월한 것으로 확인됐다. 이는 회원들을 통한 초창기 여론 조사 결과 타오바오라는 브랜드에 매력을 느꼈다는 답이 압도적이었다는 사실만 봐도 잘 알 수 있다. 그가 알리바바를 1만 달러에 사들인 것은 확실히 즉흥적인 결정이 아니었던 것이다.

## 한 우물을 파서 통 크고 품격 있게 벌겠다는 이재의 철학

발상의 전환 없이는 결코 얻기 쉽지 않다는 마윈의 성공 철학은 진화를 거듭했다. 크게 얻으려면 크게 버려야 한다는 불후의 진리가 그를 성공으로 이끈 철학이 아닌가 판단된다. 이러한 철학을 엿볼 수 있는 사례는 C2C 인터넷 쇼핑몰인 타오바오를 크게 키우기 위해 초창기에 수익을 올리는 것에 전혀 개의치 않고 대대적인 투자를 결정한 경영 판단 등에서도 찾을 수 있다.

마윈은 2003년 2월 도쿄를 방문하고 돌아오기 직전 손정의 회장으로부터 이런 말을 들었다.

"마 회장, B2B나 B2C, C2C 사업 모델에는 큰 차이가 없습니다. 같은 원리입니다."

"그게 무슨 말씀입니까?"

뜬금없는 손 회장의 말에 마윈이 즉각 질문을 던졌다. 갑작스런 말이 이해가 되지 않았던 것이다.

"마 회장의 알리바바도 세계적인 C2C 업체인 이베이(eBay)가 될 수 있다는 말입니다. 한번 해보지 않으시겠습니까?"

마윈은 한참을 생각하다가 가만히 고개를 끄덕였다. 그의 C2C 시장 참여는 바로 이처럼 우연히 결정됐다. 사실 이때 손정의 회장이 마윈에게 C2C 시장 참여를 권유한 것은 그냥 해본 소리가 아니었다.

당시 세계를 석권하고 있었던 C2C 업계의 거목인 이베이는 야심적으로 일본 시장에 진출했지만 손정의가 최대 주주로 있던 야후 재팬에 밀려 힘을 제대로 쓰지 못하고 있었다. 손정의는 바로 이 사실에 주목했다. 알리바바가 C2C 시장에 진출할 경우 중국에서 야후재팬처럼 될 수 있다고 본 것이다. 마윈과 손정의는 이미 이때 중국 최대 C2C 업체였던 '이취(易趣)'를 인수해 중국 시장을 석권 중이던 '이베이이취(eBay易趣)'와 충분히 겨뤄볼 만하다는 판단을 했다는 얘기다.

새 사업 참여를 결정한 마윈의 발걸음은 시애틀에서 인터넷을 접한 즉시 알리바바 창업을 생각한 것만큼이나 신속했다. 그는 일본에서 돌아오자마자 알리바바의 임직원 열 명을 비밀리에 자신의 사무실로 불렀다. 열 명 중에는 십팔나한 중 단연 핵심 인물로 꼽혔던 쑨퉁위(孫彤宇·47)도 있었다.

"샤오쑨(小孫·샤오는 연하자에 대한 애칭), 지금부터 비밀 임무를 주겠어. 이 일을 맡으면 당분간 집에도 못 가. 2~3년 동안 못간다는 생각을 해야 한다고. 알겠어?"

"그거 좋은 일이네요. 절대 비밀을 유지한다는 각서도 써야겠군요?"

"당연하지! 비밀이 새면 큰일 나. 자신이 없으면 지금이라도 얘기를 해."

"아닙니다. 임무를 완수하겠습니다. 그래도 제가 십팔나한 아닙니까?"

쑨퉁위를 비롯한 10명의 임직원은 이후 집단으로 실종됐다. 그러나 이들은 2년이 아닌 1개월 남짓한 시간이 흐른 5월 초에 다시 얼굴을 나타냈다. 알리바바가 이베이이취와 겨룰 만한 C2C 사이트 타오바오를 출범시킨 것과 거의 동시였다.

그러나 이때까지 중국 C2C 시장의 90%를 장악하고 있던 이베이이취는 라이벌이 될지도 모르는 타오바오 사이트의 등장에 콧방귀도 뀌지 않았다. 다윗과 골리앗의 싸움이라고 생각한 것이다. 시장의 반응도 마찬가지였다. 타오바오가 이베이이취를 이길 것이라고 생각하는 사람은 아무도 없었다.

마윈은 조급해하지 않았다. 반드시 경쟁에서 이긴다는 생각으로 당장의 이익을 생각하지 않고 투자를 늘려 나갔다. 자신이 먼저 직접 팔을 걷어붙인 채 영업과 홍보에 적극적으로 나섰다.

이를 위해 그는 그 어느 때보다 많이 언론에 노출되는 모습을 보였다. 완전히 타오바오를 위해 칼을 빼든 채 진두지휘를 한 셈이었다.

그러던 중 그는 우연한 기회에 이베이이취의 고객들이 각종 수수료를 내는 것에 적지 않은 불만을 갖고 있다는 사실을 알게 됐다. 타오바오가 출범한 지 얼마 되지 않았을 때였다. 즉시 긴급 임원회의가 소집된 것은 물론이었다.

"나는 우리가 앞으로도 계속 모든 고객들에게 무료로 우리의 쇼핑몰을 제공해야 한다고 생각합니다. 무료로 하는 기간은 일단 3년으로 합시다."

마윈이 타오바오의 사이트 구축을 총괄한 다음 사장으로 자리를 옮겨 앉은 쑨퉁위를 향해 무겁게 입을 열었다. 그때 마윈은 이미 쑨퉁위로부터 2004년부터는 경쟁사인 이베이이취처럼 모든 고객들에게 일정한 수수료를 받겠다는 보고를 받았던 터였다.

"그건 좀 곤란한데요. 그렇게 되면 수익 모델이 거의 없는 셈이니까요."

쑨퉁위가 곤란하다는 표정으로 입을 열었다. 마윈은 그럴 줄 알았다는 표정으로 다시 말했다.

"저쪽에서는 우리에게 약점을 이미 보여줬어. 이걸 파고들어야 해. 우리에게 기회를 주는 거라고. 때로는 크게 버릴 생각을 해야 크게 얻는다고. 적게 버리면 적게 얻고."

"그렇게 하면 언제 경영이 흑자로 돌아설지 모릅니다. 우리는 자선 사업을 하는 게 아닙니다."

"물론 그렇지. 그러나 나는 우리가 얻을 것을 과감히 버림으로써 시장의 규모를 더 키워야 한다고 생각해. 동화의 주인공 알리바바를 보라고. 만약 그가 길에서 자잘한 금덩어리들이나 계속 주웠더라면 나중에는 그것들의 무게 때문에 몸을 마음대로 움직이지도 못했을 거야. 그랬을 경우 그는 어마어마한 보물 동굴을 발견하지 못했을 거야. 크게 버렸기 때문에 크게 얻은 거라고. 또 나는 남의 걸 모방만 하는 단계에서 돈을 받아서는 안 된다고 생각해. 구글처럼 기상천외해야 한다고. 남한테 돈을 벌게 만들어 줄 때 우리도 수수료를 받을 수 있을 거야."

마윈의 성공 철학이 완벽하게 현실로 나타나는 데에는 약간의 시간이 필요했다. 그러나 딱 3년이었다. 출범 초기 채 5%도 안 되던 타오바오의 C2C 시장점유율이 2006년에는 무려 72%에 이른 반면 거의 시장을 휩쓸던 이베이이취는 20%대로 추락해버린 것이다.

초기의 작은 이익에 연연하지 않고 크게 승부를 건 다윗 마윈의 전략이 가져온 극적인 승리였다. 물론 타오바오가 이런 승리를 거두게 된 데에는 2004년 6월 선보이자마자 폭발적인 인기를 끌었던 '왕왕(旺旺) 메신저'도 나름대로 상당한 역할을 했다고 볼 수 있다. 구매자와 판매자가 거래할 때 필요한 문자 채팅 및 음성, 화상 통화 등의 기능을 제공해주는 이런 서비스를 이베이이취는 전혀 신경쓰지 않았던 것이다.

비슷한 사례는 이 밖에 더 있다. 마윈은 손정의 회장과의 긴밀한 관계로 인해 2000년 이후 미국 못지않게 일본을 자주 드나들었다.

당연히 이때마다 현지의 새로운 아이템에 주목하면서 시장조사를 게을리 하지 않았다. 자연스레 온라인게임이 눈에 들어 왔다. 더구나 중국 시장에서는 이미 2002년부터 온라인게임이 엄청난 붐을 이루고 있는 상태였다. 기업가인 마윈으로서는 구미가 당길 수밖에 없었고 2003년을 전후해서는 주위에서도 적지 않게 온라인게임 사업을 권유하기도 했다.

그러나 그는 고심 끝에 욕심을 접었다. 그답지 않은 소극적인 행보라고 볼 수도 있었지만 그는 엄청난 황금알을 낳을 사업을 미련 없이 접었다. 대신 사회적 가치를 중시하는 기업이라는 명분을 얻었다. 어떻게 보면 더 큰 것을 얻었다고 해도 틀리지 않는다. 매년 행해지는 각종 기업 이미지 조사에서 알리바바가 온라인게임 업체 '성다(盛大)'와는 비교하기 어려울 정도로 좋은 이미지가 나오는 것을 보면 확실히 옳은 선택이었다고 볼 수 있다.

## 엔터테인먼트를 영업에 접목하라

마윈의 기상천외한 발상의 전환은 영업 전략으로도 빛을 발했다. 다름 아닌 엔터테인먼트적인 요소를 영업에 적극적으로 도입한 것이다. 이를테면 재미있고 보기 좋은 제품이 잘 팔린다고 생각한 철학이 반영된 영업 전략이라고 해도 좋을 듯하다.

2005년 12월 중순이었다. 마윈은 중국에서 손꼽히는 영화와 드라마 감독인 천카이거(陳凱歌·62), 펑샤오강(馮小剛·55), 장즈중(張紀中·63) 등의 명감독을 초빙해 실제로는 CF지만 시청자들이 CF라는 사실을 전혀 눈치 채지 못하는 2~3분짜리 초단편 영화를 만들어 달라고 부탁한 것이다. 그것도 편당 각각 1,000만 위안씩, 총 3,000만 위안(54억 원)의 엄청난 제작비가 투자된 CF제작 의뢰였다.

이 중 천카이거가 찍은 〈아후(阿虎)〉를 보면 이게 진짜 초단편영화인지 CF인지 정말 헷갈린다. 중국 최고 스타인 판빙빙과 아후라는 개가 주인공인 이 영화의 줄거리는 극히 짧은 시간의 한계 때문에 무척 단순하다. 중국 대륙 남부 윈난(雲南)성 어느 산골에 사는 여자 주인과 개 아후가 서로를 찾아 헤맨다는 줄거리를 기본 뼈대로 하고 있다. 그러나 있을 것은 다 있다.

우선 천카이거가 8일 동안 촬영을 했다는 윈난성 최대 명승지 시솽반나(西雙版納)의 열대숲 배경이 기가 막힌다. 게다가 서로 죽고 못 사는 둘의 관계가 무척이나 감동적이다. 그렇다고 메시지가 없는 것도 아니다. 야후를 언급하고 있지는 않으나 아후가 야후, 여자 주인공 판빙빙이 네티즌이라고 보면 될 듯하다. 누가 보더라도 성공작이라고 할 수 있었다. 이 점에서는 펑샤오강의 〈구이쭈〉, 장즈중의 〈첸스진성〉도 크게 다르지 않았다.

TV 광고와 인터넷 영화 사이트를 통해 전파를 탄 이 야후차이나 CF 제작에 대해서는 알리바바 내부에서도 찬반양론이 그야말로 팽팽했다. 하지만 결과적으로 영업과 경영에 엔터테인먼트 요소를 결합한 마윈의 결정은 옳았다. 투입된 자금이 아깝지 않을 만큼 야후차이나의 인지도 폭발로 나타난 것이다. 게다가 페이지 뷰도 두 배나 폭증하고 자연스레 광고비를 비롯한 수입도 놀랄 정도로 늘었다. 완전히 세 마리 토끼를 잡았다고 해도 과언이 아니었다. 이후 야후차이나는 구글을 멀찌감치 떨어뜨려 놓고 바이두를 따라잡기 위해 전력을 쏟을 수 있게 됐다.

마윈이 무려 3,000만 위안이라는 거금을 투자해 엔터테인먼트를 영업에 접목한 시도는 언뜻 보면 무척이나 파격적이라고 할 수 있을지 모른다. 그러나 그를 잘 아는 사람들은 한결같이 평소 그의 성향으로 볼 때 크게 이상한 일이 아니라고  입을 모은다. 이 단정은 그가 2000년 9월 IT 업계를 비롯한 중국 내외의 재계 및 정 · 관계 저명인사들을 초청해 엔터테인먼트적인 성격이 농후한 이른바 '시후룬젠(西湖論劍)'이라는 나흘 일정의 포럼을 개최한 사실을 돌아봐도 증명이 된다.

2000년 5월 당시 그는 골드만삭스로부터 500만 달러의 엔젤자금을 투자받아 일단 한숨은 돌리고 있었다. 하지만 전체적으로 알리바바의 미래는 여전히 불투명한 상황이었다. 포털 사이트 업계의 트로이카로 불리던 신랑, 써우후, 왕이 등에는 말할 것도 없고 중화(中華)나 런런(人人) 등에도 명함조차 내밀지 못할 정도로 지명도가 약했으므로 당연할 수밖에 없었다. 무슨 수를 써서라도 IT업계라는 강호(江湖)에 알리바바라는 대협(大俠)의 존재를 알려야 할 필요성이 절실했다.

그는 어릴 때 즐겨 보던 무협소설에 자주 등장한, 천하의 영웅들이 무예를 겨루는 대회인 이른바 '논검(論劍)'을 떠올렸다. 그는 즉각 십팔나한들에게 시후룬젠이라는 포럼을 발족시킬 준비를 하라고 지시했다.

그해 9월 10일 항저우의 시후 호숫가 일원에서 '새 천년, 새 경제, 새로

81

운 인터넷 영웅'이라는 주제로 열린 대회의 결과는 대성공이었다. 우선 중국을 비롯해 전 세계 50개국의 정·재·관계의 저명인사들이 대거 대회에 참석해 자리를 빛냈다.

중국의 IT 영웅만 해도 신랑의 왕즈둥 창업자, 써우후의 장차오양 회장, 왕이의 딩레이 회장, 유명 전자 상거래 사이트 '8848'의 창업자이자 업계의 신흥 강호 '6688'의 회장인 왕쥔타오(王峻濤) 등을 비롯해 무려 100여 명이나 참석했다. 더 놀라웠던 것은 각종 언론에서도 100명 전후의 기자들을 대거 파견했다는 사실이었다.

마윈의 예상은 적중했다. 그때까지만 해도 업계에서만 이름이 조금 알려졌을 뿐이었던 그는 졸지에 전국적인 IT 대협, 영웅으로 떠오르게 됐다. 더불어 알리바바의 인지도는 불에 기름을 끼얹듯 대폭발하기 시작했다. 이후 시후룬젠은 클린턴도 참석한 2005년 대회까지 네 번이나 더 개최됐다.

마윈의 이런 탤런트 기질 농후한 영업 전략은 급기야 방송의 주목을 받기에까지 이르게 된다. CCTV가 2006년 3월 창업의 영웅을 선발하는 자사의 경제 쇼 프로그램인 〈잉자이중궈〉의 심사위원으로 그를 주목하고 2006년 3월 고정 출연 의사를 타진해온 것이다.

1주일에 한 번씩 방송됐던 〈잉자이중궈〉는 갖가지 아이디어와 재능을 구비한 창업 영웅을 선발하는 프로그램으로 연말 우승자는 무려 1,000만 위안(18억 원)까지 창업 자금을 지원받을 수 있었다. 참가를 신청하는 사람들이 해마다 수십만 명에 이르고 시청자만 전 세계적으로 2억 명에 이르는 이른바 최고 인기프로그램이었다. 마윈으로서는 출연을 거절할 이유가 없었다. 아니나 다를까, 그는 타고난 특유의 화술로 출연자들과 시청자들을 완전히 사로잡았다. 그로서는 돈을 주고서도 해야 할 일을 출연료까지 두둑하게 챙기면서 하게 된 셈이었다. 알리바바의 인지도는 결국 산간벽지

천카이거 감독이 만든 알리바바의 CF 〈아후(阿虎)〉.
중국에서 커다란 반향을 불러 일으켰다.

오지에서도 모르는 사람이 없을 정도로 더욱 높아졌다. 기업에도 엔터테인먼트 요소를 도입하는 것이 중요하다는 그의 파격적 인식이 없었다면 불가능했을 횡재였다고 해도 틀리지 않는다.

### 세상에 극복 못할 위기는 없다

위기는 기업과 기업인이라면 반드시 겪어야 하는 숙명과 같은 고통이다. 마윈과 알리바바에도 이 불후의 진리는 예외가 아니었다.

첫 번째 위기는 새 천년 첫 해의 연말에 찾아왔다. 인터넷 산업에 잔뜩 낀 거품이 드디어 본격적으로 꺼지기 시작한 것이다. 이때 알리바바의 재정 상태는 겨우 6개월을 버틸 정도인 6,000만 위안(104억 원)만 보유하고 있을 정도로 좋지 않았다. 그렇다고 매출액과 영업이익을 극대화할 방법이나 모델을 확실하게 찾은 것도 아니었다. 더구나 세계적인 벤처캐피털 업체들이 중국 인터넷 시장에 투자하기를 꺼리기 시작한 것은 거의 결정타라고 할 수 있었다. 이 위기의 순간에 마윈은 과감하게 축소 경영의 결단을 내렸다. 우선 미국 실리콘밸리에 주재하던 기술 인력에 칼질을 했다. 30명의 직원을 단 3명으로 줄이라는 명령을 내렸다. 한국 사무소를 아예 폐쇄한 조치도 이상할 것은 없었다. 그나마 30명이 주재하던 홍콩 지사의 경우는 사정이 좀 나았다. 22명만이 철수 명령을 받았다.

그뿐만이 아니었다. 상하이와 베이징 사무소에는 각각 10명 이내, 절반 이내로 임직원을 감축하라는 지시가 내려갔다.

이 신속한 조치는 마윈과 알리바바에게 한숨 돌릴 시간을 일단은 주었다. 하지만 위기가 완전히 해결된 것은 아니었다. 무자비한 축소 경영과 감원의 칼질에 임직원들의 사기가 바닥에 떨어진 것이었다. 여기에 알리바바가 과연 생존할 것인가에 대한 임직원들의 회의도 계속적인 위기의 요인이 되고 있었다.

고심 끝에 마윈은 이때도 특단의 조치를 강구하는 순발력을 발휘했다. 임직원들의 사기를 고려해 임금을 깎지 않고, 임직원과의 스킨십을 강화하며 직업 능률 향상을 위한 훈련과 교육을 강화하는 방향으로, 어찌 보면 정반대의 위기 탈출 전략을 취한 것이다. 임직원들의 마음을 다독이고자 했던 마윈의 전략은 성공했다.

임직원들은 구조조정이 강요한 좌절을 딛고 다시 한 번 알리바바를 위해 정열을 불태우려는 마음을 다지기 시작했다. 마윈은 흔들리는 조직을 일단 추스르게 되자 이번에는 임직원 상호 간의 소통을 강화하는 조치의 마련에도 나섰다. 방법은 간단했다. 고참 직원과 신입 직원들을 각각 한 명씩 연결해 이른바 사제 관계를 맺도록 하는 게 그것이었다. 이를테면 신입 직원들에게 멘토를 붙여주는 방법이라고 할 수 있었다.

이런 일련의 조치는 얼마 후 완전히 효과를 나타냈다. 직원들의 사기는 다시 하늘을 찌를 것처럼 변했다. 다행히 역사상 최악의 불황에도 전자상거래 시장만큼은 다시 활성화되기 시작했다. 가입 회원이 꾸준히 늘어나면서 거래액도 두 자릿수로 증가했다. 2년 동안의 혹한은 알리바바에는 큰 피해를 주지 않은 채 비교적 빨리 지나갈 수 있었다.

그러나 엎친 데 덮치는 격으로 2003년 4월 말 알리바바가 '사스(SARS·중증 급성 호흡기 증후군)'의 진원지인 광둥성 광저우에 여직원을 출장 보냈는데 불행히도 이 직원은 사스에 걸려 돌아왔다. 항저우에서 실시된 추가 검진을 통해서도 중증 환자로 확진받았다. 당연히 이때까지 사스의 청정 지역이던 항저우 시 전체에 난리가 났다. 본사 건물은 즉각 항저우 시 정부에 의해 중점 방역 대상에 포함될 수밖에 없었다. 더욱 기가 막히게도 다음 날은 알리바바 본사 건물이 정부 당국에 의해 봉쇄됐다. 모든 임직원들은 집에서 격리된 채 생활을 해야 한다는 소문이 나돌았다.

천하의 마윈도 그때는 많이 당황했다. 그렇다고 정신을 놓아서도 안 될 상황이었다. 그는 우선 출장 때문에 사스에 걸려 돌아온 환자의 가족에게 정중히 사과했다. 이어 알리바바 주변 기업들과 각급 단체에 일일이 상황을 설명하는 곤욕까지 치르지 않으면 안 됐다. 그러나 이런 노력에도 불구하고 주변 분위기는 더욱 살벌해졌다. 심지어 일부 시민들은 노골적인 적대감과 분노를 표시하기도 했다. 본사 건물에 온갖 쓰레기 등을 던지면서 화를 푸는 사람들도 있었다. 왕따가 따로 없었다. 마윈으로서는 회사의 존립을 걱정해야 할 상황이었다고 해도 틀리지 않았다.

그러나 그는 끝까지 포기하지 않고 상황을 타파하기 위해 노력했다. 그 결과 이른바 소호(Soho) 스타일로 사스에 대항하는 전략이 채택됐다. 본사 빌딩에서 근무하던 300여 명 임직원들을 전부 집으로 돌려보내 컴퓨터로 모든 업무를 처리하도록 한 것이다. 이를테면 오프라인 사무실을 온라인 안으로 옮겼다고 할 수 있었다.

놀랍게도 울며 겨자 먹기 식으로 선택한 이 사이버 사무실은 잘 돌아갔다. 경영상태도 이전보다 훨씬 좋아지기 시작했다. 매일 3,500개 업체의 기업 회원이 새로 늘어났을 뿐 아니라 영업이익도 하루에 100만 위안을 돌파했다. 이유는 당연히 있었다. 사스가 무서워 200만 기존 회원사들과 신규 회원사들이 더욱 전자상거래에 열심히 매달린 탓이었다. AK-47 소총 판매와 관련한 황당한 소문이 돌았을 때처럼 전화위복이었다고 해도 좋았다. 사스는 알리바바에 대한 저주가 아니라 엄청난 축복이었다. 하지만 이 역시 마윈과 알리바바 임직원들이 일사불란하게 대응하지 않았다면 불가능했을 일이었다. 사스기간 중 중국의 전체 B2B 업체 가운데 알리바바가 단연 압도적인 매출 증가율을 올린 사실이 증명해주고 있다. 알리바바가 사스로 인해 일거에 중국 최고 IT 기업이 됐다는 농담이 지금까지 업계에서 회자되는 것은 바로 이런 사실에 기인한다. 사스 퇴치 이후 완전히 자리를 굳힌 마윈과 알리바바에 2006년은 거칠 것이 없었다. 무엇보다 알리바바가 중국 업계 1위가 아니라 세계 1위 자리를 서서히 다져가고 있었다. 이베이이취의 저격수를 자임하고 출범한 타오바오도 3년이 채 안 됐는데 이미 업계 부동의 1위 자리를 확실하게 굳히고 있었다. 그러나 너무나 잘 나가는 현실에 도취해서였을까? 그해 5월 10일 타오바오 경영진은 야심적인 결정을 하나 내렸다. 훗날 대실패로 판가름 난 이 결정은 다른 게 아니었다. 이른바 '추차이진바오(初財進寶)'라는 새로운 형태의 부가가치 서비스를 실시한다는 것이었다. 서비스의 이름이 그럴듯해서 그렇지 사실은 간단했다. 돈을 내는 판매자에게 가장 페이지 뷰가 많은 좋은 위치에 상품의 정보를 올려주는 서비스였다. 한마디로 말해 이제부터는 좋은 위치에 올릴 일부 상품에 대해서는 수수료를 받겠다는 일방적인 통보였던 셈이다. 그러나 이 서비스를 실시한다는 것은 수수료를 받지 않는 관례에 대한 위반 선언이라고도 볼 수 있었다. 회원들은 잘나간다고 얼굴을 완전히 바꿔버린 알리바바와 타오바오의 경영진에게 격렬하게 항의하기 시작했다. 급기야 6월 1일부터는 집단으로 보이콧에 나설 수도 있다는 경고까지 보냈다. 사이버 시장을 폐쇄하겠다는 위협이었다. 심지어 일부 회원들은 서비스를 취소하지 않으면 거래처를 옮기겠다는 강경한 집단 대응책을 시사하기도 했다. 마윈은 자신의 생각에 브레이크가 걸리자 고민했다. 고객들의 여론도 무시하기 어려웠다. 고심 끝에 평소 즐겨 쓰는 무협소설식 가명인 '펑칭양(風淸揚)'이라는 ID로 대고객 성명을 발표했다. "우리가 받는 수수료는 원하는 판매자에게만 받습니다. 절대로 우리가 실시하는 무료화의 원칙을 허무는 것이 아닙니다. 또 우리는 이 수입을 회원들에 대한 보다 나은 서비스

사스와의 전쟁을 치르는 마윈. 사스 사태는 마윈과 알리바바에게
일생일대의 위기를 가져다 줬으나 전화위복이 되었다.

를 하는데 쓰게 될 것입니다."라는 내용이었다. 하지만 그의 이런 솔직한 입장 표명에도 상황은 크게 나아지지 않았다. 그는 이번에는 임직원들의 반대에도 불구하고 회원들의 온라인 투표로 모든 것을 결정하겠다는 승부수를 던졌다. 투표 디데이(D-Day)는 사이버 장터 폐쇄를 위한 보이콧이 시작될 6월 1일이었다. 반나절 만에 총 9만여 명의 회원들이 적극 참가한 투표 결과는 더 이상 볼 것이 없었다. '추차이진바오' 조치에 반대하는 의견이 무려 62%에 이르렀다. 38%가 마윈의 입장을 두둔한 게 그나마 다행이었다.

마윈은 역시 작은 거인다웠다. 한 번 내리면 거둬들이기 쉽지 않을 결정을 바로 취소하면서 투표 결과에 흔쾌히 따랐다. 그동안 받은 수수료도 얼마 안 되는 이자까지 계산해 전액 환불했다. 이미지 실추와 금전적인 손해를 따지면 알리바바가 입은 상처는 만만치 않았다. 그러나 고객의 입장에 서서 바로 실수를 인정하는 마윈의 진지하고도 시원스런 태도는 상처를 빨리 아물게 했다. 또 이런 자세에 대한 회원들의 성원은 훗날 알리바바에 대한 신뢰를 증가시키는 더 큰 효과로 나타났다. 위기를 기회로 반전시키는 마윈의 능력은 확실히 일반인의 수준을 훨씬 넘어섰다고 해도 과언이 아니다. 고객을 먼저 생각하는 마윈의 기업철학은 나중 그가 하버드대학에서 연설할 때도 증명되었다. 한 학생이 질문했다.

"알리바바그룹의 성공비결은 무엇입니까?"

마윈은 대답했다.

"제게는 우선 세 가지 성공비결이 있습니다. 첫째 저는 돈이 없었으므로 한 푼의 돈도 귀하게 사용했고 둘째, IT기술에 무지했기에 이 분야 최고 인재들을 고용해 나처럼 평범한 사람도 이해할 수 있는 사이트를 만들었으며 셋째, 계획을 세우지 않기에 변화하는 세상에 발맞추어 변화해 갈 수 있었습니다."

알리바바는 우리나라의 중소기업청과 한국의 중소기업 온라인 수출을
위한 양해각서(MOU)도 체결했다.

## 나폴레옹 연상시키는 마윈의 폭풍 리더십

마윈은 미국의 유명 경제지 《포브스》로부터 중국의 나폴레옹이라는 극찬을 받은 바 있다. 그만큼 그의 리더십이 뛰어나다는 말이다. 주변 측근들과 언론의 전언에 따르면 그의 리더십은 고전적인 리더십이라고 한다. 더 깊이 들어가면 '중체서용(中體西用)'이라는 단어로 대표된다고 해도 좋다. 중체서용은 청(淸)나라 말기에 개화파 지식인들이 내세운 구호였다. 중국 문화를 기본으로 하고 서양의 과학과 기술을 도입해 부국강병(富國强兵)을 이루도록 하자는 것이 기본 핵심 내용이었다. 마윈은 과감히 이 구호를 채용해 자신의 리더십으로 확실하게 덧칠을 했다. 서양의 과학과 기술만 시스템이라는 단어로 살짝 바꿨을 뿐이었다.

마윈은 사업 초기부터 십팔나한을 중심으로 한 임직원들에게 늘 "동양의 창조적 정신과 단결 정신을 가진 채 서양의 시스템을 도입해야 한다."라고 말했었다.

말만 그런 것이 아니었다. 매사 행동이나 생각은 전형적인 중국인처럼 하면서도 경영이나 영업 시스템만큼은 철저하게 서양 모델을 따르는 모범을 보였다. 훗날 언론에서 이런 자세를 '중시허비(中西合璧·중국과 서양의 벽을 합쳤다)의 리더십'이라고 명명했을 정도였다. 그는 또 이 분위기의 정착을 위해 임원으로 승진할 경우 서양 시스템을 더욱 디테일하게 경험하도록 최소 3년에서 최대 5년까지 해외로 유학을 보내는 규정까지 도입했다. 그의 이런 자세는 최고경영진을 구성할 때 분명히 나타나기도 했다. 그는 알리바바 창업 초창기부터 기업 성장을 위한 가장 중요한 요인은 '당장 필요한 자금보다는 평생 써먹을 인재'라는 생각을 줄곧 했다. 그것도 중화권 출신 다국적 기업 인재들은 단연 최고 보물이라는 게 그의 생각이었다. 이들이야말로 중체서용의 진정한 모델이라고 판단한 것이다.

91

이러한 판단이 서자 그는 당시 중국과 실리콘밸리 등에서 명성을 날리던 중화권 글로벌 인재들에 대한 신상 조사에 나섰다. 세 명이 그의 눈에 들어왔다. 스웨덴의 투자회사 '인베스터AB(Investor AB)'와 뉴욕의 '로즈크리프(Rosecliff)' 최고경영자로 일한 경험이 있는 재무 전문가인 대만 출신 차이충신, 제너럴일렉트릭(GE)에서 15년 동안 인사 담당 임원으로 일한 홍콩 출신 관밍성, 야후의 검색엔진 개발 책임자인 중국 출신 우중(吳炯·46)이 바로 그들이었다. 모두 각자 분야에서 단연 최고 명성을 날린 인물들이라고 할 수 있었다.

마윈은 이들에 대한 영입 작업에 즉각 나섰고 고연봉 대신 알리바바와 마윈 자신의 미래에 대한 확신을 심어주면서 상호 신뢰와 인간적인 정에 호소하는 영입 전략을 택했다. 놀랍게도 이 전략은 주효해 차이충신과 관밍성이 1999년에, 우중이 2000년에 잇달아 CFO, CPO, CTO(최고기술책임자) 등 알리바바의 핵심 자리에 취임한 것이다. 마윈이 공을 들인 글로벌 인재들은 훗날 예상대로 각자의 분야에서 뛰어난 활약을 펼쳤다. 예컨대 차이충신 CFO는 야후차이나 인수와 홍콩 상장을 위한 재무 실무를 빈틈없이 총지휘하면서 알리바바의 위상 제고에 크게 기여했다. 또 관밍성 CPO는 인사와 고객 관리에 관한 한 단연 세계 최고라는 GE의 문화를 알리바바에 확실하게 심어줬다. 우중 CTO는 말할 것도 없이 검색엔진과 전자상거래 관련 기술을 몇 단계 더 업그레이드하는 역량을 발휘했다. 모두가 마윈의 독특한 리더십이 낳은 결실이었다. 마윈의 중체서용에 입각한 리더십은 그의 말버릇으로도 종종 터져 나온다. 임직원들에게 자신을 전적으로 믿고 따르라는 말을 할 때마다 영어를 사용하는 경우가 적지 않은데 그러나 그는 이럴 때에는 반드시 중국 특유의 정서가 깃들어 있는 말로 보충설명을 한다. 이를테면 'We are a family'라는 영어를 입에 올릴 때에는 우리는 한 가족이라는 뜻의 '워먼이자런(我們一家人)'이라는 말을 반드시 한다. 알리바바의 임직원들이 지난 10여 년 동안 모든 발언이 가능한 난상 토론에서는 반발을 적지 않게 하더라도 그의 말과 행동에 진심으로 따르는 데에는 다 이유가 있는 것이다. 마윈은 무협소설을 많이 읽은 덕에 주군을 부모, 수하를 자식처럼 생각하는 봉건적 주종(主從) 관계의 리더십이나 로열티에 대해 아주 잘 알고 있다. 당연히 임직원들에 대한 태도는 이런 성향에 영향을 받을 수밖에 없다. 평소 그가 임직원들을 대하는 모습을 보면 알 수 있다. 일방적으로 지시하기보다 마음을 얻기 위해 소통과 스킨십을 강화하는 노력을 보이기 때문이다. 그는 임직원들을 만날 때마다 어깨를 두드려주면서 "회사를 다니는 직장인들은 끊임없이 일을 해야 한다. 즐거울 때도 고통스러울 때도 일을 하지 않으면 안 된다. 그렇다면 즐겁게 일을 하는 것이 더 낫지 않겠는가?"라고 말한다.

그저 입으로만 "Work with fun!(즐겁게 일하라!)"이라는 말을 하는 것이 아니다.

마윈은 즐겁게 일할 환경을 만들어주는 노력도 소홀히 하지 않는다. 이를테면 전국의 사업장마다 간이 체육 시설과 사우나가 갖춰진 헬스클럽을 마련해준다거나 체육대회를 비롯한 각종 단합대회를 자주 개최하는 것도 이런 노력에 해당할 것 같다. 또 하고 싶은 말을 다 하도록 언로(言路)를 보장해주는 원칙도 임직원들의 마음을 헤아릴 줄 아는 리더십의 CEO라는 사실을 말해준다. 임직원을 배려할 줄 아는 마윈의 CEO로서의 장점은 2005년 8월 야후차이나를 인수한 이후에도 빛을 발한 바 있었다. 그가 야후 차이나의 새로운 선장으로서 본사인 판리 빌딩에 처음 모습을 드러낸 것은 모든 협상이 마무리되고 이틀이 그해 8월 13일 오후였다. 그러나 이때 600여 명에 이르는 야후차이나 임직원들은 그에게 그다지 우호적인 눈길을 보내지 않았다. 마치 그를 점령군 사령관처럼 쳐다본 것이다. 그는 임직원들의 마음을 확 풀어줄 방법이 없을까 고민하기 시작했다. 그러다가 어느 날 무릎을 치는 기발한 아이디어를 하나 떠올렸다.

9월 22일 600여 명의 야후차이나 임직원들은 단 한 명 예외 없이 여행용 가방을 하나씩 들고 이날 아침 8시 베이징역의 전용 열차 앞에 길게 줄지어 서 있었다. 사흘 동안 모기업인 항저우의 알리바바 본사를 방문하는 행사에 참여하기 위해 열차에 오르고 있었던 것이다. 하지만 이들의 얼굴에는 여행에 대한 기대감이나 흥분은 별로 없어 보였다. 여전히 인수·합병에 대한 상처를 잊지 못해 마음의 문을 닫고 있는 듯했다. 이들의 얼굴은 그러나 항저우역에 도착한 순간부터 서서히 펴지기 시작했다. 이유는 당연히 있었다. 항저우 시에서 시장까지 총출동하는 성의를 보이면서 진심으로 열렬히 환영해 줬기 때문이었다. 이들의 표정은 항저우 원싼루(文三路)의 알리바바 본사 빌딩 앞에 나붙은 환영의 대형 플래카드를 목격하는 순간 더욱 환해졌다. 이후 분위기는 더욱 달아올랐다.

하이라이트는 다음날 저녁 저장성 인민대회당에서 알리바바와 야후차이나 임직원 3,000여 명이 참석해서 열린 그룹 전체 단합 대회였다. 이 자리에서 마윈은 "나는 여러분이 입고 있는 티셔츠의 로고에 알리바바와 야후차이나의 로고를 함께 새겨 넣었습니다. 셔츠의 색깔 역시 알리바바의 전통적 색인 검은 색에서 야후차이나의 흰색으로 바꿨습니다. 여러분 우리는 한 가족입니다. 저는 여러분 앞에서 약속하겠습니다. 앞으로 우리 야후차이나에서는 당분간 어떠한 인사 변동도 있을 수 없습니다. 감원은 더 말할 필요가 없습니다. 절대로 하지 않습니다."라는 감동적인 연설을 했다. 실제로 마윈은 그때의 약속을 확실하게 지켰다. 야후차이나의 사장이던 저우훙후이(周鴻禕·49)는 도리 없이 퇴진을 시켰으나 다른 인사는 거의 하

마윈은 직원들에게도 언로를 보장해주고 복지에도 신경을 쓰고 있다. 사진은 합동결혼식을 치른 알리바바 직원들 모습.

지 않았다. 이로 인해 야후차이나의 이후 퇴직률은 겨우 4%에 지나지 않았다. 야후차이나도 이때의 분위기를 살려 단순한 검색엔진에서 종합 포털사이트로 도약해 이른바 업계의 빅3인 신랑과 써우후, 왕이까지 위협할 만큼 성장할 수 있었다. 더불어 알리바바의 위상에도 날개를 달아줬다. 임직원을 배려하는 마윈의 노력이 없었다면 쉽지 않았을 결과였다. 리더십은 원래 위기에 봉착했을 때나 대단한 결단을 내려야 할 순간에 유독 빛나는 법이다. 마윈의 리더십도 그랬다.

우선 다윗인 타오바오를 진두지휘해 골리앗 이베이이취와 힘든 싸움을 이어가던 2004년 10월 전후의 상황을 봐야 할 것 같다. 당시 이베이이취 경영진은 눈길조차 주지 않던 타오바오가 조금씩 시장을 잠식해오자 타오바오를 완전히 망하게 하겠다는 결정을 내렸다. 이 목적을 달성하기 위해 내건 전략이 바로 엄청난 자금을 동원한 대대적인 광고 공세였다. 이베이이취 경영진의 입에서 "무차별 광고 공세를 강화하겠다. 돈을 태우겠다." 라는 공언이 나온 것은 결코 허풍이 아니었다.

이베이이취의 광고 폭격이라고 불러도 좋을 공세는 10월부터 개시됐다. 그 결과 베이징을 비롯해 상하이, 난징(南京) 등 이른바 중국 6대 도시의 지방 TV에는 이베이이취의 광고가 그야말로 도배되다시피 했다. 투입된 자금은 상상을 초월하는 액수로 1억 위안(180억 원) 전후라는 소문이 파다했다. 타오바오의 쑨퉁위 사장은 이 공세에 놀라 즉시 마윈에게 맞대응을 해야 한다는 보고를 올렸다. 그러나 마윈은 시장이 커지면 네티즌들이 이베이이취의 라이벌로 타오바오를 인식하기 때문에 맞대응할 필요가 없다고 말했다. 마윈의 판단은 정확했다. 이베이이취의 광고 효과는 정말 대단해 이베이이취의 회원 가입과 매출액이 크게 늘어났다. 하지만 문제는 타오바오의 회원 가입과 매출도 함께 늘어난 것이었다. 타오바오는 이를 토대로 나중에 이베이이취에 압도적인 승리를 거둘 수 있었다. 만약 이때 마윈의 리더십이 흔들렸다면 알리바바는 아마 투입하지 않아도 되는 광고비를 대량으로 낭비하는 실수를 저질렀을 것이다.

2008년 하반기 항저우사범대학과 합작으로 전자상거래 관련 경영대학에 해당하는 '알리바바 상학원'을 설립했을 때에도 마윈 특유의 리더십은 발휘됐다. 임원들의 반대가 적지 않았으나 기업의 사회적 기여에 대한 원칙, 전자상거래의 발전을 위해 꼭 필요한 대학이라는 신념에 따라 밀어붙여 예상보다 1년 앞당겨 개교하게 만들었다. 특히 그는 이 과정에서 반대하는 임원들의 의견을 무시하지 않고 끝장 토론을 통해 일일이 다 설득하는 성의를 보였다. 자신이 이사장으로 취임하면서 반대했던 임원 중 상당수를 이사로 영입한 것은 바로 이런 노력의 일환이기도 했다. 현재 정원이 300여 명인 이 학교는 개교 1년 만에 전국의 고등학생들이 가장 가고 싶어 하는 대학 순위에 오를 만큼 일거에 명문으로 발돋움했다.

## 이유가 너무나 많은 마윈의 성공 사례

마윈은 그저 외견적인 모습으로만 보면 성공과는 거리가 아주 먼 사람처럼 보인다. 그러나 결과적으로 엄청난 성공을 했다. 그렇다면 그의 성공 조건은 무엇일까? 그저 억세게 좋은 운을 타고났고 그것을 꽉 잡은 것만이 그를 성공으로 인도했을까? 그렇지 않다고 하기는 어렵다. 하지만 그게 다는 아닌 것 같다. 그의 길지 않은 인생을 꼼꼼하게 살펴보면 그는 성공을 할 수밖에 없는 너무나 많은 조건을 갖추고 있다고 해야 할 것이다. 우선 뛰어난 언변을 꼽을 수 있다. 신은 대체로 모든 사람에게 공평하다. 마윈에게도 그랬다. 뛰어난 신체 조건과 명석한 두뇌, 유복한 가정환경을 선물하지는 않았으나 기 막힌 재주 하나는 가질 수 있도록 했다. 바로 그를 처음 만나는 사람이라면 하나같이 혀를 내두르고 마는 언변이다. 그의 뛰어난 언변은 국제적으로도 공인돼 있다. 그가 해마다 하버드나 옥스퍼드 경영대학원을 비롯한 세계 각국의 MBA과정 학생들에게 수십 차례나 강연을 하는 데에는 다 이유가 있다.

낙제생이었다는 열등감을 딛고 그가 이처럼 뛰어난 언변의 소유자로 우뚝 서게 된 것은 여러 요인이 복합적으로 작용한 결과라고 해야 한다. 무엇보다 천성적으로 타고났다고 해도 좋을 듯하다. 이는 부인 장잉을 비롯한 주변 친지들의 증언이 무엇보다 확실하게 증명한다. 여기에 8년여 동안 교편을 잡았던 사실도 무시할 수 없다.

아무래도 말을 많이 해야 하는 직업이었으므로 언변이 늘 수밖에 없었다. 이 밖에 수없는 실패를 되풀이하면서 얻은 오기와 적극적인 성격, 배짱 등도 한몫을 했다고 볼 수 있다. 마윈의 인맥도 성공 조건으로 부족함이 없다. 말할 것도 없이 대인 관계가 좋은 사람은 인생에서 성공할 확률이 그렇지 않은 사람보다 훨씬 높다. 이 점에서 마윈은 선천적으로 타고났다고 단언해도 좋다. 특유의 친화력으로 쌓아올린 인맥들이 그야말로 혀를 내두를 만큼 많다. 세계적 부호로 손꼽히는 소프트뱅크의 손정의(孫正義) 회장이나 마이크로소프트의 빌 게이츠 회장과 막역한 사이라는 사실을 굳이 들먹일 필요도 없다. 빌 클린턴 전 미국 대통령과의 관계만 봐도 좋다. 2009년 9월 항저우에서 열린 알리바바의 창업 10주년 기념행사에 클린턴이 뉴욕에서 영상 축사를 전했을 만큼 절친한 사이인 것으로 알려지고 있다. 실제로 마윈은 이 행사에서 자신보다 20세 가까이 나이가 많은 클린턴을 "내 친구 클린턴을 소개한다."라고 언급해 사이가 보통이 아니라는 사실을 확실하게 증명하기도 했다.

미국 NBA의 농구 스타 코비 브라이언트(Kobe Bryant)나 세계 최대 커피 체인점 '스타벅스(Starbucks)'의 하워드 슐츠(Howard Schultz) 회장과의 친분은 끈끈함 면에서는 한술 더 뜰지도 모른다.

이들은 이 사실을 증명하기라도 하듯 알리바바의 10주년 기념행사를 축하하기 위해 직접 항저우로 날아가는 성의까지 보였다. 그의 타고난 인복(人福)도 무시하기 어렵다. 사람에게는 누구나 인복이라는 게 있다. 좋은 사람을 만나면 인생이 술술 풀리고 반대라면 꼬이게 된다. 이 점에서 보면 마윈은 인복이 상당히 많다고 해야 한다. 목돈이 꼭 필요한 결정적 순간에 손정의라는 엔젤투자자를 만났으니까. 2000년 10월의 만남만 있었다면 이런 단정은 지나친 것이라고 해야 할지 모르지만 그와 손정의의 만남이 지금까지 긴밀하게 계속되고 있는 것을 보면 알 수 있다. 둘은 이후 1년에 최소한 서너 차례 정도 정기적으로 만난다고 한다. 심지어 둘만의 회동을 위해 각각 도쿄와 항저우를 방문하기도 하는 것으로 알려지고 있다. 둘은 또 상대방의 회사에 이사 자격으로 참여하는 등 사업적으로도 밀접한 관계를 맺고 있다. 마윈의 입장에서 사업 초창기 손정의와의 만남은 인복을 넘어 그야말로 신의 축복이었다고 해도 괜찮다. 가정이기는 하지만 만약 소프트뱅크의 투자가 없었다면 과연 마윈이 오늘의 성공을 이룰 수 있었을까 하는 생각을 해 보면 정말 그렇다. 그러나 지금 둘의 만남은 둘 모두에 대한 신의 축복이라고 해야 한다. 손정의 역시 알리바바에 대한 투자로 최소 수십억 달러의 시세 차익을 봤으니까 말이다.

그가 이처럼 인맥과 인복이 좋은 것은 절대 우연의 소산이 아니다. 당연히 노력의 결과라고 해야 한다. 자신이 가까워지고 싶다는 생각이 들면 적극적으로 접촉을 시도해 마음을 열도록 했기 때문이다. 손정의와의 만남도 그렇지만 빌 클린턴 대통령과의 인연도 이런 사실을 잘 말해준다. 8년여 전 그가 항저우를 방문한다는 소식을 듣고 미리 연락을 취해 만남을 가지는 적극성을 보인 것이다. 이후 두 사람은 의기투합해 지금은 정기적으로 컴퓨터를 통한 화상 만남까지 가진다고 한다.

또한 그의 활달하면서도 친화력 넘치는 성격도 큰 역할을 하고 있다. 각종 언론의 전언에 따르면 그는 처음 만나는 사람에게 언제나 최선을 다한다고 한다. 이를테면 자신의 특징인 친화력과 열정을 보여주면서도 인생과 사업에 대한 진지함과 겸손함, 성실한 자세 등을 견지하는 것을 늘 잃지 않는다고 한다. 또 다변이면서도 상대의 말을 잘 들어주는 세심한 배려도 하는 것으로 정평이 나 있다. 여기에 인간적인 매력이 더해지니 처음 만나는 사람이라도 금방 친해질 수밖에 없다. 인맥도 노력의 소산이라는 것을 그의 경우가 잘 말해주고 있다.

리더십도 그의 성공과 무관하지 않다. 리더십은 지도자의 철학이나 카리스마만으로는 생기지 않는다. 충성하는 대가로 생활에 여유가 있도록 해줘야 비로소 완벽하게 완성된다. 이 점에서 보면 마윈의 리더십은 완전히 철옹성이라고 해도 좋다. 이유는 아주 간단하다. 동종 외국계 기업에서조차 부러워할 정도로 업계 최고 대우를 보장하고 있기 때문이다. 사실 2012년을 기준으로 알리바바 임직원들의 공식적인 급여는 단연 업계 최고라고 하기는 어렵다. 입사 1~2년차 평사원의 경우 평균 월 임금이 4,000위안(72만 원) 전후에 그친다. 전국 평균인 2,000~3,000위안(36만~54만 원)보다는 훨씬 높으나 6,000위안(104만 원)까지도 주는 베이징이나 상하이의 대기업들에 비하면 그래도 약간의 손색이 있다. 여기에 국제적인 잣대까지 들이대보면 더욱 초라해진다. 그러나 자세히 속을 들여다보면 얘기는 달라진다. 우선 5대 보험 외에 상해 보험을 추가로 들어주는 게 만만치 않아 보인다. 게다가 자녀들의 의료비와 학비도 보조해준다. 점심과 저녁은 당연히 무료로 제공한다. 혹자들은 뭐 이 정도 가지고 그러느냐고 할지 모른다. 그러나 중국의 상당수 기업들이 임직원 가족의 의료비와 학비 보조를 외면하는 현실을 감안하면 절대로 그렇지 않다. 더구나 최근 들어 의료비와 학비 등이 가정 경제에서 차지하는 비중은 엄청나게 증가했다. 이 비용들이 월급보다 더 많이 들어가는 경우가 없지 않다. 중국의 직장인들로서는 월급보다는 이 복리 후생비를 더 중요하게 생각할 수도 있는 것이다. 알리바바의 복리후생 제도는 여기에서 그치지 않는다. 알리바바는 매년 임직원들에게 직급에 따라 최대 몇 만 위안까지의 복리 후생비를 따로 지급하는 것도 원칙으로 하고 있다. 그렇기 때문에 알리바바의 직원들이 현재의 평균 월급에 불만을 가질 이유가 없다. 게다가 천정부지로 폭등하는 집값으로 고민하는 일부 직원들을 위해 통 큰 지원을 아끼지 않는 노력도 간과해서는 안 된다. 2011년 말 파산 위기에 내몰린 부동산 개발회사 '뤼청(綠城)그룹'의 아파트를 직원들이 저렴하게 구입하도록 대대적으로 지원한 것은 대표적인 사례로 꼽힌다. 1인당 30만 위안(5,400만 원) 정도의 주택 구입 융자금을 저렴한 금리로 대출해주는 것은 아예 전통으로 자리잡아가고 있을 정도이다. 더 중요한 점은 마윈의 평소 신념에 따라 실시되는 종업원 지주제를 통해 임직원들이 우리 사주를 가질 가능성이 높다는 사실에 있다. 다시 말해 임직원이라면 모두가 저렴한 가격으로 알리바바의 주식을 구입해 주주가 될 기회를 가질 수 있는 것이다. 이는 고참 직원들 약 5,000명이 1인당 평균 10만 주의 알리바바 주식을 보유하고 있다는 현실이 무엇보다 확실하게 말해준다. 현재 시세로 따지면 1인당 약 40만 홍콩달러(5억 8,000만 원)의 현금 자산을 보유하고 있다는 얘기가 된다. 마윈의 리더십이 확고부동한 것은 당연할 수밖에 없다.

마윈의 리더십은 무능한 직원에게도 가능성이 있다는 사실을 늘 일깨워주는 관대함과도 관계가 있다. 마윈은 누가 뭐래도 기업인이다. 당연히 일

알리바바 10주년 기념대회에서 연극 공연을 하는 마윈.
그는 직원들과도 잘 어울리는 것으로 유명하다.

잘하는 임직원을 좋아할 수밖에 없다. 이는 그가 늘 세상에는 세 가지 부류의 직장인이 있다는 농담을 하는 것에서도 잘 알 수 있다. 세 가지 부류의 직장인 중 가장 바람직한 인재는 '례거우(獵狗)', 즉 '사냥개' 같은 임직원이다. 성격도 좋고 일도 시원스레 잘하는 임직원을 일컫는다. 회사로서는 더 이상 바랄 게 없다. 본인이 열심히 하면 승진도 빨리 할 수 있다. 월급이 많아지는 것은 더 말할 필요도 없다. 마윈이 가장 좋아하는 임직원에 해당한다. 나머지 두 부류는 조금 문제가 있는 임직원들이다. 우선 '샤오바이투(小白兎)', 이른바 '하얀 토끼' 같은 임직원이다. 성격 좋고 조직에 잘 적응할 뿐만 아니라 열정이 넘치는 직원들이 이에 속한다. 그러나 이런 직원들은 간혹 치명적인 약점이 있을 수도 있다. 일을 뛰어나게 잘하지 못하는 게 바로 그것이다. 실수를 하거나 맡은 일을 성공시키지 못할 때도 없지 않다. 마지막으로 일 하나만큼은 기가 막히게 잘 하나 성격이 좋지 않고 팀워크를 해치는 임직원이다. 마윈의 말을 빌리면 '예거우(野狗)', 다시 말해 좌충우돌과 중구난방이 특징인 '들개 스타일'이라고 볼 수 있다. 마윈은 이 두 부류에 대해서도 품어주는 관용의 리더십을 발휘한다. 효율을 극대화할 수 있는 팀워크를 위해 업무 능률 향상이나 화합에 필요한 특수 교육을 실시하기도 한다. 특히 샤오바이투 유형인 임직원들은 더욱 애정을 가지고 보살핀다. 가능하면 어떤 업무가 맞는지를 알아보기 위해 부처를 순환하게도 한다. 물론 도저히 안 되겠다는 판단이 설 경우 의원면직을 유도하거나 재계약을 하지 않는 방법으로 퇴출시키는 등 최악의 상황까지 고려한다. 이때에도 샤오바이투 유형의 임직원은 3개월 후 재입사의 기회를 주기도 한다. 반면 예거우 유형에 대해서는 잔인하다고 할 만큼 더 이상의 미련을 두지 않는다. 성격 개조보다는 능력 향상을 위한 노력이 훨씬 더 현실로 나타날 가능성이 높다는 판단을 한다고 볼 수 있다. 그러나 이런 따뜻한 리더십의 마윈도 고객을 속이거나 커미션을 받은 비리를 저지른 직원은 결코 용서하지 않는다. 이럴 경우 그 상대가 누구이건 지위고하를 막론하고 바로 퇴출시키기 때문이다.

그리고 마윈의 왕소금 기질도 한몫했을 것이다. 그는 돈을 쓰지 않는다. 직원들에게 택시도 버스도 타지 말고 걸어 다니도록 교육했다. 물론 자신도 걸어 다녔다. 그는 한 방울 두 방울의 물이 고여 강이 되고 바다가 된다는 것을 알기 때문이다. 마윈의 돈 철학 에피소드가 있다. 알리바바 창립 초기 마윈도 어려울 때였다. 친척 한 사람이 돈을 빌리려 왔다. 마윈은 자신이 소유하고 있던 물건들을 헐값에 팔아 빌려 주었다. 친척은 1년 후에 갚겠다고 약속했다. 그런데 1년 후 그 친척이 사업에 성공해 부자가 되었다. 마윈의 회사도 이제 많이 나아져서 돈 걱정은 안 해도 되었다. 그러나 마윈은 친척이 돈을 갚으러 오지 않자 친척을 찾아가서 "변제 기일이 지났으니 제 돈 돌려주세요." 하고 말했다. 그 친척은 마윈의 사업이 잘 된다는 걸 알고 있어 구태여 갚지 않아도 된다고 생각했던 모양이다. 친척은 "자네 쩨쩨하구먼." 하며 혀를 찼다. 마윈은 "예. 저 쩨쩨합니다. 그러니 돈 돌려주세요." 하고 버텼다. 이때부터 "돈 돌려주세요."는 마윈의 어록이 되어 인터넷에 퍼져나가기 시작했다. 그러나 마윈은 쩨쩨하다기보다 그만큼 약속을 중하게 생각하고 빌린 돈은 반드시 갚아야 한다고 생각하는 주의다. 진정으로 성공한 사람은 계산에 철저하기 때문이다.

마윈이 성공한 이유는 이 밖에도 많다고 할 수 있다. 예컨대 가장 적절한 시기에 중국에 꼭 필요한 사업에 투신한 사실이나 주변에 인재들이 많이 몰려든 것 등도 이유로 꼽아야 한다. 하지만 그가 부단한 노력으로 만들어간 성공 요인들이 빛을 발하지 못했다면 이런 조건들도 크게 의미가 없었을 것이다. 결론적으로 그의 성공의 알파와 오메가는 역시 부단한 노력과 하면 된다는 신념이었다.

## 미래 전략과 글로벌 경영 전략

마윈은 30세 때까지 일류의 주류와는 조금 거리가 먼 인생을 살았다. 그러나 실패나 다름없는 세 번의 사업에서의 좌절을 겪은 끝에 마침내 성공을 일궈냈다. 그는 알리바바를 더욱 세계화할 꿈에 부풀어 있다. 이를 위한 구체적인 미래 전략도 세워놓고 있다. 그게 바로 중국, 일본, 인도, 미국 등 4개국과 한국, 말레이시아, 베트남, 인도네시아, 터키, 브라질 등 6개국 진출 전략이었다. 전자를 '핵심 시장', 후자를 '핵심 시장으로 가는 전 단계의 중요 시장'으로 이미 선정해 놓고 나라별로 맞춤형 진출 방법을 모색했다. 물론 기본적으로는 현지 기업과 긴밀한 파트너십을 맺는 것을 원칙으로 하고 있다. 특히 일본의 경우는 이미 합작사를 설립했다. 또 중국에 못지않은 대형 시장의 잠재력을 가진 인도에도 합작 기업을 출범시켰다. 한국에 들이는 공도 만만치 않다. 한국무역협회를 파트너로 결정해 본격적 진출 시기를 모색하고 있다.

인터넷 거품 위기 때 폐쇄한 한국 사무소를 2008년 다시 설립한 다음 한국 알리바바로 승격시킨 것은 다 이를 위한 전 단계 조치였다. 이뿐만 아니다. 홍콩 거래소에 상장된 알리바바를 상장 폐지한 다음 완전 개인 기업화하겠다는 의도도 2보 전진을 위한 1보 후퇴의 글로벌 전략이라 할 수 있겠다. 이를 위해 알리바바는 마윈의 지휘 아래 소액 주주들이 보유한 주식을 모두 매입하는 행보에 본격적으로 나섰다. 주주들의 눈치를 보지 않고 글로벌 전략을 추진하겠다는 의지인 것이다.

실제로 그는 2012년 초 알리바바의 상장폐지를 공언하면서 "알리바바가 비상장 회사로 바뀌면 보다 장기적인 시각에서 경영 전략을 수립하는 것이

105

제1부 중국 CEO, 그들은 누구인가?

가능해진다. 더불어 상장사가 가질 수밖에 없는 각종 압력에서 벗어나 고객 이익도 극대화할 수 있다."고 자신감을 피력한 바 있다.

그는 사스 위기 때 전 임직원들에게 물구나무 서는 기술을 배울 것을 권유했다고 한다. 집에서 일을 해야 했던 직원들의 건강을 생각해서라는 것이 표면적인 이유였다. 그러나 세상을 거꾸로 볼 수 있는 발상의 전환에 나서라는 메시지도 담겨 있었다고 해야 한다. 최근 출간되는 그의 자서전이나 평전 등에 "거꾸로 보는 사람이 승리한다."라는 말이 언급돼 있는 것이 그의 뜻을 말해주고 있다.

그는 이처럼 늘 발상의 전환을 강조하는 엉뚱한 사고의 주인공답게 최근 공언한 대로 전 세계에서 1억 명의 일자리 창출을 위해 적극 나설지도 모른다. 그의 계산법대로라면 이것도 충분히 실현할 수 있다. 현재 전 세계의 알리바바 기업 회원은 5,000만 개 업체가 넘는다. 만약 이를 지금까지 그랬던 것처럼 몇 년 안에 3~4배 정도로 늘릴 경우 회원 업체는 무려 2억 개 전후에 이를 수 있다는 계산이 충분히 나오게 된다. 고용 효과가 만만치 않을 가능성이 큰 것이다. 더구나 이후 전자상거래가 더욱 활성화될 것이라는 사실을 감안하면 1억 명의 일자리 창출은 충분히 가능해질 수 있다. 만약 정말 이런 장밋빛 전망이 현실로 나타나면 마윈은 자신이 그토록 원했던 세계 500대 기업의 CEO를 넘어 100대 기업의 CEO도 될 수 있을 것으로 보인다.

10년이면 강산도 변한다고 했다. 그러나 16년 전 마윈의 집에서 너무나도 초라하게 출범한 알리바바의 오늘은 이 말을 영 무색케 한다. 차라리 중국의 오늘을 있게 한 덩샤오핑(鄧小平)의 말대로 천지개벽이라고 해야 하지 않을까 싶다. 그리고 이 천지개벽의 중심에는 영원히 일류 인생과는 거리가 있었던 낙제생 출신 마윈, 바로 그가 있었다.

꿈을 포기하지 않으면 돈이 없어도 큰 사업을 할 수 있다고 말하는 그가 사람들에게 진실해 보이는 이유는 용기 있게 말하고 실행에 옮기는 성격이기 때문이다. 그는 언제나 진실을 말하는 것이 중요하다고 강조한다. 어린아이처럼 호기심 가득한 눈으로 세상을 대하고 사람들을 봐라 봐야 한다는 그는 만년소년처럼 웃으며 다니는 그는 남자의 기질 중에 세상을 향한 건강한 시선을 꼽는다.

예선을 거치지 않고 월드컵 본선에 간다는 구호 아래 처음부터 국제화 전략을 구상했던 알리바바의 마윈 회장. 그는 이제 102년 동안 살아남는 위대한 기업을 꿈꾸고 있다. 마윈은 중국이라는 나라에서 중국인의 손으로 세운, 열정과 꿈으로 가득한 글로벌 기업이 나올 수 있다는 사실을 전 세계에 증명해 보였다.

### 마윈 연보

- 1964년 항저우 출생
- 1984년 항저우 사범대학 입학
- 1988년 동교 졸업
- 1991년 장잉과 결혼.
- 1988~1995년 항저우전자과기대학 강사
- 1995년 미국 출장. 중궈황예 창업
- 1997~1999년 대외경제무역합작부 소속으로 전자상거래 사이트 구축 사업
- 1999년 알리바바 창업
- 2003년 타오바오 창업
- 2004년 즈푸바오 창업
- 2005년 야후차이나 인수

- 2007년 알리마마와 알리소프트 창업. 알리바바 홍콩증시에 상장
- 2008년 항저우스판대학과 합작으로 알리바바 경영대학원 설립
- 2008년 9월 비즈니스 위크에 의해 전 세계 가장 영향력 있는 IT 기업가로 선정. 한국 알리바바 설립
- 2009년 9월 10주년 창사 행사 항저우에서 개최
- 2009년 11월 미국의《타임》지에 의해 세계에 영향력 있는 인물 100 명에 선정
- 2011년 중국 인터넷에서 가장 인기 있는 중국 인물 1위에 선정
- 2012년 미국 포천지가 선정한 중국의 영향력 있는 기업가 8위에 선정
- 2013년 인터넷쇼핑몰 거래액 1조 위안 돌파
- 2014년 알리바바 뉴욕증시 상장, 아시아 최고 재벌 등극
- 현재 알리바바를 기반으로 각 정보통신 분야로 사업 확대
- 2015년 모교인 항저우 사범대학에 1억 위안(약 180억 원) 기부

# 인터넷 창업 신화의 주인공
## 바이두그룹 CEO
## 리옌홍 회장

2014년 7월 4일 대한상공회의소와 KOTRA가 공동으로 주최한 '한중경제통상협력포럼'에서 바이두그룹의 리옌홍 회장은 '기술 혁신을 통한 아시아 신시대 창조'라는 주제로 강연했다. 중국 기업인 20여 명과 한국 기업인 250여 명이 참석했는데 박근혜 대통령과 시진핑 주석, 그리고 마윈 알리바바 회장도 참석한 행사였다. 리옌홍 회장은 최대 인터넷 시장을 보유한 중국과 선진 기술을 가지고 있는 한국이 다양한 분야에서 협력하기를 희망한다고 강조했다. 매력적인 외모와 우아한 화술, 그리고 예리함 뒤에 감춰져 있는 신비한 느낌 등으로 리옌홍은 성공한 기업가로서뿐만 아니라 인간적인 흥미를 불러일으키는 인물로 알려져 있다. 올바른 인터넷 세상을 꿈꾸고 사람들이 각자 자신의 신념에 따라 인터넷을 받아들여야 한다고 말하는 그의 좌우명은 "한 분야에 집중하고 최선을 다 하는 것"이라고 한다. 중국의 IT황제로 불리는 리옌홍과 바이두에 대해 알아 보자.

세계에서 인정받는 서칭엔진 기술을 보유하고 있는 바이두. 이 회사의 구호는 "한 번만 하면 모든 걸 알 수 있다."이다. 몇 년간 서칭 서비스를 통해 중국인들의 생활에 지대한 영향을 준 바이두는 2014년 브랜드가치 평가 업체인 밀워드브라운이 선정한 글로벌 브랜드 가치 100위 중 25위에 뽑혔다. 리옌홍은 동년 포브스 선정 중국부자 순위 2위를 차지하고 있다.

베이징 서북부에 위치한 중관춘(中關村)은 중국을 방문하는 젊은 외국인들이라면 반드시 찾는 곳이다. 중국의 실리콘밸리로 불리는 이곳에 가면 글로벌 브랜드의 최신 IT 제품들을 비교적 싸게 구입할 수 있기 때문이다. 게다가 재수만 좋으면 진품과 다름없는 훌륭한 짝퉁 제품을 말도 안 되는 가격에 살 수도 있다. 중관춘은 한마디로 첨단기술과 젊음이 특징인 명소이다. 한국의 테헤란로나 용산 전자 상가, 구로 디지털 단지를 다 합쳐놓은 첨단 산업 클러스터(Cluster·기업 도시)로 불려도 부족하지 않다. 그래서 이곳에 중국 최대 전자업체인 '렌샹(聯想)'과 베이징대학, 칭화대학 산하의 유명 소프트웨어 기업인 '베이다팡정(北大方正)', '칭화퉁팡(清華同方)', 중국의 아마존으로 불리는 사이버 서점 1위 업체 '당당(當當)' 등이 자리 잡고 있는 것은 당연해 보인다. 첨단기술과 젊음이 주는 이미지는 무엇보다 자유분방이다. 실제로 이곳은 자유분방하다. 때론 이곳이 대외적으로 사회주의국가를 표방하는 중국인가라는 생각이 들 만큼 베이징의 다른 지역과는 분위기가 사뭇 다르다. 이 지역 회사에 근무하는 젊은 직장인들이 풍기는 느낌은 더욱 그렇다. 이곳에 처음 발을 디딘 외부인에게도 소통과 개방이라는 단어들이 퍼뜩 뇌리를 스치도록 만든다. 심지어 젊음의 해방구라는 단어를 떠올려도 별로 이상하지 않을 듯하다. 자유분방함을 넘어서는 파격과 일탈, 무질서까지 가끔 눈에 띈다.

중관춘 다운타운에서 자동차로 10분 정도 걸리는 상디(上地)정보산업단

중국 IT 산업의 메카 중관춘에 위치한 바이두 본사 전경.
대학의 도서관 같은 분위기를 준다.

지에 자리 잡은 세계 최고 중국어 검색엔진인 '바이두(Baidu·百度)'의 본사도 예외는 아니다. 아니 모든 것이 파격이라고 해야 맞을 듯하다. 건물 자체부터 이런 분위기가 물씬 묻어난다.

중국에서는 여간해서 보기 힘든 세련된 유리 외관의 거대한 최신식 건물들이 직사각형 형식으로 이어져 있어 기본적으로 사통팔달로 열려 있다는 느낌을 강하게 준다. 이 공간의 중간에는 작은 인공 시냇물이 흐르고 시냇물의 종착지에는 직원식당이 모습을 드러내고 있다. 바이두 창업자인 리옌홍을 비롯한 경영진도 틈만 나면 이곳에서 식사를 하는 것으로 알려져 있다. 이 건물은 시야가 막혀 있지 않는, 한 건물의 어느 곳에서나 열린 공간을 볼 수 있다는 것이 특징이다. 그래서 건물의 중앙이 1층부터 천장까지 시원하게 뻥 뚫려 있다. 4층 난간에 올라가면 모든 층의 직원들이나 방문객들이 어디에 앉아 무엇을 하고 있는지 한눈에 들어와 회사 노선이 개방의 가치를 지향한다는 것을 알 수 있다. 사무 공간이나 휴게 공간의 차이도 거의 없다. 모두가 열려 있어 확 트여 있는 대학 도서관 같은 우아한 분위기의 휴게실에서 직원들이 노트북 등의 IT 기기로 일하는 모습이 자연스럽다.

이 같은 회사 분위기 속에서 바이두는 2011년 매출액 145억 위안(2조 6,100억 원)에 순익 20억 위안(3,600억 원)을 올려 단연 타의 추종을 불허하는 업계 1위 자리를 굳건하게 지켰다. 전년에 비하면 각각 83%, 91% 늘어난 규모였다. 매출액만 놓고 봤을 때 2011년 2조 1,400억 원을 기록한 한국의 절대 강자 네이버(Naver)보다도 매출액이 많았다. 물론 바이두 임직원들이 언젠가는 극복해야 할 경쟁자로 생각하는 구글에 비한다면 아직 미치지 못하는 규모에 불과하지만, 이러한 상승세를 이어가면 중국 시장의 잠재력이나 인구로 볼 때 구글을 넘어서는 것이 결코 불가능한 일이 아니다. 바이두의 중국 내 시장점유율을 살펴보면 이런 단정이 절대 허풍이 아니라는 사실을 확인할 수 있다. 2015년 현재 바이두의 중국 검색시장 점유율은 87%를 기록하였으며 곧 90%대 점유율을 목전에 두고 있다. 바이두의 위상은 세계적으로 손꼽히는 글로벌 온라인 회사들과 비교할 때도 분명하게 확인된다. 바이두는 대표적 글로벌 온라인 회사인 구글, 페이스북, 야후, 유튜브, 윈도라이브 등 하루 트래픽이 높은 세계 6대 온라인 기업 중에서도 선두에 속한다. 단순히 중국을 대표하는 온라인 기업이 아니라 구글까지 위협하는 글로벌 온라인 산업의 미래 선도자 역할을 한다고 봐도 좋은 것이다. 중국에서 내로라하는 명문 대학의 수재들이 가장 들어가고 싶어 하는 회사가 구글이나 야후가 아니라 바이두라는 사실은 나름의 이유가 있는 것이다.

### 빛이 무색한 바이두의 발전 속도

중국은 규모의 경제에 있어서 지구촌 그 어느 국가의 추종도 불허한다. 심지어 질적으로는 한참 우위에 있다는 미국도 상대하기가 버겁다. 오죽했으면 금세기 들어 G2라는 말이 생겨났을까. 통계를 보면 더욱 확연해진다. 모든 분야에서의 잠재적 소비자들이라고 해도 좋을 인터넷 인구만 2014년 말을 기준으로 6억 명을 넘어선 것으로 추정된다. 이 같은 인터넷 이용자 숫자는 미국의 2배, 인도의 5배에 해당한다. 게다가 인터넷 이용 인구도 매월 노르웨이 총인구보다 많은 600만 명씩 늘어나고 있다. 2020년에는 인터넷 사용자가 지금의 두 배인 10억 명에 가까워질 것으로 예측되고 있다. 유아들이나 몸이 불편한 노인들 같은 특수한 사람들을 제외하고는 중국인 모두가 인터넷을 할 줄 알게 된다는 얘기이다. 이러니 플랫폼이나 포털, 소셜 네트워크 등의 분야에서 중국 내 1위 기업에 오르면 세계 1위 기업에 오르는 것은 일도 아니다. 알리바바 같은 사례가 대표적으로 그렇다. 물론 중국 부동의 검색엔진 1위 업체인 바이두는 아직 세계 최고라고는 할 수 없을지 모른다. 글로벌 검색의 거인 구글이 앞을 막고 있기 때문이다. 하지만 그렇다고 해서 지난 15년 동안의 눈부신 발전을 과소평가해서는 결코 안 된다. 지금까지의 성장 과정만 봐도 거의 빛의 속도로 성장해왔다고 봐도 틀리지 않기 때문이다. 앞으로도 빛의 속도로 발전을 계속할 것이 확실한 바이두의 신화는 미국 실리콘밸리의 몇 안 되는 중국인 천재 중 한 명으로 불린 리옌훙(李彦宏·Robin Li)이 1999년 말 전격 귀국하면서부터 시작된다.

당시 그는 실리콘밸리에서 연봉 수십 만 달러를 받을 수 있는 잘나가는 엔지니어 중 한 명이었다. 계속 실리콘밸리에서 일할 경우 꿈의 연봉인 100만 달러 돌파도 가능할 것으로 예측됐지만 그는 과감하게 실리콘밸리를 등졌다. 그리고 새 천년 첫 날인 2000년 1월 1일 역시 실리콘밸리 출신으로 함께 귀국한 대학 선배 쉬용(徐勇·52)과 중관춘에서 바이두를 창업했다. 바이두라는 회사 이름은 송(宋)나라 때의 유명한 시인인 신기질(辛棄疾)의 노래가사《청옥안(靑玉案)》〈원석(元夕)〉의 "수많은 사람 속에서 그녀를 천만 번이나 찾았네(衆裏尋他千百度)."라는 구절에서 따왔다. 애인을 찾는 남자의 애절한 심정을 검색엔진의 이름으로 차용한 것이다.

회사의 이름에 대한 반응은 일단 좋았다. 하기야 천만 번이나 찾는 노력을 기울인다면 애인이 아니라 필요한 정보를 얻는 것은 일도 아닐테니 회사 이름으로 정말 절묘한 선택이었다. 리옌훙이 내세운 '간단하게 의지할 수 있는'이라는 핵심 가치관도 범상치 않았다. 검색엔진에서 승부를 걸려고 하는 업체라면 당연히 추구해야 할 이상이었다. 그러나 성공한 대부분의 거대 기업들의 초창기가 그랬듯 바이두의 출발 역시 지극히 평범했다. 바이두는 120만 달러 창업 자금을 초창기에 다 써버린 탓에 회사의 서류상 본사를 카리브해 케이먼 군도에 둘 정도였다. 초창기에는 전체 임직원이 고작 10명 남짓했다. 리옌훙과 쉬융을 비롯한 창업 멤버들이 나중에야 '바이두 7인의 검객'이라는 둥, 그럴듯한 말을 듣기는 했지만 솔직히 출범 당시에는 누구도 쳐다보지 않을 정도였다. 하지만 바이두는 출발과 동시에 심상치 않은 행보를 이어갔다. 우선 중국어 검색엔진의 존재에 목말라 했던 고객들을 위한 서비스가 남달랐다. 동시에 여러 개의 서버를 제공함으로써 고객들이 검색을 할 때 자신과 관련성이 가장 많은 서버를 사용할 수 있도록 했다. 자연스럽게 정보의 검색, 전달 속도는 높아질 수밖에 없었다. 바이두와 연결된 중국어 홈페이지의 수도 장난이 아니었다. 지금 20억 개가 넘는 중국어 홈페이지의 숫자도 이때부터의 노력의 결과였다고 할 수 있다. 또 매일 138개 국가에서 들어오는 수억 차례에 걸친 정보 검색을 처리하게 된 것이나 10만 명이 넘는 고객들이 1년 365일 바이두를 자신의 사이트 홈으로 설정하고 있는 것도 괜한 것이 아니다.

2004년부터 "무슨 문제가 있으면 바이두를 하라! 그러면 당신의 궁금증은 해결될 것이다."라는 말이 중국에서 유행하기 시작했다. 젊은 네티즌들의 입에 거의 밴 이 '바이두이샤(百度一下)'라는 말은 적어도 중국에서는 '구글링(googling·검색)'이라는 말과 동의어로 쓰였다. "궁금하면 바이두 해봐!"가 바이두의 광고 문구였다. 빛의 속도로 성장한 바이두의 저력이 확인된 것은 2005년 8월 5일이었다. 이날 바이두는 미국 나스닥(Nasdaq)에 당당하게 상장되는 기염을 토했다. 그것도 그해에 가장 주목받는 신성이라는 찬사를 받으면서 나스닥에 이름을 올린 것이다.

리옌훙이 구글의 창업자 세르게이 브린에 못지않은 전 세계적 스타로 발돋움한 계기는 바로 이렇게 마련되었다. 이때의 바이두는 창업한 지 만 5년이 되지 않은 시점이었다. 실리콘밸리 생활을 마감하고 중국으로 돌아

115

바이두 신화를 이끌어낸 리옌훙 바이두 회장.
그는 중국 IT업계의 우상이다.

와 창업에 나설 때만 해도 부호와는 거리가 멀었던 리옌훙이 1050억 위안(20조 원)의 재산으로 〈후룬리포트〉의 2015년 부호 순위에서 6위를 기록하게 된 것이다.

## 알리바바의 마윈과는 정반대였던 어린 시절

중국 검색엔진 업계의 신화를 쓴 바이두의 창업자 리옌훙은 대륙 IT업계의 또 다른 전설적 영웅인 알리바바의 마윈 회장과는 완전 반대되는 인물이라고 할 수 있다. 마윈이 흙 속에 묻힌 진주, 즉 대기만성 천재였다면 리옌훙은 어릴 때부터 될 성 부른 나무로 이름을 떨쳤다.

그가 초등학교에 다닐 때부터 선생님들로부터 한결같이 칭찬을 들었을 정도로 총명했다는 점도 마윈과는 확실히 다른 유형의 인물이라는 사실을 잘 말해준다. 그러나 그는 놀기를 너무나 좋아했다. 그의 고향인 산시(山西)성 양취안(陽泉)시에서 가장 좋은 중학교는 지금이나 그때나 양취안 제1중학이다. 당시 공부깨나 하는 그의 친구들이 모두 이 학교에 우수한 성적으로 들어가기 위해 노력했지만 그는 전혀 그렇지 않았다. 친구들이 모두 이 학교를 목표로 초등학교 3학년 때부터 입시 전쟁에 뛰어들 때도 태평스럽게 놀기만 했다. 방과 후에는 혼자 놀다가 길거리 어른들의 장기판에서 장기를 두기도 했다. 심지어 그는 배우가 되려고 했다. 리옌훙의 아버지가 일하던 공장에는 '진극문화선전연출'이 있어서 자주 마을에서 공연을 했다. 공연에 출연한 배우는 굉장한 인기를 누렸다. 리옌훙도 열렬한 희극의 팬이었다. 화려한 의상을 입고 무대를 누비는 배우들의 모습은 어린 리옌훙에게 동경의 대상이었다. 그는 혼자 배우들의 손짓과 표정을 흉내 내곤 했다. 특히 손오공을 좋아해서 이불을 망토처럼 목에 두르고 여의봉 대신 나무 막대기를 휘두르기도 했다. 얼마 뒤 산시 진극단에서 신인 발굴을 위한 오디션을 본다는 소식을 듣고 리옌홍은 달려가 오디션을 봤다. 여러 동작을 천연덕스럽게 해내는 그를 심사단은 단원으로 뽑았다. 리옌홍은 뛸 듯이 기뻤으나 부모님이 반대에 나섰다. 공부를 많이 하면 더 넓은 세상에서 많은 일을 할 수 있다고 리옌홍을 설득했다. 어린 리옌홍은 고민했지만 별도리 없이 꿈을 접었다. 자칫 배우가 될 뻔 했던 그였던 셈이다.

어쨌든 그럼에도 그의 성적은 상당히 좋았다. 그러나 부지런한 거북이를 게으른 토끼가 이기지 못하는 법, 놀기를 공부하듯 하다가는 시험에 뚝떨어지지 말라는 법도 없었다. 담임선생님도 공부에 좀만 관심을 가지면 특출한 아인데 안타깝다고 한탄했다. 철이 들려고 그랬는지 서서히 담임의 한탄이 그의 귀에 들어오기 시작했다. 위기의식도 느끼게 됐다. 그는 급기야 6학년 2학기부터 이전과는 완전히 다른 사람으로 변신해 입시 공부에 매진했다. 워낙 총명했던 만큼 효과는 바로 나타났다. 0.1점 차이로 양취안 제1중학에 차석으로 합격한 것이다. 그는 이처럼 마음만 먹으면 바로 엄청난 성적을 올리는 우수한 학생이었다. 이후 과거의 놀기 좋아하는 우등생에서 진지하고 성실한 모범생으로 완전히 변신하게 된다. 물론 그렇다고 그가 늘 일등을 한 것만은 아니었다. 그러나 항상 최고가 되고 싶다는 열정과 신념은 가지고 있었다. 그래서 이런 덕목이 힘을 발휘할 경우 그는 바로 다시 최고가 되는 눈부신 성과를 올리곤 했다.

1987년 베이징대학 정보관리학과 입학도 이런 열정과 신념의 결과라고 할 수 있었다. 평범한 지방 소도시의 별로 특별할 것 없는 집안의 1남 4녀 중 외동아들인 그는 이렇게 처음으로 외지 생활을 시작했다. 그의 대학생활은 어릴 때와는 달리 치열했다. 매일같이 기숙사와 강의실, 도서관을 오가는 생활이 반복됐다. 이렇게 3년이 지나자 그는 서서히 장래에 대해 고민하기 시작했다. 그러나 고민은 오래 가지 않았다. 2년 전 미국으로 유학을 떠난 베이징대학 출신 셋째 누나와 나눴던 대화가 갑자기 떠오른 것이다. 그의 누나는 그에게 앞으로의 계획에 대해 물었다.

"너는 앞으로 어떤 인생을 살기를 원하니? 지금쯤이면 확실한 계획을 세우고 있어야 할 것 같지 않니? 미국 유학 어때? 나도 가는데 너도 가지 말라는 법 있어?"

"미국 유학?"

리옌훙은 누나와의 대화를 떠올리자 눈앞이 훤해지는 기분을 느꼈다. 비로소 목표가 생겼다. 그는 이제 미국 유학을 목표로 설정하고 영어에 올인했다. 게다가 그는 정보관리학과에 다니면서 미국이 거의 모든 기술을 장악하고 있던 컴퓨터에 큰 관심을 가지게 됐다. 뛰어난 수재들이 진학했던 베이징대학 컴퓨터학과에 진학하지 않은 것을 후회했을 정도였다.

그러나 그에게 무엇보다도 시급한 것은 미국에서 공부를 하려면 필요한 영어를 상당한 수준으로 끌어올리는 것이었다. 뛰어난 두뇌의 소유자인 그에게조차도 그 일은 간단한 일이 아니었다. 그는 즉각 토플과 GRE에 매달렸다. 당시 베이징대 학생들 사이에 유행하던 "T(토플)와 G(GRE)를 박살내자."는 슬로건이 그의 뇌리에서 떠나지 않았다. 그는 졸업한 다음 학기인 1992년 봄, 미국행 비행기에 올랐다. 뉴욕주립대학(SUNY) 버팔로 캠퍼스에서 컴퓨터학과 석사과정을 밟게 된 것이다.

## 인터넷에 빠진 천재, 박사 학위를 뒤로하고 창업에 뛰어들다

리옌훙은 미국에 가기 전부터 컴퓨터에 대해서는 어느 정도 알고 있었다. 베이징대학에 진학하기 전 고등학생 때는 성(省)내와 대만(臺灣)의 컴퓨터 경진 대회에 출전, 나름의 실력을 발휘하기도 했다. 당연히 전공으로 선택한 미국에서는 컴퓨터에 미치지 않으면 안 됐다. 그는 대학원에 다니면

세계적 명성을 지니고 있는 금융정보, 언론서비스 회사 다우존스.
이곳은 리옌훙이 꿈꾸던 직장이 아니었다.

서 컴퓨터에 미쳐 살았다. 그러던 1994년, 리옌훙은 인터넷이라는 미지의 세계를 처음 접하게 됐다. 교수들이 종종 학생들에게 인터넷을 통해 PDF 파일로 과제를 제출하라는 요구를 한 탓이었다. 그는 어쩔 수 없이 접하게 된 인터넷에 완전히 매료됐다. 인터넷 사업에 발을 들여놓으면 성공할지도 모른다는 막연한 생각도 싹트기 시작했다. 이 점에서는 살아온 환경과 성장과정이 완전히 달랐던 마윈과 일맥상통한 부분이다.

대학원의 지도 교수는 그의 장래성을 알아보고 인터넷 정보검색 분야가 유망하다고 추천하면서 전공으로 선택하라고 권유했다. 그는 교수의 권유를 잊지 않았다. 관련 연구에 학문적으로 매진한 끝에 뛰어난 논문을 학술지에 게재할 수도 있었다. 이때만 해도 주변의 많은 사람은 그가 이 분야를 계속 전공해 박사 학위까지 받을 것으로 예상했다.

그러나 그의 인생은 1993년 5월 프린스턴대학 파나소닉 정보 기술연구소의 유급 인턴으로 근무하면서 변하기 시작했다. 학문적 이론보다는 현실적 제품 개발에 눈을 돌리는 연구에 착안한 것이다. 그는 고민을 거듭했다. 하지만 충분히 받을 수 있는 박사 학위를 포기하는 것은 쉬운 일이 아니었다. 실제로 그는 파나소닉에서 인턴을 마치고 학교로 돌아와 석사 학위를 받은 다음 1994년 박사과정 입학시험에도 합격했다. 그의 고민은 더욱 현실적이 됐다.

리옌훙은 이때 박사 학위를 받은 다음 포스트 닥터 과정을 밟고 있던 셋째 누나와 의논했다. 박사학위를 꼭 받아야 하는지 고민하는 동생에게 누나는 대학이나 연구소로 갈 생각이 없다면 굳이 박사학위를 받을 필요는 없지 않겠느냐며 본인이 좋아하는 일이 뭔지를 생각하라고 조언해주었다. 리옌훙은 학문적으로 연구하는 교수보다는 현장에서 일하고 싶었다. 그는 훗날 술회하기도 했다. "화이트칼라 빈곤층이 되고 싶지 않았다."라고.

리옌훙은 고민 끝에 결단을 내렸다. 1994년 여름, 직업 전선에 나섰다. 두 군데에 보낸 이력서는 모두 통과됐다. 연락이 온 곳은 월스트리트의 '다우존스(Dow Jones)'와 실리콘밸리의 한 IT 업체였다. 그는 다시 행복한 고민에 빠졌다. 고민 끝에 내린 결론은 컴퓨터 600대가 동시에 인터넷에 연결된 환경을 갖춘 금융정보 제공 온라인 미디어인 다우존스였다. 보수도 좋아 초봉이 6만 달러 전후였다. 그는 다우존스에서 자신의 능력을 마음껏 발휘하면서 3년을 일했다. 휴일이나 쉬는 시간에는 검색엔진의 단점을 획기적으로 개선할 수 있는 묘안을 연구하는 성실한 태도도 보였다. 그는 아이디어를 개발할 때마다 경영진에게 뛰어갔다. 자신의 아이디어를 사업에 활용해보자는 의미였다. 하지만 반응은 냉담했다. 다우존스의 경영진은 오직 눈앞에 보이는 매출에만 신경을 쓰고 먼 미래를 내다보지 않았다. 그는 월스트리트는 금융에 지식을 가진 기자를 필요로 하지, IT 개발자를 원하지 않는다는 사실도 곧 깨달았다. 금융과는 거리가 먼 그에게 월스트리트는 한마디로 천국이 아니었다. 그는 자신이 또다시 선택의 순간에 직면해 있다는 사실을 뼈저리게 느꼈다.

1997년 여름 어느 날 그에게 정말 생각지도 않은 기회가 찾아왔다. 계기는 한 학술단체가 그에게 보낸 세미나 초청장이었다. 그는 캐나다에서 열리는 이 세미나에 마이크로소프트(Microsoft), 인포시크(Infoseek) 등의 IT 전문가가 모인다는 소식에 주저하지 않고 달려갔다. 이곳에서 그는 자신이 특허권을 따낸 하이퍼링크 분석을 통한 검색을 직접 시연했다. 여러 업체들의 러브콜이 쏟아지는 데는 오랜 시간이 걸리지 않았다. 특히 인포시크의 대만계 미국인 CTO 윌리엄 장(William 張·46)이 그에게 가장 적극적인 구애를 했다.

"나는 당신이 훌륭한 개발자라는 사실을 인정합니다. 그러나 지금 당신이 근무하는 월스트리트는 한계가 있습니다. 그곳은 IT 개발자가 있을 곳이 못 됩니다. 빠른 정보와 이를 이용한 돈의 탐욕만이 판을 치는 곳입니다. 우리 회사로 오십시오."

2007년 미국에서의 생활을 청산하고 아예 바이두의 CTO로 취임하는 드라마까지 쓰게 되는 윌리엄 장과의 인연은 흔들리고 있던 리엔훙의 가슴을 쳤다. 그러나 그는 이미 한 번의 잘못된 선택으로 충분히 시련을 겪은 터였다. 그는 즉각 조건을 내걸었다.

"최종 결정을 내리기 전에 한번 실리콘밸리와 귀사를 방문하고 싶습니다."

리엔훙은 얼마 후 방문한 인포시크에서 그야말로 신선한 충격을 받았다. 월스트리트에서는 비웃음을 샀던 자신의 구상이 인포시크 직원들에게는 너무나도 잘 통했던 것이다. 그는 실리콘밸리로 둥지를 옮겨야겠다는 결심을 완전히 굳혔다.

그는 용기를 내서 다시 둥지를 튼 실리콘밸리에서는 완전히 물 만난 고기가 됐다. 몸값이 높아졌을 뿐 아니라 검색엔진의 개발이라는 중책도 맡았기 때문이었다. 검색엔진의 개발을 끝내자 그는 곧 회사의 신화적 인물로 떠올랐다. 무려 6,500만 곳의 사이트 검색이 가능해진 회사도 그의 활약에 힘입어 뉴욕 증권시장에 상장되는 기적을 창조했다. 그러나 그는 곧 다시 고민에 빠지게 됐다. 인포시크의 재정 상황이 좋지 않아 그가 옮긴 지 채 1년이 되지 않은 1998년 4월, 월트 디즈니에 매각되는 운명을 맞았기 때문이다. 기업문화가 보수적이기로 소문난 월트디즈니사에 인포시크가 매각되자 창조적인 환경을 동경해 동부의 월스트리트에서 서부로 날아온 자유로운 영혼의 소유자인 리엔훙은 다시 고민에 빠졌다.

물론 주변 사람들의 생각은 그의 깊어가는 고민과는 완전히 반대였다.

바이두닷컴의 초기화면.

바이두는 리옌훙의 철학처럼 사이트가 극히 간결하다.

혹자는 구글(Google)을 따라한 것이 아니냐는 의심도 하고 있다.

이유는 바로 인포시크 입사와 동시에 받았던 상당한 규모의 스톡옵션이 50만 달러 값어치의 황금알을 낳는 거위로 바뀌었기 때문이었다. 여기에 회사가 매각되면서 인포시크의 주식은 계속 오르고 있었다. 회사에 남게 되면 나중에는 상상도 못할 만큼 큰돈을 손에 쥐게 되는 것이었다. 하지만 그는 그때도 자신의 열정과 신념을 더 중요하게 생각했다. 떠날 생각을 하자마자 당연히 지인들과 가족들이 반대에 나섰다. 그러나 그는,

"이건 내가 원하는 바가 아니야. 나는 내가 가장 좋아하고 잘 할 수 있는 일을 하고 싶어."

리옌훙의 말에는 메시지가 분명했다. 창업을 하겠다는 생각이었다. 이미 시장이 포화상태인 미국보다는 새로운 개척지가 될 중국이 창업 대상지로는 더 좋다는 결론을 내리게 됐다.

### 창업의 바다에서 쾌속 항진하는 리옌훙

리옌훙은 자신이 융거라고 부르는 바이두의 공동 창업자 쉬융(徐勇)과는 오래전부터 아는 사이였다. 그러다 쉬융의 주 활동지인 실리콘밸리에서 근무하면서 더 친해졌다. 그래서 1999년 여름 무렵, 함께 중국으로 돌아가 창업을 하자는 제의를 과감하게 할 수 있었다. 두 사람은 곧 미국인을 대상으로 엔젤투자자들을 모집했다. 실리콘밸리에서 이미 유명세를 타고 있었던 두 사람이 120만 달러를 모으는 것은 그다지 어렵지 않았다. 두 사람이 돌아와 처음 자리를 잡은 곳은 베이징대학 인근의 즈위안(資源) 호텔이었다. 작은 객실 두 개를 빌려 사무실로 오픈한 것이다. 지금도 그렇지만 당시에도 즈위안 호텔은 화려한 곳과는 거리가 멀었다. 그러나 둘은 전혀 아랑곳하지 않았다. 내실 경영을 하다 보면 곧 성장의 날개를 달 것이라는 믿음이 있었던 것이다.

"꾸준하게 한 우물을 파자."는 의미를 가진 곰발바닥을 로고로 내세운 바이두의 초창기 시절은 조촐했다. 회의를 할 때면 직원들이 양반다리를 한 채 침대에 앉아 대화를 나누는 것이 기본적인 풍경이었다. 그러나 "가는 곳마다 흔적을 남긴다."는 성경구절에서 영감을 얻어 만들었다는 바이두의 로고에서도 읽을 수 있듯이 리옌훙의 집념은 얼마 후 결실을 맺었다.

온라인게임과 문자 메시지 등 중국에서 다른 인터넷 관련 사업이 뜰 때에도 오직 검색엔진 개발에만 밤낮없이 노력한 끝에 4개월여 만에 제품을 출시한 것이다. 이렇게 해서 2000년 5월 바이두는 처음으로 검색엔진 서비스로 매출을 올렸다. 최초의 고객은 '구이구둥리(硅谷動力)'로도 불리는 전자제품 전문 인터넷 사이트인 'eNet'였다. 해마다 70만 위안(1억 2,600만 원)의 서비스 요금을 받는다는 조건이었다. 이 성공을 바탕으로 바이두는 조금씩 성가를 올리기 시작했다.

바이두는 이처럼 처음에는 검색엔진 기능을 포털 사이트에 제공하고 서비스 요금을 받는 방식으로 영업을 해나갔다. 그러나 이상하게도 중국 내 포털 사이트의 80%가 바이두의 검색엔진 기술을 이용하는데도 매출액은 폭발적으로 늘지 않는 상황이 이어졌다. 자세히 살펴보니 분명한 이유가 있었다.

이와 관련해서는 한때 잘 나가던 미국 기업 '잉크토미(Inktomi)'의 불운을 살펴보면 이해가 된다. 이 회사는 실리콘밸리를 중심으로 닷컴 열풍이 불 때 100여 개의 대형 사이트에 검색기술을 제공해서 엄청난 부를 쌓은 기업이었다. 그러나 전성기는 오래 가지 않았다. 2000년까지 계속되던 닷컴 버블이 꺼지면서 많은 인터넷 기업들도 사라진 탓이었다. 급기야 수익이 추락하면서 얼마 후에 구글에 인수되는 운명을 피하지 못했다.

리옌훙은 잉크토미의 비극이 자칫하다가는 바이두에도 재현될 가능성이 있다고 보고 황급히 대책을 마련했다. 독립적인 검색엔진 회사로 전환하자는 게 당시 그가 마련한 계획이었다. 오버추어(Overture) 서비스, 다시 말해 키워드 검색 서비스를 영업 전략으로 선택한 것이다. 2001년 9월 그는 이사회를 소집했다. 당연히 자신의 생각이 먹힐 것이라는 확신을 가지고 회의에 임했다. 하지만 상황은 엉뚱하게 흘러갈 조짐을 보이고 있었다. 그가 이제 바이두는 검색기술을 제공하는 보조적인 역할에서 벗어나야 하고 오버추어 서비스를 통해 주도적인 역할을 해야 한다고 피력하자 그의 말이 끝나기 무섭게 이사회의 멤버들 중 한 명이었던 투자자가 반대 의사를 표했다.

당초 사업 계획서에 있던 내용과는 완전히 다른 내용이라는 지적이었다.

투자자들은 한 사람의 반대 의견이 나오자 경쟁적으로 자신들의 입장을 피력하며 리 회장의 구상에 적극적으로 반대했다.

"기업에 대한 검색엔진 제공 서비스는 바이두의 근간입니다. 지금의 바이두를 만든 공신이라고 해도 결코 과언이 아닙니다. 현재의 방법을 통해 얻고 있는 수익을 포기하는 것은 자칫하면 제 손으로 제 눈을 찌르는 격이 될 수도 있습니다."

"오버추어 서비스 업체로 전환을 하기 위해서는 자체적인 사이트를 갖춰야 합니다. 기존 포털 사이트 업체 입장에서는 시장을 바이두와 나누는 격이기도 하죠. 그렇게 되면 현재 우리 수익의 80%를 차지하는 대형 포털 사이트들과 미묘한 관계에 빠질 가능성이 커집니다. 장기적인 수익에 악영향을 미칠 가능성도 큽니다."

리옌홍은 터져 나오는 반대 의견에 당황했다. 그러나 자신의 생각이 맞다고 확신한 그는 탁자에 놓인 물을 한 잔 마신 다음 침착하게 자신의 생각을 다시 밝혔다.

"수익 모델의 획기적인 변화가 필요합니다. 지금의 성적표에 만족하다가는 경쟁에서 도태되지 말라는 법이 없습니다."

리옌훙의 애절한 호소는 그러나 이사회 멤버들에게 먹혀들지 않았다. 회의가 시작된 지 몇 시간이 흘러도 상황은 변하지 않았다.

이 상황에서는 침착한 성격으로 유명한 그로서도 흥분하지 않을 수 없었다. 그가 급기야 버럭 소리를 내질렀다.

"독립적인 검색엔진 사이트를 운영하지 못한다면 나는 더 이상 아무 것도 하지 않겠습니다."

리옌훙은 소리만 높인 것이 아니었다. 잠시 후 회의실에 퍼진 "쾅!"하는 소리는 그가 대단히 흥분하고 있다는 사실을 그대로 말해 주었다. 그가 들고 있던 것을 냅다 던져버린 것이다. 이사회에 참석한 사람들은 순간 당황했다. 삼삼오오 머리를 맞댄 채 대책을 논의하는가 싶더니 한참 후 그의 의견을 받아들였다.

평소 냉정하고 이지적인 그가 보인 열정적인 태도를 높이 샀다고 할 수 있었다.

그의 과감한 전략은 결과적으로 성공했다. 아니 결정적인 전기를 마련해줬다고 해도 좋았다. 정체 기미를 보이던 수익이 다시 빠른 속도로 늘어난 것이다. 그러나 그는 이에 만족하지 않았다. 한 단계 더 도약을 하기 위해서는 뭔가 획기적인 전환이 있어야 한다는 생각이 그의 뇌리에서 맴돌았다. 그는 이런 생각을 2002년 초 설날 휴가를 미국에서 보내고 돌아온 다음 실행에 옮겼다.

우선 그는 회사를 허름한 즈위안 호텔에서 훨씬 더 분위기가 쾌적하고 넓은 와이타이(海泰) 호텔로 옮기는 결단을 내렸다. 이어 평소 자신이 가장 신뢰하던 엔지니어 중 한 명이자 훗날 바이두 7인의 검객으로 이름을 올리게 되는 레이밍(雷鳴·41)을 불렀다. 그는 레이밍에게 자신의 계획을 말했다.

회사가 한 단계 더 도약하려면 획기적인 프로젝트를 실행에 옮겨야 했다. 미국에서 생각한 브리즌 프로젝트라는 것을 실시해보고 싶은데 번개 프로젝트, 즉 기술을 한 단계 더 업그레이드시키는 프로젝트였다. 그는 레이밍에게 기술팀장을 맡아 구글을 따라잡으라 했다. 최소한 중국에서만큼은 구글이 시장을 넘보는 것을 막아야 하지 않겠느냐고 했다.

"구글은 핵심 엔지니어만 800명이나 되는데요. 우리는 이제야 전체 인력이 100명이나 될까 말까 한데요?"

"어차피 우리가 출발은 뒤졌어. 그러나 할 수 있네. 설사 구글을 따라잡지는 못하더라도 그 과정이 중요한 것 아니겠어? 자네라면 할 수 있을 거야. 부탁하네."

레이밍을 비롯해 바이두에서 내로라하는 최고 엘리트 엔지니어 15명으로 구성된 브리즌 프로젝트 팀은 이렇게 해서 출범했다. 이들에게 부여된 임무는 6개월 안에 바이두의 화면 전환 속도를 10배 이상 높이는 작업이었다. 또 콘텐츠를 구글보다 더 자주 업데이트하는 전략도 채택됐다. 다행히 레이밍은 리옌훙이 자신에게 언급한 프로젝트의 취지를 잘 인지했다. 리옌훙도 사무실에서 며칠 정도는 밤을 샐 수 있도록 야전 침대를 구비해놓는 등 투지를 불살랐다. 회장이 먼저 권위를 집어던지고 직접 프로젝트를 챙긴 것이다. 자연스럽게 분위기는 좋아졌다. 회사는 말할 것도 없고 프로젝트 팀 안에서는 얼굴을 찡그리는 직원들을 보기 힘들 정도였다. 프로젝트도 탄력을 받았다. 시간이 갈수록 목표가 달성될 것이라는 희망의 조짐이 보이기 시작했다.

그러나 호사다마랄까? 좋지 않은 일이 연이어 발생했다.

우선 너무 전의를 불태운 탓인지 프로젝트 출범 한 달 만에 그가 쓰러지

129

는 일이 일어났다. 그러나 그는 굴복하지 않았다. 입원 중인 광안먼(廣安門) 병원의 병상에서도 메시지를 보내 프로젝트 팀을 격려했다.

바이두의 직원들은 리옌훙의 열정과 신념을 넘어선 투지와 의지에 감탄하지 않을 수 없었다. 프로젝트는 더 한층 탄력을 받게 됐다. 그러자 이번에는 팀장인 레이밍의 신상에 갑자기 문제가 생겼다. 그는 직접 리옌훙을 방문해 자신의 어쩔 수 없는 입장을 밝혔다.

리옌훙은 사표를 내겠다는 레이밍의 말에 깜짝 놀랐다.

이제 막 프로젝트가 반환점을 돌았다는 느낌이 들어 안도의 한숨을 내쉬고 있는 순간이었다. 레이밍은 MBA과정 공부를 하고 싶었는데 너무 빨리 스탠퍼드 대학에서 입학 허가가 나왔다는 것이다. 레이밍은 이 기회를 놓치고 싶지 않다고 했다.

리옌훙은 레이밍이 미국으로 훌쩍 떠난 다음 고심을 거듭했다.

아무래도 자신이 직접 나서는 것이 혼란에서 헤매고 있을 프로젝트팀을 빨리 추스릴 수 있겠다는 생각이 들었다. 그는 직접 자신의 생각을 프로젝트 팀원들에게 피력했다. 팀원들은 반신반의하는 표정이었다. 그럴 수밖에 없었다. CEO인 그가 중간 간부로서의 실무 능력을 보여줄지에 대한 의문이 들었던 것이다. 그러나 팀원들의 우려는 기우였다. 그는 레이밍 못지않은 리더십과 실무 처리 능력을 보여주면서 브리즌 프로젝트를 잘 이끌었다.

2002년 12월 그가 주창한 브리즌 프로젝트는 큰 성공을 거두면서 막을 내렸다. 프로젝트 전보다 검색량이 대폭 상승해 주요 포털사이트와 비슷한 수준으로 늘어난 것이다. 2003년의 경우에는 검색량이 1년 전보다 무려 7배나 늘어나기도 했다. 이로써 바이두는 단숨에 구글을 제치고 중국 최고 검색 사이트로 등극하는 감격을 누리게 됐다. 이제 목표는 해외가 될 수밖에 없었다.

더 큰 꿈을 향해 질주하는 바이두

바이두는 2002년 자체적인 검색엔진 회사로 전환하는 브리즌 프로젝트의 성공을 통해 경쟁력을 극대화하는 기틀을 마련했다. 그 결과 중국에서 더 막강한 영향력을 행사하게 됐고 리옌훙과 바이두가 궁극적인 타도 대상으로 삼은 구글의 중국 내 최대 라이벌로 떠오른 것은 당연한 수순이었다.

그러나 구글도 중국 시장을 포기할 수 없었다. 아니 바이두가 더 크기 전에 아예 짓밟아버리겠다는 생각을 하게 된다. 2005년 대만계 미국인인 리카이푸(李開復·52)를 영입해 구글차이나 사장에 임명한 것은 바로 이런 생각을 그대로 반영한 결단이었다.

이 소식이 전해지자 중국 IT업계 인사들은 외국 업체들의 공세에 밀려 사라진 수많은 중국 토종 업체들을 떠올렸다. 리카이푸의 확신도 크게 다르지 않았다. 자신이 곧 중국 검색업계를 평정하고 총독 같은 위치에 서게 될 것이라는 사실을 믿어 의심치 않았다. 그러나 이런 전망이 잘못된 것이었다는 사실은 얼마 후 확인됐다.

싱겁게도 양측의 전쟁이 바이두의 일방적인 승리로 끝난 것이다. 무엇보다도 30%에 지나지 않았던 바이두의 점유율이 50%를 훌쩍 넘어서기에 이르렀다. 반면 구글은 정반대 상황에 직면해 자존심을 버리면서 잠시 중국 시장에서 철수하는 방안까지 검토했다. 리옌훙은 2005년 이전에도 중국 시장에서만큼은 바이두가 구글보다 압도적인 우위를 지킬 것이라는 점을 어느 정도 확신하고 있었다. 왜냐하면 바이두는 중국어에 대한 이해가 외국업체인 구글보다 정확했기 때문이다. "중국어는 바이두가 더 잘 안다." "당신이 모르는 것을 바이두는 알고 있다." 등의 광고 문구를 봐도 잘 이해할 수 있다. 이렇게 해서 아무도 하지 못한 일. 중국에서의 구글 격파를 리옌훙은 해치운 것이다.

❶ 바이두와 리옌훙은 일본의 전설적 기업인인 이데이노부유키(왼쪽에서 둘째) 까지 영입했다.

❷ 나스닥 지수 표지판을 바이두와 리옌훙이 장식하고 있다.

❸ 바이두를 사실상 공동창업한 리옌훙 바이두 창업자(왼쪽)와 리 창업주 아내 마둥민(오른쪽)

❹ 리옌훙과 자리를 함께한 빌 게이츠.간접흡연을 반대하는 티셔츠를 입고 있다.

그의 관심은 진작부터 보다 안정적인 자금 조달과 경영을 위해 나스닥에 바이두를 상장하는 문제에 맞추고 있었다.

그는 이 문제를 의논하기 위해 2004년 8월 어느 날 개인적인 창업 의사를 밝히고 회사를 떠나기로 결정한 대주주 쉬융과 마주 앉았다. 쉬융은 이때까지도 여전히 바이두의 주식 7%를 보유한 대주주였다.

리옌훙은 나스닥 상장문제를 쉬융과 의논했다. 쉬융이 회사를 떠나더라도 대주주 자격으로 뉴욕에 함께 가서 상장에 참여할 수 있도록 설득했다.

리옌훙은 바이두의 나스닥 상장을 적극적으로 모색하기 시작했다. 그러나 나스닥 상장은 생각처럼 간단한 문제가 아니었다. 게다가 일부 언론과 IT업계에서는 집요하게 바이두가 무모한 나스닥 노크를 계획하고 있다면서 상장에 실패할 가능성이 높다고 재를 뿌렸다. 설사 상장에 성공한다고 해도 모집 가능한 자금은 1억 달러에도 미치지 못할 것이라는 부정적인 전망도 나돌았다. 그래서 리옌훙도 자신이 잘못 판단하지 않았나 하는 생각에 상장 포기를 결심한 적도 있었다. 그러나 우여곡절 끝에 나스닥 상장은 그의 당초 생각대로 이뤄질 수 있었다.

상장 디데이인 2005년 8월 5일이 됐다. 이날 뉴욕의 상징이라고 해도 좋을 나스닥은 평소와 같이 시끌벅적했다. 바이두의 주식을 취급할 트레이더들이 한 손에는 마우스, 한 손에는 휴대폰을 든 채 끊임없이 통화를 하고 있었다. 그들의 목소리는 서서히 떨리기 시작했다. 바이두의 초기 입찰가가 공모가인 27달러보다 훨씬 높은 66달러까지 치솟았기 때문이었다. 그러나 바이두 주식에 올인한 투자자들은 그 정도에 만족하지 않았다. 주가가 더 오르기를 끈질기게 기다리고 있었다. 이들의 끈질긴 기다림은 효과가 있었다. 투자자들의 입에서 "100달러!"라는 말이 계속 터져 나오고 있었다. 급기야 이날 바이두의 종가는 122.54달러를 기록했다. 공모가에 비해 무려 353.85%나 높은 가격이었다. 상장 첫날 상승률로는 2000년 3월 미국 소프트웨어 기업인 셀렉티카(Selectica)의 369% 이후 가장 높은 기록이기도 했다. 물론 이 기록은 VA 리눅스시스템이 1999년 12월에 기록한 상장 첫날 역대 최고 주가상승률인 627%에는 미치지 못하는 수치였지만 당시에는 닷컴 기업에 거품이 잔뜩 끼었던 시기였다. 이런 사실을 감안하면 바이두의 첫날 기록이 대단하다고 말할 수 있었다.

자신이 한 약속대로 쉬융과 함께 나스닥 상장 현장을 찾은 리옌홍은 종가의 기록을 확인한 직후 한동안 말문을 열지 못했다. 너무나 흥분한 것이다. 그는 한참이나 긴장을 토해내는 숨을 몰아쉰 다음에야 간신히 베이징 본사로 전화를 걸 수 있었다.

"궈거(國哥), 성공했어. 우리의 상장이 성공했다고. 그것도 종가가 무려 122달러야. 들었어? 122달러!"

리옌홍이 전화를 건 사람은 기술 부사장이자 바이두 7인의 검객 중 한 명인 류젠궈(劉建國·50)였다. 리옌홍보다 나이가 많아 평소에는 쉬융처럼 형 대접을 받던 창업 멤버이기도 했다. 류는 자신의 귀를 의심했다. 자신도 모르게 비명을 내질렀다.

"122달러! 정말입니까? 12달러가 아니고요?!"

## 성공의 길로 질주하는 리옌홍

리옌홍은 그러나 나스닥 상장이라는 달콤한 꿈에 취해 있지만은 않았다. 1년 후인 2006년에는 지난 몇 년 동안 공언해온 일본 진출이라는 목표를 다시 화두로 잡았다. 2006년 이후 바이두는 특화된 수많은 검색 서비스를 연이어 내놓았다. 업데이트 속도는 타의 추종을 불허하고 있었다. 리옌홍은 바이두를 초국가 기업으로 발돋움시키기로 마음 먹었다. 그는 그해 8월 드디어 2002년 이후 매년 자신의 일본 진출에 제동을 걸어온 이사회를 소집하는 용단을 내렸다. 역시 일본 시장의 진출에 대한 반대 의견이 나왔다. 일본에서 구글과 야후를 물리칠 수 있겠는가. 중국 시장이라는 먹음직스러운 피자가 있는데 굳이 남의 동네에 가서 이전투구의 밥그릇 싸움을 할 필요가 없지 않느냐는 것이었다. 더구나 일본은 외국 기업이 진출해 성공하기에는 너무나도 보수적인 나라라는 것이다. 이제는 국제화 전략에 눈을 떠야 할 시기라는 사실에는 동의하니까 일본보다는 화교들이 많은 동남아나 미국, 유럽에 먼저 진출하거나 인터넷 시장이 일본 못지않은 한국부터 진출하자는 의견들이었다.

리엔훙은 이전과 하나 달라진 것 없는 이사회의 반대 분위기에 당황하지 않았다.

국제화는 더 이상 피하지 못할 과제이고 선택 사항이 아니라 필수 사항이라는 점을 강조했다. 어쩌면 운명이라고도 했다. 지금이 바로 운명을 받아들여야 하는 때이며 절호의 기회라고 외쳤다. 십수 년 후 바이두의 수입 중 절반은 해외시장에서 올리게 될 것이라고 설득했다.

리엔훙의 사자후는 무려 5년 만에 통했다. 이사회의 분위기는 완전히 반전되고 있었다. 5년 내내 그의 발목을 잡던 이사도 마지막에는 동의했다. 1개월 후 리엔훙은 그동안 비밀리에 준비한 바이두 일본어 시험 서비스를 실시하라는 지시를 내렸다. 이어 11월에는 직접 도쿄에 날아가 일본의 시장과 기술 상황을 둘러봤다. 이때 그는 소니 회장을 역임한 일본의 전설적 기업인인 이데이 노부유키(出井伸之·78)를 만나게 된다. 그리고 그는 당시 아버지뻘인 일본 최고의 경영인 이데이에게 단도직입적으로 파격적인 제안을 했다. 그리고 결국 이데이를 큰 어려움 없이 전격 영입했다. 리엔훙에게 이제 더 이상 거칠 것은 없었다. 그는 자신의 계획을 당초 생각대로 적극 밀어붙였다. 2007년 3월 바이두의 베타 서비스가 시작됐다. 이때에는 평소 인색하다는 소문까지 나게 했던 신중함을 버리고 아낌없이 투자했다. 그해 3분기에만 700만 달러를 쏟아 부었다. 또 한 해 예산으로 1,500만 달러를 투자하겠다는 결정도 내렸다. 이 통 큰 투자는 2008년 1월 23일 마침내 바이두의 일본 내 정식 서비스 개시로 연결됐다.

나스닥에 상장된 바이두의 주가가 400달러를 넘나드는 큰 성공을 거뒀기 때문에 가능한 일이었다. 검색 속도가 구글이나 야후보다 각각 15배, 10배 빠른 덕택에 입지도 확실하게 다질 수 있었다. 조만간 적자에서 벗어나 완전한 흑자 기조를 정착시킬 수 있을 것으로 보였다. 2012년 초 모바일 검색시장에 출사표를 던진 것은 바로 이런 야심을 실현하기 위한 전략의 일환으로 볼 수 있었다. 이를 위해 비슷한 시기에 일본어 입력 프로그램인 '시메지(Simeji)'를 인수·합병하기도 했다. 일본에서의 본격적인 승부는 2012년 이후부터라는 얘기가 된다.

## 성공의 원동력은 타고 난 인복

리옌훙은 특별한 사람들을 제외하고는 대부분의 성공한 사람들이 대체로 다 그렇듯 사람 복이 무척이나 좋았다. 성공의 요인을 기본적으로 타고났다는 말이 될 수 있다. 이렇게 보면 그는 컴퓨터를 만나고 인터넷을 공부했던 '천시(天時)'와 중국이라는 거대한 인터넷 시장에서 태어나 자란 '지리(地利)'에 더해 '인화(人和)'까지 완전하게 갖췄던 것이다.

우선 그는 부모를 잘 만났다. 그의 부모는 세속적으로 엄청나게 훌륭한 사람들은 아니었다. 출세를 했다거나 돈이 많은 사람과는 기본적으로 거리가 멀었다. 양취안에 소재한 평범한 공장에서 일했던, 남의 눈에 별로 두드러지지 않는 노동자였다. 보통 이런 신분이면 자식에게 상당히 집착하게 마련이다. 자식들이라도 자신들과는 다른 인생을 살아줬으면 하는 바람을 대체로 가지기 때문이다.

그러나 그의 부모는 달랐다. 공부 잘하고 똑똑한 아들이 열심히 공부하면 더 좋은 성적을 거둘 것이라는 사실을 알면서도 허구한 날 책상머리에 앉는 것만을 강요하지는 않았다. 심지어 그가 너무나 열심히 놀다가 숙제를 못한 죄 때문에 학교에서 벌을 받더라도 나무라기는커녕 "어린 시절에 안 놀면 언제 노느냐? 지겨울 때까지 놀아라. 그런 다음에 공부를 해도 늦지 않다."고 감싸주기까지 했다.

그렇다고 그의 부모가 자식의 미래에 대해 신경을 쓰지 않는 무지한 사람도 아니었다. 특히 아버지는 고서(古書)를 적지 않게 소장하고 있어 틈만 나면 꺼내서 읽어보는 나름대로 상당한 지식인이었다. 리옌훙이 말 못할 개구쟁이였음에도 책을 사랑하는 습성이 어릴 때부터 밴 것이나 공부를 잘한 것은 다 이유가 있었다. 누나들이 하나같이 공부를 잘한 천하의 인재들이었다는 사실도 그에게 사람 복이라면 복이었다. 특히 미국에서 포스트닥터 과정까지 마친 셋째 누나는 한때 고향에서 그보다 더 크게 될 인물로 기대를 모았을 만큼 엄청나게 공부를 잘했다. 첫째 누나도 만만치 않았다. 문화대혁명의 종식으로 대학입시제도가 부활한 1977년 대학입시에서 산시성 전체에서 몇 손가락 안에 들 정도의 성적을 거뒀던 신화를 남긴 여걸이었다. 이런 누나들에게서 리 회장이 영향을 받지 않을 수 없었다. 그의 사람 복을 살펴보려면 미국 유학 시절의 교수들도 거론해야 한다. 개인적이기로 유명한 미국 사람들이었으나 그에게만큼은 인간적인 도움을 아끼지 않았다. 일부 교수들은 그가 백사장의 모래알처럼 많은 석사과정 학생임에도 불구하고 파격적으로 공동 연구를 제안하기까지 했다. 또 지도 교수는 그가 뛰어난 인재라는 사실을 알았지만 계속 학문적인 공부에 매진하기를 권유하지 않았다. 그가 훗날 석사 학위만 받고 과감하게 다우존스에 취직한 것은 누나의 조언 외에도 지도 교수의 적극적인 지지가 큰 역할을 했다고 고백한 것을 봐도 알 수 있다. 윌리엄 장과의 만남을 통해 실리콘밸리로 과감하게 직장을 옮긴 것 역시 그가 사람 복을 타고났다는 사실을 증명해준다. 그는 훗날 자신의 회사로 장을 스카우트함으로써 계속 이 인연을 이어가기도 했다. 그는 최근 자신의 지도 교수와 다우존스의 사장, 그리고 이 윌리엄 장이라는 실리콘밸리의 IT 영웅이 자신의 인생에 결정적인 영향을 미쳤다는 고백을 했다. 쉬융과의 만남은 더 말할 필요조차 없다. 구글의 세르게이 브린이 래리 페이지를 만난 것과 견줘봐도 복 받은 만남으로 보인다. 비록 함께 창업을 한 지 4년 만에 헤어지기는 했으나 만약 쉬융이 없었다면 지금의 바이두는 존재하지 못했을지도 모를 일이다. 바이두 7인의 검객으로 불린 류젠궈와 레이밍을 비롯한 나머지 5명의 초창기 멤버들도 마찬가지다. 여기에 일본 본격 진출 직전에 이데이 노부유키와 인연을 맺은 다음 오랜 기간 교분을 나눈 것까지 감안하면 그의 사람 복은 완전히 하늘이 내린 것이라 해도 크게 어긋나지 않는다. 그러나 역시 세상에 배우자를 잘 만나는 것보다 더 좋은 사람복은 없다고 해야 할 것 같다. 리옌훙은 이 점에서는 하늘에 늘 감사해야 하지 않을까 싶다. 부인 마둥민(馬東敏·44)이 내조의 여왕이라는 별칭이 붙을 정도로 그를 잘 도왔고 지금도 열심히 돕고 있으니까 말이다.

그녀는 과학기술대학 영재 과정을 조기 졸업한 이른바 재원이었다. 리옌훙과는 1995년 유학생 모임에서 처음 만나 6개월 동안 사귀다 전격적으로 결혼했다. 이때만 해도 리옌훙은 무한한 가능성만 보여준 기대주였을 뿐 솔직히 제대로 자리를 잡았다고 하기 어려웠다. 그래서 결혼식은 법정 증인 달랑 한 사람만 두고 간소하게 치를 수밖에 없었다. 결혼식 드레스가 말 그대로 꿈이었을 정도였다. 하지만 그녀는 전혀 싫은 내색을 하지 않았다. 뉴저지주립대학의 생물학 박사인 그녀가 대단하다는 사실은 리옌훙이 귀국하려는 결심을 굳혔을 때 확연하게 드러났다. 당시 보통의 미국 유학생 부인들은 남편이 귀국하려고 하면 이혼 얘기를 꺼내는 것이 유행이었다. 경직된 사회주의국가인 중국보다는 자유분방한 해외 생활이 아무래도 더 좋을 수밖에 없었으므로 어쩌면 당연할 수 있었다. 그러나 그녀는 그렇지 않았다. 흔쾌히 남편의 생각에 동의했다. 이후 그녀는 때로는 부인의 자격으로 때로는 비슷한 학문을 공부한 인생의 동반자로서 적극적인 조언을 아끼지 않았다. 리옌훙이 종종 "내 성공의 반은 내 주위 사람들의 몫이고, 또 반은 내 아내의 몫이다."라고 하는 말은 공치사가 아니다.

2011년 6월 11일 리옌훙이 얼마나 사람 복이 많은지 제대로 보여준 사건이 또 있었다. 이날 베이징의 구이빈러우(貴賓樓) 호텔에 리옌훙과 마이크로 소프트의 창업자 빌 게이츠가 나타난 것이다. 그만큼 두 사람이 절친하다는 얘기였지만 두 사람이 함께 호텔 회견장에 등장한 것은 IT 사업에 관한 의견을 교환하기 위한 자리가 아니었다. 일반인들의 생각과는 달리 엉뚱하게도 금연 캠페인을 확산시키는 것이 목적이었다.

당시 그는 빌 게이츠와 함께 "간접흡연, 나는 싫어!"라는 글자가 쓰인 티셔츠를 입고 둘의 관계를 설명할 필요조차 없다는 사실을 증명했다. 이후 두 사람은 중국의 금연법 준수, 간접흡연 거부, 금연 교육 강화, 과학적인 금연 법률 보급 등을 위한 캠페인을 적극적으로 전개했다.

13세 연상인 빌 게이츠와도 통하는 리옌훙의 사람 복이 앞으로 어떻게 더 나타날지는 알 수 없다. 그러나 하나 분명한 것은 현재까지의 상황으로 미뤄보면 사람으로 인해 마음고생을 하는 일이 없을 것은 확실하다는 사실이다.

### 검색엔진에 집중한 단순함의 미학이 성공의 결정적 요인

리옌훙이 그저 사람 복만 좋았던 덕에 성공했다고 생각하면 물론 큰 오산이다. 그는 사람 복 외에도 성공할 요인을 많이 가지고 있었다. 바이두나 그를 소개하는 중국 내외의 언론에 의하면 열정과 용기, 끊임없는 도전 정신, 능력이 부족하거나 개성이 강한 직원들까지 포용하는 스펙트럼 넓은 리더십 등이 바로 성공의 요인들이다. 그러나 역시 가장 잊지 말아야 할 요인은 최고로 잘 할 수 있는 분야를 골라 올인한 단순한 전략이라고 해야할 것 같다. 한눈팔지 않고 자신의 갈 길만 가는 이른바 고슴도치 성공 전략이 주효했다. 이는 그가 "사람이 세상을 살면서 끝까지 해낼 수 있는 일은 그다지 많지 않습니다. 한 가지에 미쳐야 차별화가 될 수 있습니다. 그래야 남들이 해내지 못한 일도 할 수 있게 됩니다."라고 했던 2008년 베이징대학 졸업식 축사에서도 여실히 드러난다. 그가 추구하는 단순함의 미학은 홈페이지에서 여실히 드러난다. 그 넓은 공간에 달랑 회사명과 로고인 곰발바닥, 검색창 외에는 아무 것도 없다. 혹자는 이 홈페이지가 구글 홈페이지의 짝퉁이라고 비난하기도 하지만 그의 경영철학이나 이와 관련한 에피소드들을 알고 나면 지나친 비판이라고 할 수 있다.

우선 경영철학은 그가 창업할 때 확정한 이른바 '721 투자원칙'에서 엿볼 수 있다. 전체 투자 자금 중 70%는 검색 서비스, 20%는 음악이나 블로그 검색 관련 서비스, 10%는 신규 서비스 개발에 투자한다는 이 원칙은 지금도 흔들림 없이 지켜지고 있다. 아마도 그가 경영 일선에서 물러나지 않는 한 지켜질 것이 확실해 보인다.

이에 대해서는 리옌훙도 "나는 직원들이 아이디어 열 개를 가져오면 아홉 개에 대해서는 '노'라고 말한다. 내가 안 된다고 하는 이유는 간단하다. 검색과 아무런 관련이 없기 때문이다. 나는 바이두가 포털 사이트가 되는 일은 절대로 없다고 자신 있게 말할 수 있다."고 입장을 밝힌 바 있다.

바이두가 검색엔진 시장에 뛰어들었을 때 중국에는 이미 기존 업체들인 '유유(悠游)'와 '써우쉬커(搜索客)' 등이 맹위를 떨치고 있었다. 구글도 당시 바이두는 쳐다보지도 않은 채 유유와 써우쉬커를 어떻게 하면 시장에서 퇴출시킬까 하는 생각에만 골몰하고 있었다. 그러나 현재 유유와 써우쉬커는 이용하는 고객이 거의 없는 유명무실한 검색엔진이 돼 있고 구글도 중국 시장에서만큼은 바이두에 밀려 자리를 잡지 못할 가능성이 높다. 바이두가 구글을 제친 것은 다윗이 골리앗을 이긴 경우와 같다고 볼 수 있다. 이 모두가 리옌훙이 한눈을 팔지 않고 '가장 잘 할 수 있는 분야'에 전력한다는 단순함의 전략을 추구한 결과다. 리옌훙은 지금도 기회 있을 때마다 단순함을 강조하고 있다. 바이두의 사훈은 '단순함'이다. 그는 사람과 사람 사이는 단순해야 한다고 말한다. 그가 기회 있을 때마다 직원들에게 "최선을 다해 자신이 정한 목표만 좇아라. 단순하기 때문에 더 집중할 수 있다."는 말을 귀에 못이 박히도록 한다. 당연히 이 같은 그의 경영철학은 바이두의 기업 문화로도 탄탄하게 뿌리를 내리고 있다.

### 구글과의 세계대전 향배가 미래 성공의 관건

리옌훙은 곰발바닥처럼 거칠고 단순한 검색엔진 바이두를 이끌고 일단 중국이라는 시장을 완벽하게 제패했다. 더 이상 중국 내에서 적수는 없다고 봐도 좋았다. 과거 유유와 써우쉬커의 영광을 재현하기 위해 '써우써우(搜搜)'와 '써우거우(搜狗)' 등의 사이트가 등장해 칼을 갈았으나 역부족이었다. 이들은 중국 내 검색시장 점유율 5%를 넘는 것도 힘겨워하는 수준이었다. 중국을 평정한 리옌훙과 바이두가 앞으로 눈을 돌려야 할 곳은 말할 것도 없이 세계시장이라고 봐야 했다. 그러나 세계시장에서 바이두의

141

위상은 중국에서 '써우써우' 나 '써우거우'만큼이나 초라한 것이었다. 중국 안에서는 상대가 없는 절대지존의 바이두지만 세계시장 점유율로는 5% 전후에 그쳐 80%를 상회하는 구글은커녕, 과거의 명성만큼은 안 돼도 여전히 6%를 넘게 기록하고 있는 야후를 추격하는 것도 결코 쉽다고 할 수 없었다. 더구나 5% 전후의 수치도 중국 네티즌들의 애국심 덕분이라는 사실을 감안하면 바이두가 가야 할 길은 아직도 멀다고 할 수 있었다. 리옌훙도 이 사실을 잘 알고 있어 나름의 위기의식도 가지고 있었다. 자기 집 앞마당에서의 절대지존이라는 현실에 안주하다가 영원히 세계 시장 넘버3에 그칠지 모른다는 사실을 분명하게 인식하고 있었다. 사실 그의 위기의식은 정평이 나 있다. 2006년 하반기에 그가 바이두 사보에 올린 〈걱정거리〉라는 제목의 글을 보면 잘 알 수 있다. "바이두의 파산까지는 30일밖에 남지 않았다."는 내용의 이 글은 당시 잘나가던 시기의 바이두였기 때문에 중국 IT업계와 네티즌들의 폭발적인 관심을 끌었다. 자신의 글이 의외의 관심을 모으자 리옌훙은 바로 입장을 정리해 발표했다. 한마디로 "바이두에 우려스러운 조짐이 보이기 때문에 글을 썼다."는 것이 리옌훙의 입장이었다.

당시 나스닥에 상장된 지 1년이 넘은 바이두의 외견은 한마디로 잘 나가고 있었지만 내면적으로는 쾌속 성장이 가져다주는 부작용도 서서히 싹트고 있었다. 한마디로 말해 회사 분위기가 오만과 무사안일에 젖어 나태한 쪽으로 흘러가고 있었던 것이다. 게다가 나스닥의 주가도 언제 고공비행을 했나 싶게 조금씩 떨어지고 있었다.

더욱 중요한 사실은 나스닥 투자자들의 관심권에서 바이두가 서서히 멀어지고 있다는 사실이었다.

리옌훙은 바로 이 사실을 지적했다. 이후 바이두 직원들은 심기일전했다. "모든 사람은 철밥통을 끌어안고 싶어합니다. 그러나 영원히 밥을 먹여주는 깨지지 않는 밥통은 없습니다. 평생 밥을 먹여줄 능력이 있는 밥그릇을 찾아야 합니다. 바이두가 파산할 날까지는 30일밖에 남지 않았습니다. 이 사실을 명심하십시오. 우리 모두 힘을 합쳐 그날이 영원히 오지 않도록 용감하게 싸워 나갑시다."라는 그의 호소를 직원들이 피부로 느낀 것이다.

리엔훙이 2006년 분명하게 보여준 위기의식은 이후 결정적인 순간마다 빛났다. 우선 2011년 7월 마이크로소프트(MS)와 체결한 제휴 협정이 대표적으로 꼽힌다. 세계시장에서는 도저히 게임이 안 되는 구글과 맞서기 위해 마이크로소프트 계열의 검색엔진인 '빙(bing)'과 협력하는 방안을 선택한 것이다. 바이두 사용자가 영어로 키워드를 입력하면 빙을 거친 결과가 화면에 나타나는 식이다. 빌 게이츠와 막역한 사이인 리엔훙이 위기의식을 느끼고 막후에서 적극적으로 계획을 밀어붙였기 때문에 성사됐던 것이다.

또한 2012년 3월 말 외부에 공개된 바이두와 애플(Apple)의 전략적 제휴 계획도 리엔훙의 위기의식과 무관하지 않다. 이 제휴 계획은 간단하다. 중국에서 판매되는 애플의 아이폰과 아이패드 등에 구글 대신 바이두의 검색엔진을 탑재하는 것이다. 이렇게 되면 모바일 검색엔진 분야에 엄청난 투자를 하고 있는 구글로서는 막대한 피해를 입을 가능성이 높아진다. 반면 바이두는 강력한 적인 구글을 누를 수도 있다는 자신감을 얻을 수 있다. 물론 아직까지 세계시장에서 구글의 존재는 바이두가 넘기 힘든 철옹성이다. 당장 바이두가 10%의 점유율을 돌파하는 것조차 버거워 보였다. 지금 상황에서 구글을 넘는다는 것은 어떻게 보면 무모한 도전일 수도 있었다. 그러나 리엔훙이나 바이두로서는 세계시장을 포기해서는 안 되었다. 2위나 3위에 만족했다가는 어? 어? 하는 사이에 어느 순간 사라지는 운명에 처할 가능성도 없지 않았으니까 말이다.

더구나 구글의 절대적 우위라는 상황을 체념하고 내버려뒀다가는 언제

143

다시 중국 시장을 내주는 상황이 벌어질지도 몰랐다. 만약 이런 상황이 오면 바이두가 아니라 중국 검색엔진 시장 전체가 대재앙에 휩쓸려 사라질 가능성도 없지 않았다. 공격이 최선의 방어라고 생존을 위해서도 바이두가 공격경영에 나서야 한다는 얘기가 성립되는 순간이었다. 이처럼 바이두의 미래 경영 전략은 이미 결론이 나와 있었다. 구글과의 세계대전을 어떻게 해서든 성공적으로 이끌어 글로벌기업으로 도약할 발판을 마련해야 더 밝은 미래도 있고 생존도 가능했다. 리옌홍은 바로 이 때문에 중국에서는 재산과 기업을 지켜주는 훌륭한 방화벽이 될 정치적인 자리에 일절 눈길을 주지 않고 있는지도 모른다. 마음을 비운 훌륭한 선택이라기보다는 현재 주어진 환경이 그에게 그렇게 행동하지 않으면 안 되게 만들었다.

개혁과 부흥이라는 거대한 역사적 물결 속에서 탄생한 바이두. 세계적인 기업이 된 바이두의 리옌홍은 중국 최대 갑부가 되고 초국가 기업 바이두를 이루어 냈다. 그는 바이두가 독자적인 기술과 아이디어로 세상과 사회, 그리고 경제에 진정한 의미의 영향력을 발휘하기 바란다. 그는 사회로부터 받은 것을 사회에 돌려주어야 한다는 신념도 갖고 있다. 2006년 '바이두국학' 출시, 2007년 맹인들을 위한 '맹도' 출시, 2009년 '바이두 실버' 출시 등은 수익 모델이 아니다. 그의 사회적 책임을 실행하는 의지인 것이다. 2014년에는 실리콘밸리에 '딥러닝연구소'를 열어 미래의 블루오션에 투자하는 등 신념에 대한 변함없는 의지를 보여주었다.

"아는 만큼 보인다."는 그의 슬로건에 앞서 그는 젊은이들이 최소한 2년 앞을 내다 보는 안목을 기르라고 충고한다.

"성공과 개성은 아무런 상관이 없다. 다양한 성격만큼 다양한 성공이 있을 뿐이다."라고 말하는 그는 개성이 강한 직원이 최고의 바이두를 만든 것이라고 개성을 주장하는 현대의 젊은이들에게 용기를 주고 있다.

**리옌홍 연보**

▪ 1968년 산시성 양취안 출생, 고향에서 중고등학교 졸업

▪ 1991년 베이징 대학 졸업

  뉴욕주립대학교 버펄로대학 대학원 컴퓨터공학 석사

▪ 1999년 바이두 창업(31세)

▪ 2001년 중국 10대 창업 신예

▪ 2006년 12월 10일 미국《비즈니스 위크》에 의해 가장 뛰어난

  글로벌 비즈니스 리더 선정

▪ 2011년 미국 잡지 베니티 페어 선정 가장 영향력 있는 인물 25위 선정

▪ 2012년 포브스 중국 최고기업가로 선정

▪ 2015년 현재 중국인터넷협회 부이사장

▪ 정치협상회의 위원, 우한 대학 겸임교수

# 신의 직장 뒤로하고
# 맨주먹으로 싼이그룹 일군
# 량원건 회장

2014년 7월 15일 미국의 컬럼비아 특구 연방법원은 싼이그룹 산하 미국회사인 랄스사에 승소 판결을 내렸다. 미국 군사시설 근처에 풍력발전소를 건설하고 싼이그룹이 생산한 풍력발전기를 설치할 예정이었으나 미국의 국가 안보를 해칠 위험이 있다 해서 풍력발전소 건설과 운영을 정지하라는 명령에 굴하지 않고 소송을 제기한 것이었다.

간 크게도 미국과 미국 대통령을 상대로 소송을 하고 승소한 싼이그룹. 2006년 글로벌 기업 12개를 설립하면서 기업의 글로벌화가 가속화되었던 싼이그룹은 중국 전역이 공사판이라고 할 만큼 여러 곳에서 엄청나게 많은 개발이 이뤄지고 있을 때 개발붐에 편승해 황금기를 누리고 일어선 건설장비업체이다.

한국의 두산중공업과 현대중공업, 일본의 고마쓰(小松), 히타치(日立), 고발코 등 '빅5 외국기업'의 굴삭기 시장점유율이 한때 70% 이상을 자랑하다가 80여 개에 이르는 중국 토종 건설장비 기업들의 약진으로 2012년 이후부터 30%대로 급락한 것만 봐도 중국의 건설붐을 짐작할 수 있다.

토종 중국 기업들의 이 무서운 기세를 선도한 업체가 바로 량원건(梁穩根) 회장이 이끌고 있는 싼이(三一)중공업이었다. 싼이중공업은 수년 동안 중국 굴삭기 시장에서 부동의 1위 자리를 놓치지 않던 한국의 두산중공업을 밀어내고 15% 전후의 시장점유율을 기록했다. 전체 중국 업체들의 점유율이 50%대라고 보면 싼이중공업 혼자 중국 전체 점유율의 3분의 1 가까이 차지했다는 계산이 나온다. 굴삭기를 비롯해 펌프카, 크레인, 천공기 등을 생산하는 싼이중공업은 1986년 후난(湖南)성 롄위안(漣源)에서 주식회사로 설립된 '롄위안 용접재장공장'을 모태로 하고 있다. 2003년 7월 상하이 증권거래소에 상장된 싼이의 자본금은 24억 위안(4,320억 원)으로, 2010년 매출액은 450억 위안(8조 1,000억 원)에 순이익 95억 위안(1,710억 원)을 기록했고, 2011년에는 650억 위안(11조 7,000억 원)의 매출액과 순이익 110억 위안(1조 9,800억 원)을 달성했다. 이 같은 수치는 135억 위안(2조 4,300억 원)의 매출액을 올렸던 지난 2007년과 비교해 볼 때, 불과 4년 만에 5배 이상의 매출액이 증가한 것이다. 전문가들은 싼이의 성장세를 고려해 볼 때 2015년께에는 매출액 2,000억 위안(36조 원)대의 세계적 공룡 기업이 될 것으로 예상했다. 싼이는 구체적으로 2011년 900억 위안(16조 2,000억 원), 2012년 1,000 억 위안(18조 원), 2015년 3,500억 위안(63조 원)의 매출액을 목표로 삼았다. 량원건 회장은 회사가 2012년 목표를 달성할 경우 가장 우수한 직원들을 선정해 100만 위안(1억 8,000만 원)의 보너스까지 주겠다고 호언장담했다.

싼이중공업은 단순히 중국 내 1위 기업에만 머무르지 않겠다는 포부를 가지고 세계 최고 기계산업 분야의 경쟁력을 보유하고 있는 독일에 진출하기도 했다. 싼이는 2011년 6월 독일 서부 도시 쾰른에 총 7,000만 유로

147

(1,030억 원)의 자본을 투자해 엔지니어 기계와 굴삭기 공장, R&D 센터를 착공했다. 이 공장이 완성되면 당연히 기술력에서 한 발 앞서는 독일 엔지니어들도 싼이에 대거 충원될 것으로 보여 중국의 자금력과 독일의 기술력이 만나는 환상의 결합이 되는 것이었다. 이외에도 싼이중공업은 한국과 인도네시아에 각각 1억 달러와 2억 달러를 들여 굴삭기 공장을 건설할 예정으로 중국 최고를 벗어나 명실상부한 세계 최고 건설장비 업계 1위를 노리고 있었다. 싼이중공업의 규모를 보면 이런 야심이 과해 보이지 않는다. 해외 130여 개 국가에 진출해 있는 현실과 80여 개 국가에 제품을 수출하는 사실도 싼이의 야심을 실현할 기반이기 때문이다. 싼이중공업은 최근에 이런 행보를 더욱 구체화하기도 했다. 2012년 1월 말 세계 최대인 독일의 유명 콘크리트 펌프 제조업체인 '푸츠마이스터(Putzmeister)'를 중국 중신(中信)증권 산하의 사모 펀드와 제휴해 3억 6,000만 유로(한화 약 5,300억 원)에 인수했기 때문이다.

업계에서는 이 같은 싼이의 행보에 '보아뱀이 코끼리를 집어삼킨 격'이라는 평가를 하기도 했으나 싼이는 개의치 않았다. 어차피 세계 1위 기업을 목표로 쾌속 항진을 하다 보면 들어야 할 말이기 때문이다.

그러나 2014년 미국 포브스의 중국부자 27위에 선정되었다. 2011년 중국의 후룬경제연구소 중국 1위, 2012년에는 5위 부자로 선정되었던 량원건 회장이었다. 왜일까? 그 이유는 최근 중국의 경제성장률 둔화와 업계 경쟁과열, 부동산 시장 침체 등으로 부진한 실적을 보였기 때문이다. 그러나 중장비업체가 서서히 살아날 것이라는 시장의 전망이 있으므로 싼이의 약진을 긍정적으로 기대할 수 있지 않을까.

심오한 숨은 뜻을 가진 회사 싼이 그룹

기업의 이미지는 이름과 밀접한 관계가 있다. 부르기 좋고 뜻도 그럴듯해야 할 필요가 있다. 회사 이름을 잘 지어야 한다는 얘기다.

그러나 '싼이(三一)중공업'이라는 회사 이름은 다소 세계적인 기업에 모자란 감이 있다. 권위가 있는 것 같지도 않고 그렇다고 그다지 듣기에 좋지도 않다. 그래서 중국 재계에서는 싼이가 두각을 보이던 초창기에는 이 이름에 대한 논쟁이 없지 않았다. 싼이의 회장인 량원건(梁穩根)조차도 회사 이름을 너무 성의 없이 짓지 않았느냐는 질문을 많이 받았다고 한다. 심지어 일부 라이벌 업체들은 아예 악의적으로 엉뚱한 소문을 퍼뜨리기도 했다.

"싼이중공업은 세 명의 남자와 한 명의 여자가 함께 합작해 설립한 기업이라고 한다. 그런데 모든 권한은 여자 한 명이 장악하고 있어 앞으로 잘될 가능성이 없는 회사 같아 보인다."

심지어 저주를 퍼붓는 라이벌 회사들도 없지 않았다. 이를테면 다음과 같은 악담이었다.

"싼이중공업의 싼이는 세 개를 사면 하나를 더 준다는 의미를 담고 있다. 박리다매를 추구하는 기업이라 기술력은 전혀 없는 회사다. 이런 기업은 경쟁력이 없어 곧 시장에서 사라질 것이다."

량원건은 자신이 만든 회사 이름을 즉흥적으로 붙인 것이 아니었다. 싼이라는 이름은 그가 나름대로 많은 생각을 한 끝에 얻은 결과물이었다. 정신이 이상하지 않고서야 자신이 심혈을 기울여 창업한 회사 이름을 장난으로 지었을 까닭이 없다.

그렇다면 싼이는 무슨 의미를 담고 있을까? 량원건의 설명을 들어보자.

"싼이(三一)라는 우리 회사의 이름에는 저와 우리 창업 동지들, 또 우리

중국을 움직이는 **CEO**들

중국 건설 중장비 업계는 싼이를 필두로 한 중국 토종 기업들이
외국계 기업을 점유율에서 압도하고 있다.

를 믿고 따르는 직원들의 열망이 녹아 있습니다. 기업도 일류, 인재도 일류, 사회공헌도 일류라는 뜻을 가지고 있습니다. 한마디로 최고 인재들로 최고 기업을 만들어 사회와 국가에 공헌하겠다는 것이 우리의 창업 이념입니다."

이처럼 싼이라는 이름에는 일류를 지향하는 웅대한 기상이 담겨 있다. 실제로 창업 이후 량원건은 싼이를 일류로 만들기 위해 마치 유비가 제갈량을 찾듯 최고 인재들을 찾아다녔다. 이런 노력에 힘입어 그는 창업 이후 수년에 걸쳐 훌륭한 인재들을 많이 발굴해냈고 싼이라는 이름이 부끄럽지 않게 회사를 경영했다. 그가 창업 5년 즈음에 후난 위성방송과 가진 인터뷰에서 다음과 같이 자신감을 피력한 것은 그래서 조금도 이상할 게 없었다.

"우리의 사명은 품질로 세계를 변화시키는 것입니다. 그렇게 하기 위해서는 쉬지 않고 노력해야 합니다. 산업 발전을 통해 국가에 보답해야 합니다. 그러므로 우리의 핵심 가치관은 우선 사람이 되고 나중에 제대로 일하는 것입니다. 무엇보다 사람이 중요합니다. 경영 이념도 마찬가지입니다. 우리는 고객 우선이라는 슬로건에 모든 가치를 두고 있습니다."

량원건은 인재를 통한 산업보국을 회사의 모토로 세웠다. 이 모토를 행동으로 옮기기 위해 많은 노력을 기울였다. 그의 노력을 살펴보면 실로 대단하다. 한국의 정주영 회장과 자주 비교되곤 하는 량원건 회장. 탁월한 지혜와 매력적인 인품으로 알려진 량 회장은 중요한 세 동지 탕슈궈의 실행력, 샹원보의 전략능력, 이샤오강의 기술 능력으로 팀워크를 이루어 오늘의 싼이그룹을 성공시켰다. 혹자는 량원건 회장을 타고난 리더라고 한다. 후난 사람 특유의 용감하고 강인한 성격으로 무에서 유를 창조한 그의 성공 스토리를 살펴보자.

## 2012년 중국 최고의 홍색자본가 싼이중공업의 량원건

싼이중공업은 량원건 회장에 의해 1986년 설립됐다. 어느덧 량 회장이 '샤하이(下海)'에 투신한 지 햇수로는 30년 가까운 세월이 흘렀고 이 기간에 중국에는 수많은 사업가들이 탄생하고 사라졌지만 그는 여전히 건재하다. 그가 열정을 바쳐 제대로 싼이를 경영했다는 말이다. 량 회장은 이에 대한 보상을 제대로 받은 것 같다. 앞서 언급했듯이 2011년 발표된 〈후룬리포트〉 부호 순위에 그가 중국 내 부호 순위 1위에 랭크된 것이다.

량 회장은 1956년 후난(湖南)성 롄위안(漣源)시 마오탕(茅塘)진에서 태어났다. 원래 이름은 량융건(梁永根)이었다. 그는 1988년, 이름을 원건으로 바꿨다. 늘 사업이 안정되기를 바라고 아무리 어려운 일이 있더라도 침착하게 헤쳐 나가자는 자기 최면을 건 개명이었다. 그는 어린 시절 문화대혁명의 고초를 겪은 마지막 세대로 1983년 현재의 중난(中南)대학인 중난쾅예(中南鑛冶)학원 재료학과를 우수한 성적으로 졸업했다. 졸업과 동시에 고급 엔지니어 자격증도 획득했다.

엔지니어답게 그는 1983년부터 3년 동안 무기를 제작하는 병기공업부 산하의 국영기업인 '홍위안(洪源)기계공장'에서 일했다. 그가 들어간 공장은 말이 좋아 국영기업이지 근무 환경이 매우 안 좋았다. 산봉우리로 둘러싸인 깊은 골짜기에 위치해 있었을 뿐 아니라 전기도 제대로 들어오지 않는 기업이었다. 그럼에도 그는 열심히 일해 기획처 부처장, 체제개혁위원회 부주임 등으로 빠르게 승진할 수 있었다. 그 덕분에 안정적인 생활도 보장받았지만 그의 포부는 고작 과장급의 기술 관료에 있지 않았다. 그는 중국에 개혁·개방의 물결이 본격적으로 몰아치던 1986년 어느 날 안정된 국영기업 공무원 신분을 걷어차 버렸다. 이어 의기투합한 탕슈궈(唐修國·58), 마오중우(毛中吾·58), 위안진화(袁金華·55) 등 세 명의 공장 친구들과 함

153

께 샤하이(下海) 대열에 합류했다. 그러나 부푼 꿈을 안고 창업의 길로 들어선 그의 앞날은 쉽지 않았다. 창업 준비가 순조롭지 않았던 것이다. 이때 그의 귀에 양 한 마리를 내다팔면 20위안(3,600원)을 벌 수 있다는 솔깃한 정보가 들려왔다. 그는 즉각 친구들을 불러 모아 의논했다.

농촌의 양을 사서 파는 아이디어였다. 양털이 유용하고 중국인들은 양고기를 좋아하는 데다 정 안 되면 식당에 팔아버릴 수도 있으니 작은 손해도 보지 않을 것이라고 친구들에게 제안했다. 양고기 값은 큰 변동이 없으니 수고비는 나올 거라고 탕슈궈와 위안진화 역시 동의하자 량원건이 곧바로 상황을 정리했다.

그는 다음날 3명의 사업 파트너와 함께 후난성 서부 지역인 창더(常德)와 구이저우(貴州)성 등지에서 양을 대량으로 사들였다. 그러나 양을 자동차에 싣고 고향인 후난으로 돌아오자마자 양 값이 폭락해 첫 번째 사업은 실패로 끝났다.

이후에도 그와 동업자들은 주류와 유리, 섬유 산업 등에 잇따라 손을 댔지만 번번이 실패로 끝났다. 이 정도 되면 일반인들은 좌절했겠지만 실패는 그를 더욱 단련시켰다. 좌절하기에는 너무 젊은 고작 30대 초반의 나이였기 때문이다. 청년의 패기로 다시 무장을 한 그는 당시 무주공산이나 다름없던 유색금속 합금 사업에 주목하고 내친 김에 시드머니 6만 위안으로 1986년 '롄위안(漣源)용접재료공장'을 설립했다. 그들의 첫 번째 공장은 진짜 형편없었다. 지하실의 협소한 방 하나가 사업장이었기 때문이다. 그와 세 명의 사업 파트너들은 그곳에서 오로지 연구에 심혈을 기울였다. 100여 차례에 걸친 배합 방법을 연구하고 가공 기술을 수십 차례나 바꿔 마침내 그들의 첫 번째 제품인 105 구리합금이 탄생했다. 그들은 이 합금을 랴오닝성의 한 공장에 보냈으나 결과는 참담했다. 품질이 기준에 미달해 퇴

짜를 맞은 것이다. 량원건은 이때도 좌절하지 않았다. 다시 뽑아든 카드는 모교 교수의 도움을 얻는 것이었다. 그는 즉각 모교로 달려가 스승인 자이덩커(翟登科) 교수를 만나 도움을 청했다.

결국 자이덩커 교수에게서 현장 지도를 받게 됐다.

1986년 9월 그와 사업 파트너들은 마침내 첫 성과를 올리게 됐다. 그들이 만든 제품을 판 알토란 같은 돈 8,000위안이 마침내 수중에 들어온 것이다. 그들은 환호성을 지르며 서로 얼싸안은 채 뜨거운 감격의 눈물을 흘렸다. 이후부터 그의 사업은 승승장구하기 시작했다.

처음으로 성공을 맛본 량원건은 여세를 몰아 사업을 단단하게 뿌리내릴 방법을 찾기 시작했다. 그러나 아이템이 문제였다. 그는 계속 고민하지 않으면 안 되었다. 그러던 1991년 9월 그는 같이 창업에 나선 친구들이자, 지금도 싼이중공업의 '사대금강(四大金剛)'으로 불리며 하나같이 최고경영자로 일하고 있는 탕슈궈, 마오중우, 위안진화 등을 불러 모아 좋은 아이템을 내보라고 했다.

홍위안기계공장의 입사 동기인 탕슈궈가 앞으로는 건설 쪽 전망이 좋지 않겠느냐는 의견을 냈다. 회사 동기일 뿐 아니라 대학 동창이기도 한 마오중우가 탕의 말에 맞장구를 쳤다. 앞으로는 인프라스트럭처 건설이 유망할 거고 그렇다면 부동산 사업에 뛰어드는 것이 좋지 않겠느냐는 것이었다.

나이는 가장 어리면서도 세 사람과 회사 동기인 위안진화도 기본적인 생각은 같았으나 조금 다른 의견을 피력했다. 건설 쪽이 유망하다는 것에는 동감하지만 부동산 사업에 직접 뛰어드는 것은 아차 하다가는 큰 낭패를 볼 수도 있고 아직은 주택이 개인 소유가 아니므로 건설 쪽은 좋으나 부동산 사업에 뛰어드는 것은 고려해야 한다는 것이다.

량원건은 세 사람의 말을 들은 다음 한참을 생각했다. 약 1~2분이 지났

량원건과 함께 싼이중공업을 공동 창업한 탕슈궈, 마오중우,
위안진화(시계방향대로).
이들은 안정된 직장인 국영기업을 박차고 나와
싼이중공업을 만들어냈다.

을까? 그는 세 사람의 얼굴을 차례로 쳐다본 다음 결연한 목소리로 말했다.

"그렇다면 건설장비 제조업을 하면 어떨까? 경기를 덜 타지 않을까?"

지금도 부족하고 이 분야는 국영기업이 독식하고 있는 게 현실이었다. 게다가 공장부지도 없었다. 모두들 엄두를 못내고 있는데 위안진화는 그래도 젊은 사람답게 긍정적인 생각을 피력했다.

"우리는 실패를 많이 했잖아? 또다시 실패를 한들 어떡겠어. 한번 도전해 보는 것도 괜찮을 것 같은데?"

량원건은 위안진화의 말에 고무 받은 듯했다. 곧 그가 결연한 어조로 결론을 내렸다.

"넓고 크게 보자! 지금은 우리 중국이 사회주의 계획경제를 실시하고 있으나 앞으로 어떻게 될지 몰라. 십 수 년 후를 내다본다면 건설장비 제조 사업에 뛰어드는 것이 현명한 선택일 수 있어. 나를 믿고 이 사업에 뛰어들자."

"좋아!"

세 사람은 큰소리로 대답했다. 이렇게 해서 1991년 당시로서는 누구도 쉽게 넘보지 못했던 건설장비 제조업에 민영기업으로서는 처음으로 싼이가 뛰어든 것이다. 량원건의 열망대로 이 작은 공장은 얼마 후 1,000만 위안(18억 원)의 매출액을 달성하는 기적을 이루었다. 이후 고객들의 입소문을 타고 싼이의 규모는 기하급수적으로 커져 갔다.

순탄하게 기업이 굴러가자 1994년 11월 그는 창업 동지들을 비롯한 7명의 이사들을 소집해 이사회를 열었다. 이때 이사진에는 세 명의 창업 동지 외에도 스승 자이덩커 교수, 샹원보(向文波·52), 저우푸구이(周貴福·53), 왕쭤춘(王佐春·50) 등이 더 합류해 있었다. 1996년부터 합류해 현재 9명의 이사진 중 한 명인 이샤오강(易小剛·51)은 당시 베이징의 국영 기계연구소

157

에서 일하고 있었기 때문에 이 모임에는 참석하지 못했다.

이 자리에서 50% 이상의 지분을 가진 최대 주주 량원건은 회사를 분리하자고 폭탄선언을 했다.

규모의 경제라는 말이 있듯 시너지를 가지기 위해 동종업계 업체들이 서로 합종연횡을 하던 당시의 분위기와는 완전히 상반된 제안이었다. 그러나 그는 회사의 규모를 더 키우려면 확장 경영이 필요하다고 생각했다. 지금 재계의 합종연횡 전략이 잘못된 것은 아니지만 반대로 가야 한다고 생각한다는 것이었다.

량원건의 결정에 이사들은 모두 무한 신뢰를 보내주었다.

이렇게 해서 싼이그룹을 '싼이중공업그룹'과 '싼이재료공업그룹'으로 나누고 본사를 롄위안에서 후난성의 성도(省都)인 창사(長沙)로 옮기기로 했다. 큰 기업이 되기 위해서는 큰물에서 놀아야 한다는 생각이었다.

기술 개발을 위해 유명 전문가들을 고문으로 모시고 외국 기업의 전문가들 역시 영입했다.

량원건의 판단은 틀리지 않았다. 두 회사 모두 분할 이후 쾌속 성장을 구가했다. 분할과 동시에 합계 매출액이 1억 위안(180억 원)을 돌파했다. 지금으로 따지면 거의 10억 위안(1,800억 원)에 필적할 만한 엄청난 매출액이었다.

이후 싼이중공업의 행보는 눈부셨다. 량원건의 의지대로 기술개발에 치중한 덕에 싼이중공업의 제품들은 무엇보다 품질이 뛰어났다. 칭짱(青藏) 철도 건설 현장과 남수북조(南水北調) 시공 현장,

징주(京珠)고속도로 건설 현장 등에서 진가를 보였다. 해외에서도 다르지 않았다. 중동 최대의 역사(役事)라는 말을 듣던 아랍에미레이트(UAE)의 두바이 도심 건설 현장에서도 그랬다. 싼이중공업 중장비가 투입되지 않

싼이 펌프카가 위용을 발휘했던 사이거플라자(가운데 고층 건물).
중국에서 싼이의 량원건 회장을 '콘크리트 펌프왕'으로 부르게 된 계기가 됐다.

제1부 **중국 CEO, 그들은 누구인가?**

은 대형 건설 프로젝트가 없을 정도였다. 성공으로 가는 과도기이던 1998년 4월에는 싼이중공업을 전 세계에 알린 대기록도 수립됐다. 싼이의 펌프카가 광둥성 선전에 건축 중이던 '사이거(賽格)플라자' 70층 공사 현장에 300.8미터 높이로 콘크리트를 올려 보낸 것이다. 중국 최고 기록이었다. 싼이중공업이 지금도 중국에서 '콘크리트 펌프왕'으로 불리는 것은 이때의 기적 같은 기록 수립과 관련이 있다.

량원건은 그러나 이 기록에 만족하지 않았다. 그 어느 기업도 따라 오지 못할 세계 기록 경신을 통해 제품의 성가를 높이는 것이 광고나 판촉보다 더 효과가 있다고 판단한 것이다. 그는 여기까지 생각이 미치자 기술연구 분야 총책임자인 이샤오강을 호출했다.

외국의 난다 긴다 하는 다국적 기업들도 세계 신기록인 308미터를 깨려고 혈안이 돼 있는 마당이었다. 싼이의 기록에서 세계 기록은 7미터 정도 차이가 나지만 300미터 이상에서 7미터는 70미터에 해당하는 것이었다. 량원건 회장은 이샤오강에게 이 세계기록을 깨야 한다고 설파했다. 그 기록을 깨야 세계 시장에 명함을 내밀 수 있다는 것이었다.

이샤오강은 이후 새로운 펌프카를 개발하기 위해 아예 창사의 공장에서 기술자들과 숙식을 같이하는 강행군을 이어갔다. 하지만 세계적 다국적 기업들도 쉽지 않을 슈퍼 펌프카 개발은 계속 실패를 거듭했다. 그럼에도 그는 계란으로 바위를 치는 듯한 우직한 행보를 이어갔다.

그러던 어느 날 드디어 2년에 가까운 노력은 결실을 맺었다. 슈퍼 펌프카가 탄생한 것이다.

2002년 9월 홍콩의 중심지인 침사초이(尖沙咀)에 높이 415미터를 자랑하는 '홍콩국제금융빌딩' 시공 현장에서 콘크리트를 끝없이 위로 운반하는 데 성공했다. 기록은 406미터로, 기존의 싼이 기록인 300미터에서 거의 100미터 이상 더 올려 보내는 기록을 이룬 것이었다. 이로써 설립된 지 불과 15년 남짓한 싼이중공업의 기술력은 완벽하게 입증됐다. 게다가 싼이는 다른 중국 기업과는 달리 애프터서비스도 나쁘지 않았고 각종 건설 장비의 값도 저렴했다. 또한 국제시장을 파고드는 데도 어려움이 없었다. 그러자 싼이의 제품들은 본국인 중국 외에도 터키, 대만, 마카오, 동유럽, 아프리카, 동남아시아, 중동, 러시아, 남미 등지 국가와 여러 지역에 대량으로 팔려나갔다.

해외에서 싼이중공업의 약진은 통계에서도 그대로 드러난다. 앞에서 말했듯 현재 130여 개 국가에 진출해 있을 뿐 아니라 80개 국가에는 각종 제품들을 수출하고 있다. 해외 지사는 30여 개에 이르고 물류 센터도 15개에서 조만간 20여 개로 늘어날 전망이다. 기술 수준 역시 짧은 역사에 비하면 대단해 국제적으로 인정을 받는 특허를 100개 가까이 보유하고 있다. 2003년 10월 당시 중국공산당 총서기와 중국 국가주석 자리에 오른 지 불과 1년여 밖에 안 된 후진타오가 싼이중공업을 방문해 그를 격려한 것도 다 이런 이유가 있었기 때문이다.

싼이의 실적을 보면 기록적인 성장을 일삼던 한국 기업도 놀라 자빠질 정도다. 싼이는 1억 위안 매출을 달성한 지 불과 14년 만인 2007년에 180억 위안(3조 2,400억 원)의 매출을 달성했다. 그 짧은 기간에 무려 180배의 엄청난 성장을 한 것이다. 따라서 당시 성장세를 감안해보면 5년 내 1,000억 위안(18조 원)의 매출액을 달성하겠다는 목표도 별로 놀랄 일이 아니었다. 다소 무리한 것처럼 보였던 그 목표는 2015년 2,000억 위안(36조 원)대 매출액을 달성하겠다는 목표로 이어졌다. 설령 2015년에 이 목표를 이루지 못한다고 해도 그동안 싼이중공업이 걸어온 길을 생각하면 충분히 상정할 수 있는 매출 목표였다.

편한 길 외면한 돈키호테, 중국 재계의 주류로 우뚝 서다

만일 량원건이 샤하이에 나서지 않았다면 인생을 보다 편안하게 살 수 있었을지도 모른다. 아니 학력이나 능력으로 볼 때 운이 좋았다면 지금쯤 중국 국무원에서 부부장(차관)이나 부장(장관) 정도의 자리에 올라 있을지도 모른다. 설사 그렇지 않더라도 최소한 국영기업의 사장 자리 정도는 꿰차고 있을 가능성도 있다. 그러나 그는 30대 초반에 이런 미래의 가능성을 과감하게 걷어차 버렸다. 아무리 집어던져도 깨지지 않는다는 이른바 '철밥통'을 걷어찬 것이다.

한때 주변 사람들이 그를 주제파악조차 못하는 돈키호테라고 빈정거린 것은 너무나 당연했다. 그러나 그는 지금 중국 재계의 주류로 우뚝 서 있다. 그가 이처럼 당당하게 주류로 명함을 내밀게 된 결정적인 계기는 2005년에 있었다. 그해 4월 중순 량원건은 창업 동지들을 비롯한 대주주들을 극비밀리에 불러 모아 중국 자본시장 역사상 처음으로 주식분할(株式分割)을 시도했다.

주식분할은 회사의 가치에 부정적인 영향을 미칠 가능성이 컸다. 탕쉬규를 비롯한 대주주들은 깜짝 놀랐다. 굳이 주식분할을 해서 싼이중공업에 유동성 문제가 있지 않느냐는 부정적인 소문이 나게 할 필요가 없었던 것이다.

그러나 량원건은 경영상의 추진 동력을 얻기 위해, 또 이를 통해 중국 자본시장의 기능을 완전하게 만들 필요가 있다고 판단했다. 먼저 주식분할을 하면 앞으로 이런 풍토가 정착될 것이고 그러면 중국의 자본시장은 활성화돼서 국가에 도움이 된다는 생각이었다. 지금까지 국가로부터 도움만 받았기 때문에 이제는 도움을 줘야 할 차례라는 것이다.

량원건은 대주주들 앞에서 말했다.

"큰 돼지와 작은 돼지가 우리에 갇혀 있다고 합시다. 그런데 바로 그 우리의 벽에 사료가 걸려 있습니다. 이 경우 큰 돼지와 작은 돼지 모두 사료를 먹을 수 없습니다. 당연히 모두 살려면 큰 돼지가 그 사료를 끌어내려야 합니다. 큰 돼지가 그 사료를 끌어내리지 못하면 큰 돼지뿐 아니라 작은 돼지도 굶어야 합니다. 우리는 어떻게 보면 큰 돼지입니다. 분배에 신경을 써야 합니다."

이렇게 해서 싼이중공업은 중국 증시 사상 최초로 주식분할에 나섰다. 5월 9일에는 정식으로 주주들에게 10주당 3.5주씩을 더 주고 8위안까지 얹어주는 주식분할 방식을 발표했다. 시장의 반응은 좋았고 언론에서는 연일 기업의 작은 한 걸음이 중국증권시장에 큰 한 걸음이 됐다는 찬사를 쏟아냈다.

량원건은 한마디로 고양이 목에 방울을 달았다고 할 수 있었다.

누군가는 풀어야 할 골치 아픈 문제를 그가 과감히 뛰어들어 해결한 것이다. 이후 중국 증시에서 비교적 주식분할이 자연스러운 일이 됐다. 그가 적극적으로 총대를 멘 덕분이었다. 그의 희생정신은 곧바로 보답으로 이어졌다. 2005년 중국중앙방송국(CCTV)에 의해 '올해의 중국경제인물'에 선정된 것이다. 이후부터 그는 엄청난 재산을 가진 자본가일 뿐 아니라 중국 재계에서 가장 막강한 영향력을 행사하는 주류 인물이 되었다.

그는 2012년 2월 차기 중국공산당 총서기에 오를 것이 확실한 시진핑(習近平·61) 국가 부주석이 미국을 방문했을 때 부주석과 동행한 중국 재계 지도자 12명 중 한 명으로 이름을 올렸다. 자신이 중국 재계에서 차지하는 위상을 만천하에 보인 것이다. 그러나 그의 진짜 위상을 실감하려면 당시 부주석과 동행했던 일행의 면면을 보면 비로소 알 수 있다.

우선 운용하는 자금이 4,100억 달러 규모에 이른다는 '중국투자공사

(CIC)'를 이끄는 러우지웨이(樓繼偉·64) 회장을 꼽아야 할 것 같다. 러우 회장은 유럽의 부국에서도 투자를 받기 위해 초청 대상 1순위로 올려놓은 인물이라는 사실만 상기해도 그가 어느 정도 거물인지는 어렵지 않게 알 수 있다. 또한 저장성 항저우(杭州) 소재 '완샹(萬向)그룹'의 루관추(魯冠球·69) 회장도 거론해야 한다. 루 회장은 한때 중국 부호 랭킹 10위 내에 이름을 올렸고 2011년에는 후진타오 당시 총서기 겸 국가주석이 두 번이나 만났을 정도로 중국 재계의 거물이기 때문이다.

그가 중국 재계의 주류로 우뚝 서 있다는 사실은 2012년 10월 '중국공산당 18차 전국대표대회'에서 204명이 정원인 중앙위원회 위원으로 선출될 것이라는 소문으로도 확연하게 드러났다. 전체 당원이 8,000만 명이 넘는 공산당의 중앙위원회는 한마디로 중국 최고 당정(黨政) 인재풀이다. 이 안에 들지 못하면 부장이나 성장 등의 고위직으로 진출하는 것이 불가능하다. 따라서 중앙위원회 위원으로 진출할지도 모른다는 소문은 중국공산당원이기도 한 그가 부장이나 성장이 되지 말라는 법도 없다는 사실과 통한다. 그가 명실상부한 최고위직 홍색자본가가 될 가능성이 높다는 얘기였다. 물론 지금도 중앙위원회 위원까지는 아니더라도 나름대로 꽤 높은 당정 지위에 있는 홍색자본가들이 없는 것은 아니다. 아니 잘 찾아보면 이루 헤아릴 수 없이 많다. 〈후룬리포트〉의 리스트에 올라 있는 1,000명의 자본가들 중에서만도 약 15%인 150여 명이나 되는 것으로 파악되고 있고 이 중 70여 명은 정치협상회의 위원으로도 활약하고 있다.

당연히 이런 현상에 대한 부정적인 여론이 없는 것은 아니다. 예컨대 최근 극좌파를 대변하는 가장 유력한 포털 사이트인 '유토피아' 같은 곳에서는 "중국의 최고 부자가 인민 대중을 대표하는 것은 불가능하다. 당원으로 받아들인 것만 해도 감사해야 한다."거나 "자본가의 공산당 입당 자체가 공산당의 타락을 방증하는 것이다."라는 등의 비판적인 글이 실리기도 한다.

그럼에도 그는 의연하다. 중앙위원회 위원이라는 결코 만만치 않은 자리가 눈앞에 어른거릴 법도 하건만 전혀 행동의 변화를 보이지 않는다. 이를테면 "하루의 계획은 새벽에 세워야 한다. 하루에 가장 일하기 좋은 시간도 바로 아침이다."라는 자신의 신념대로 거의 매일 아침 일찍 일어나 하루를 준비한다. 이 때문에 싼이중공업의 고위 임원들도 아침에 식사를 하면서 그에게 오전 업무를 보고하는 것이 습관화되어 있다. 그러므로 싼이중공업의 일상 업무 결정도 대부분 이 시간에 내려진다.

량원건은 창업 당시부터 "중국에서 세계적인 브랜드를 만들어내겠다."라는 꿈을 버린 적이 없었다. 그러나 그가 생각하기에 싼이중공업의 위상은 아직 본궤도에 올라섰다고 하기 어렵다. 매출액이나 기술 수준으로 볼 때 그렇다. 그가 최근 전공 분야를 넘어 초경량 합금 재료, 대형 버스제조업, 인터넷 통신 설비 등의 분야에까지 적극적으로 진출을 노리는 것은 모두 이 때문이라고 해야 한다. 그는 중국 재계의 주류로 올라섰으나 싼이중공업은 아직 갈 길이 먼 만큼 더욱 분발해야 한다는 얘기가 아닐까 싶다.

## 초심을 잃지 않는 사람 본위의 경영 전략

량원건이 가장 중요하게 생각하는 것은 자신이 창업한 싼이중공업을 최소한 몇 세대가 가는 기업으로 만드는 것이다. 하기야 세상의 모든 기업가나 자본가들 중에서 이런 생각을 하지 않는 사람이 있을까? 망하기 위해 있는 돈 없는 돈 긁어모아 사업에 뛰어드는 사람은 없으니까 말이다.

그러나 몇 세대 가는 기업을 만드는 것은 말이 쉽지 결코 쉬운 일이 아니다. 어쩌면 거의 불가능할지도 모른다. 이는 자본주의의 총본산인 미국의 사례를 봐도 증명된다. 기업의 평균 수명이 길어야 40년이라는 것이 경

독일 최대 콘크리트펌프 업체인 푸츠마이스터를 인수한 싼이중공업.
유럽에서의 시장 확대와 기술력을 한 단계 더 높여줄 것으로 보인다.

영학을 전공하는 미국 학자들의 일반적인 진단이다. 심지어 일부 비관적인 학자들은 평균 13년이라는 극단적인 주장까지 한다. 이 주장은 솔직히 미국의 경제 잡지 포천Fortune이 선정하는 500대 기업의 평균 수명이 채 40년이 되지 않는다거나 일본의 100대 기업 평균 수명이 30년이라는 사실에 비춰보면 크게 비관적인 것도 아니다.

그렇다면 중국 기업들의 수명은 어느 정도일까 하는 의문이 생긴다. 중국학자들의 연구에 의하면 고작 2.9년에 불과하다. 보통 30년으로 보는 한 세대의 10분의 1도 채 되지 않는다. 량원건의 희망이 불로초를 구하기 위해 동분서주하던 진시황의 불가능한 욕망과 같다고 하면 지나친 표현일까? 미국의 사례나 중국의 현실을 감안하면 전혀 그렇지 않다고 말하기도 어렵다.

어쩌면 량원건 자신의 대에서 싼이중공업이 조용히 사라지지 말라는 법도 없다. 그 역시 이 사실을 모르는 게 아니다. 그럼에도 그는 중국 언론에 기회가 있을 때마다 자신의 회사가 역사에 남을 기업이 될 것이라는 자신감을 피력하곤 한다. 그의 이런 자신감은 도대체 어디서 나오는 것일까? 간단하다. 싼이중공업을 지탱하는 맨파워를 믿기 때문이다. 요컨대 사람만이 장수 기업의 필요한 조건의 알파요 오메가라는 사실을 믿어 의심치 않는다는 얘기다. 그는 실제로 창업 초창기부터 사람의 중요성을 절감했던 사람이다. 그가 근무하던 훙위안기계공장에서 가장 뛰어난 능력을 보인 세 명의 창업 동지들을 유심히 살펴보고 후일 창업 과정에서 끌어들인 것은 그의 이런 믿음을 증명해 준다.

인재에 대한 그의 갈망은 싼이중공업을 창업한 다음해인 1992년에도 폭발적으로 발산됐다. 사업이 본격적으로 궤도에 오르자 평소 생각이 다시 뇌리에 떠오르기 시작한 것이다. 이 시기 싼이중공업은 웬만큼 능력만 있어도 데려와 써야 할 정도로 인력 부족에 허덕이고 있었다. 그는 어느 날 탕쉬궈와 함께 이 문제에 대해 의논했다.

탕쉬궈는 샹원보(向文波)를 추천했다. 그들보다 여섯 살 정도 후배인 샹원보는 후난대학에서 기계공학을 전공하고 랴오닝성의 다롄(大連)에 있는 다롄이공대학에서 재료공학 석사 학위를 받은 사람이었다. 더구나 샹원보는 일찌감치 훙위안기계공장에서 일했었다. 량원권은 그와 가깝지는 않았지만 그를 기억하고 있었다. 그는 최근 고향 이양(益陽)으로 돌아가 트랙터 공장 공장장으로 있다고 했다.

며칠 후 량원건은 자신의 집무실에서 샹원보와 마주 앉았다. 여전한 동안(童顔)에 진실해 보이는 모습이 마음에 들었다. 오래 못 본 동안 중후함까지 몸에 배어 있었다.

량원건은 샹원보를 이사로 영입했다.

량원건은 이후 이런 식으로 인재를 끌어 모았다. 1992년에는 왕줘춘, 이듬해에는 저우푸구이를 영입했다. 또 1996년에는 이샤오강을 영입해 비로소 중국 재계에서 전설처럼 불리는 싼이중공업의 9인 이사회를 구축할 수 있었다. 모두가 그 무엇보다 인재를 중시하는 량원건의 초심이 가져온 결과라고 볼 수 있다.

### 량원건의 신뢰가 만든 싼이중공업 사람들

량원건은 인재에 대한 무한 신뢰라는 가치관을 말로만 강조하지 않았다. 직접 행동으로 실천하기도 했다. 무엇보다 그는 자신의 주식을 아끼지 않고 영입한 인재들에게 조금씩이나마 증여했다. 영입할 때마다 했던 약속을 지킨 것이다.

우선 그는 1999년 자신의 주식 2%를 연구·개발에 탁월한 실적을 올린

싼이중공업의 대표 상품인 대형 포크레인.
싼이 제품은 가격 대비 품질이 우수한 것으로 평가받는다.

이샤오강에게 넘겼다. 이샤오강이 싼이중공업의 발전에 가장 크게 기여했다는 판단에 따른 결정이었다. 당연히 그는 나머지 창업 공신들과 영입 인재들도 섭섭하게 대우하지 않았다. 그는 이를 위해 2000년 초부터 지주회사 설립을 꾸준히 계획하고 있었다. 하루는 그가 예정에도 없는 9인 이사회를 소집했다. 미리 준비한 말이 그의 입에서 흘러나왔다.

"우리 회사는 지금 쾌속 발전을 하고 있습니다. 한때는 외국 회사들이 중국의 건설장비업계의 95%를 차지한 적 있습니다. 그러나 지금 이 비율은 계속 떨어지고 있습니다. 잘하면 몇 년 안에 50% 아래로 떨어질 가능성이 높습니다. 중국 건설장비업계가 이런 비약적인 발전을 한 것은 무엇보다 우리의 역할이 절대적이었습니다. 나는 정말 이에 대해서는 자부심을 느낍니다. 더불어 회사의 발전에 공이 많은 여러분들에게 보답을 해야 한다는 생각도 합니다. 지주회사를 설립하는 것입니다. 우리 회사를 실질적으로 지배하는 회사 말입니다. 그러면 지배구조도 투명해지고 여러분에게도 주식을 드릴 수 있습니다."

일제히 탄성을 터뜨렸다. 누가 생각해도 썩 좋은 아이디어였던 것이다.

이렇게 해서 '싼이쿵구(三一控股)'라는 지주회사를 만들었다. 주식을 출자금과 각자의 권한에 따라 나눴다. 량원건의 생각은 빠르게 현실화되어 2000년 10월에 싼이쿵구가 공식 출범했다. 이때 이사들의 주식도 그의 생각대로 분배됐다. 우선 그가 최대 주주로 56.98%를 보유하고, 나머지 세 명의 창업 공신인 탕슈궈, 마오중우, 위안진화가 각각 8.96%, 7.72%, 7.72%를 배분받았다. 또 영입 이사들 중에서는 가장 먼저 합류한 샹원보가 마오, 위안과 똑같은 7.72%를 보유하게 됐다. 그리고 저우푸 구이와 이샤오강, 왕줘쮼도 각각 3.86%, 1.93%, 0.97% 주식을 소유하게 됐다. 마지막으로 사실상 회사의 고문 역할을 했던 창업 공신 자이덩커도 0.97%의 주식을 받아 소외되지 않았다.

싼이중공업이 2003년 6월 주식시장에 상장되자 이들은 당연히 대박을 터뜨렸다. 각각 수억 위안에서 수십억 위안의 부호가 됐다.

이 인재들은 재산만 많은 것이 아니라 하나같이 핵심 요직을 꿰차고 있었다.

탕슈궈는 싼이중공업의 지주회사인 싼이쿵구의 회장을 맡고 량원건의 뒤를 잇는 명실상부한 2인자 자리를 완전히 굳혔다. 마오중우도 계열사인 싼이중장비 회장을 거친 다음 싼이전기 회장으로 창업 공신의 대우를 받았고 능력도 나름 뛰어나기 때문에 꽤 장수할 CEO로 불렸다.

위안진화는 싼이중공업 브라질 지사 사장과 싼이중기 회장을 역임한 후 고급부총재로 일했고 샹원보는 싼이중공업의 부사장, 수석 부사장, 사장을 차례로 거친 다음 총재로 일했다.  또 싼이중공업의 총재를 역임한 이샤오강은 기술 부문을 책임지는 임무를 맡았다. 박사학위 소지자답게 교수로도 활약했다. 이 밖에 저우푸구이와 왕쥐춘은 각각 싼이중공업 부총재와 고급 부총재의 자리에서 힘을 보탰다.

이들은 대우도 상당히 높게 받았다. 모두들 최소 60만 위안(1억 800만 원)에서 200만 위안(3억 6,000만 원)까지의 연봉을 받았다. 미국을 비롯한 서방 기업의 CEO들과는 비교가 안 되나 중국 안에서는 고액의 연봉이었다. 이처럼 싼이는 인재에 대한 진정성이 있는 데다 대우까지 파격적이니 뛰어난 인재들이 몰릴 수밖에 없다. 중국에서도 내로라하는 기업들인 '화웨이(華爲)'나 '위안다(遠大)' 같은 회사의 직원들조차 싼이중공업으로부터 스카우트 제의를 받으면 열에 아홉이 응하는 것은 다 이유가 있어 보인다.

재무 책임자인 자오샹장(趙想章·49), 싼이중공업의 미래를 책임질 인재라는 평가를 듣는 단다웨이(段大爲·41)를 비롯해 허둥둥(賀東東·47), 황젠

위용을 드러내고 있는 싼이의 고가 트레인

중국을 움직이는 **CEO**들

룽(黃建龍·51), 류진장(劉金江·51), 샤오유량(肖友良·46) 등은 모두들 이런 싼이중공업의 매력에 푹 빠져 합류한 인재들로 손꼽힌다. 량원건은 이들을 실망시키지 않았다. 일부에게는 스카우트되는 즉시 이사 자리를 주는 파격을 보여주기도 했다.

### 다른 자본가와는 확실히 다른 사회 공익 행보

량원건은 현재 싼이에서 경영수업을 받고 있는 자신의 외아들인 량예중(梁冶中·30)에게 싼이를 물려주려고 생각하고 있다. 서방의 시각으로 보면 이 점에서는 꽤 아쉬움이 있다. 그럼에도 그는 상대적으로 중국 내 다른 자본가보다 높은 평가를 받고 있다. 개인과 집단의 이익도 중요하게 생각하지만 공익에도 눈을 돌리는 기업가로 인식되고 있기 때문이다. 특히 자선에 있어서는 중국 최고 자선 자본가로 불리는 '펑녠(彭年)실업'의 위펑녠(余彭年 2015년 91세를 일기로 사망) 회장의 뒤를 이을 가능성이 높다는 말을 듣기도 했다. 그는 실제로도 적지 않은 재산을 자선사업에 쓰고 있다.

우선 그는 고향인 마오탕진에 거액을 꾸준히 기부하고 있다. 전체 금액이 6,000만 위안(100억 원)을 헤아리는 것으로 알려지고 있다.

또 15킬로미터에 이르는 고향 인근 다오퉁(道童)촌의 아스팔트를 수리하는 비용 200만 위안도 그의 개인 돈에서 나갔다고 한다.

교육 사업에도 돈을 아끼지 않았다. 지금은 후난성의 명문으로 발돋움한 싼이고등학교를 설립하기 위해 2,000만 위안(36억 원) 이상을 희사한 것이다. 그뿐만 아니라 2008년 금융위기가 발생했을 때는 일부 임원들의 연봉은 90%나 깎으면서도 모교인 중난대학에는 3,000만 위안(54억 원)을 기부해 싼이연구원 빌딩을 건축하도록 했다.

이에 대해 샹원보는 당시 한 언론에 다음과 같이 토로한 바 있다.

"우리 회사는 금융 위기 속에서도 직원들을 감원해서는 절대로 안 된다고 생각했다. 임금을 깎아서도 곤란하다는 합의가 이사회에서 도출됐다. 그렇다면 방법은 경영진이 솔선수범해 임금을 깎는 길 외에는 없었다. 그래야 회사의 모든 임직원들에게 위기라는 경각심을 불러일으킬 수 있었으니까."

그럼에도 량 회장은 중난대학에 3,000만 위안을 기부했다. 아무리 회사가 어렵더라도 약속은 지켜야 했기 때문이다.

통계만 봐도 그가 자선에 관심을 가지고 있다는 사실은 증명된다. 2010년에만 1,533만 위안(27억 5,000만 원)을 사회적 약자와 공익을 위해 기부한 것으로 파악되고 있다. 자선에 관심을 기울인 자본가 중에서 96위를 차지했다.

물론 일부 비판적인 사람들은 그가 보유한 재산에 비하면 너무나 인색하다고 주장한다. 또 싼이중공업이 수십 대의 마이바흐와 8,000만 달러나 하는 자가용 비행기를 구입하는 행보로 볼 때는 자선에 아예 관심이 없는 사람이라고 비난을 하기도 한다. 솔직하게 말하면 그렇지 않다고도 하기 어렵다. 1년에 10억 위안(1,800억 원) 이상을 기부하는 등 하도 자선사업에 많은 재산을 탕진해서 1,000명이나 랭킹에 올라가는 〈후룬리포트〉에조차 이름을 올리지 못하는 위펑녠 회장과 비교해 보면 더욱더 그렇다고 할 수 있다.

그러나 그를 잘 아는 주변 사람이나 우호적인 언론은 다르게 생각한다. 우선 그의 재산은 대부분 싼이중공업의 주식으로 이뤄져 있기 때문이다.

주식을 처분할 경우 지배구조에 문제가 생기게 된다. 달리 말하면 주식 외의 재산은 별로 없다는 얘기다. 이는 그의 일상생활이 지극히 검소한 것만 봐도 잘 알 수 있다. 특별한 일이 없는 한 거의 매일 회사에서 직원들과 숙식을 같이하는 것은 설사 남에게 보이기 위한 쇼라고 해도 실행하기가 정말 쉽지 않은 일이다. 또 마이바흐와 자가용 비행기도 변명의 여지가 있다. 량원건만이 이용하는 것이 아니라 탕슈궈를 비롯한 다른 고위 임직원들도 출장이나 공용 업무에 수시로 이용하기 때문이다. 일부의 비난이 다소 초점에서 벗어나고 그를 위한 변명이 나름대로 논리가 있는 것은 그와 싼이중공업의 공익을 위한 행보들을 살펴보면 수긍이 간다.

우선 2011년 3월 11일에 발생한 동일본 지진 사태와 관련한 행보부터 살펴봐야 할 것 같다. 당시 일본은 이 지진으로 치명적인 타격을 입었다. 아무리 자존심이 강한 일본이라고 해도 주변 국가들에 지원을 요청하지 않을 수 없었다. 특히 도쿄전력이 운영하는 후쿠시마 제1원전의 화재가 걷잡을 수 없는 재앙으로 번지고 있었을 때는 체면이고 뭐고 가릴 처지가 아니었다. 이때 싼이중공업도 지원 요청을 받았다. 3월 19일이었다. 샹원보는 즉각 량원건에게 보고했다.

샹원보는 후쿠시마 원전의 불을 끄기 위해서는 펌프카가 필요하다고 생각했다. 량원건은 62미터짜리 펌프카를 일본으로 보냈다.

당연히 이 펌프카는 유용하게 사용됐다. 당시 후쿠시마 원전의 높이는 46미터에 이르렀다. 여기에 붙은 불을 끄기 위한 물을 쏟아 부으려면 펌프카의 높이가 최소한 56미터는 돼야 했다. 그러나 일본 국내에서 생산되는 펌프카의 높이는 한결같이 50미터 이하였다. 지금도 그렇지만 56미터 이상의 펌프카를 제조할 수 있는 업체는 세계에서 싼이중공업을 비롯해 세 회사밖에 없었다. 싼이는 세계에서 가장 높은 72미터의 펌프카를 제조할 수 있었으므로 일본이 도움을 요청한 것이었다.

싼이중공업이 일본으로 보낸 펌프카는 맹활약을 했다. 이 과정에서 예상치도 못한 효과도 거뒀다. 싼이중공업의 브랜드가 세계에 널리 알려지게

175

된 것이다. 더불어 싼이중공업의 량원건이 보여준 공익정신도 아낌없는 갈채를 받았다. 그의 행동에 일본 재계 인사들이 일면식도 없는 그에게 감사 편지를 보내기도 했다. 공익을 위한 활동이 오히려 돈으로 따질 수 없는 엄청난 홍보 효과를 거둔 것이다.

해외에서 공익을 위한 싼이중공업의 활약은 이것보다 약 7개월 전에도 있었다. 2010년 8월 칠레 산호세의 구리 광산이 무너지면서 30여 명의 광부가 매몰되자 자사의 캐터필러 크레인 SCC4000을 보내 시뮬레이션 작업에 활용하게 한 바 있다. 이때에도 싼이중공업의 크레인이 매몰 광부들을 살아 돌아오게 만드는 데 결정적인 역할을 했다는 평가를 받았다.

자선사업 못지않게 높이 평가되는 그의 공익을 위한 노력은 이것뿐만이 아니다. 2004년 창사를 비롯한 후난성 일대 기업들의 구조조정으로 일자리를 잃은 실업자가 적지 않았다. 일부는 생활고를 견디지 못해 극단적인 선택을 하기도 했다. 그러나 경기는 좀처럼 좋아질 기미를 보이지 않았다. 그러자 량 회장은 이들 중 일부를 취업시켜야겠다는 생각을 가졌다. 당연히 회사 내부에서는 반대가 많았다. 그러나 그는 자신의 의사를 굽히지 않고 결국 4,000여 명의 인력을 싼이중공업과 일부 계열사에 취업시켰다. 도박에 가까웠던 이 선택은 회사가 승승장구하고 있었으므로 별다른 무리 없이 성공적으로 끝났다.

언론에 따르면 량원건은 종종 주변의 지인과 가족에게 자신의 어머니를 회상하는 얘기를 들려준다고 한다. 자신이 왜 자선과 공익사업에 적극적인지를 설명하기 위해서이다.

"내가 어렸을 때 어머니와 나는 함께 우물로 물을 길러 갔어. 물을 기를 때마다 어머니는 항상 두레박의 밧줄을 당신 몸 쪽으로 가깝게 가져갔지. 내가 드는 밧줄을 가볍게 하려고 말이야. 나는 그때의 일을 잊지 못하겠어.

아마 한평생 내 기억 속에서 지워지지 않을 거야. 아마 그런 어머니의 사랑이 없었다면 오늘의 나는 없었을 거야. 내 사업도 당연히 없었겠지. 나는 내가 받은 이런 사랑을 사회와 국가에 헌신하는 것으로 보답하려고 해. 그래서 기업인이 되려고 했는지도 모르지."

량원건은 자신이 보유한 부에 비해 자선에 쓰는 돈의 액수가 터무니없이 적다는 사실을 모르는 게 아니다. 또 자신에 대한 일부의 비난에도 귀를 막지 않고 있다. 하지만 그의 어머니에 대한 회상으로 미뤄볼 때 적절한 시기가 오면 경영권이 흔들리지 않는 범위 안에서 자신의 부를 사회에 환원할 가능성이 없지 않다. 그에 대해 우호적인 재계 인사들이 그가 조만간 제2의 위펑녠이 될 수도 있다는 전망을 괜히 하는 게 아니다.

동종업계 세계 최고 기업으로 거듭 태어난 싼이의 량원건

말할 것도 없이 량원건의 야심은 중국에만 머무르지 않았다.

중국 시장이 아무리 크더라도 세계를 지향하지 않으면 명실상부한 글로벌기업이 되지 못할 거라고 생각한다는 이야기다. 량원건이 매출액의 5~6%에 불과한 싼이중공업의 연구개발비(R&D) 투자 규모를 향후 10%로 늘리려고 하는 것도 다 이런 야심과 무관하지 않다.

싼이중공업은 이런 야심 실현을 위해 2012년 초, 량원건의 지시 아래 태스크포스를 구성해 향후 3~5년의 청사진을 확정지었다. 이에 따르면 국가 경제에 기여하기 위한 수출 목표는 대폭 늘어나는 수준으로 잡혀 있었다. 현재 총매출액에서 차지하는 6%의 수출 비중을 향후 3년 내지 5년 안에 20~30%로 늘린다는 계획이었다.

투자도 대대적으로 하는 방향 아래 2012년의 투자규모는 2011년보다 30%가량 늘어난 150억 위안(2조 7,000억 원) 전후로 잡았다. 중국 정부가

넘치는 달러를 통해 '저우추취(走出去)'를 적극 권장하고 싼이중공업이 이에 호응할 경우 규모는 더욱 커질 가능성도 있다. 이 중 해외 투자 내용을 보면 인도와 미국, 브라질 등에 새롭게 건설장비 연구개발 및 생산 공장을 건설하는 계획이 단연 돋보인다. 이 계획은 싼이중공업이 거의 전 대륙에 연구 개발 및 생산 거점을 두게 되는 것이었다. 전체적으로는 대략 5억 달러(5,500억 원)가 투자될 계획이었다.

세계 초일류 기업이 되기 위해서 반드시 필요한 선진 기술 도입을 위해 중국 내에서도 해외 메이저 기업과의 합작도 일부 이뤄져 싼이중공업 산하의 '싼이자동차기 중기기계회사'가 오스트리아 팔핑거그룹의 자회사인 '팔핑거아시아태평양주식회사'와 2012년 2월에 체결한 계약을 보면 잘 알 수 있다. 양사는 기중기를 비롯한 여러 장비들을 생산하기 위해 창사에 공동으로' 싼이팔 핑거 차량장비주식회사'를 설립한다는 내용의 계약을 체결했다. 이 사업의 총투자액은 9억 위안(1,620억 원)으로 양사가 각각 50%씩 투자하는 프로젝트였다.

량원건은 궁극적으로 싼이중공업을 세계 500대 기업으로 진입시킬 야심을 가지고 있다. 이렇게만 되면 건설장비 업계에서는 세계 최고를 지향하는 발판을 마련할 수 있다. 량원건 개인적으로는 이 시기를 2020년 전후로 잡고 있지만 2012년의 위상만 놓고 봤을 때는 글로벌 500대 기업에 진입하는 것이 그리 쉬운 일만은 아닐 듯하다.

그러나 그동안 보여줬던 쾌속 성장이나 중국 기업 중 시가총액 1,000억 위안(18조 원)을 유일하게 돌파했던 기업이라는 사실에 비춰보면 기적이 일어나지 말라는 법도 없다. 더구나 싼이중공업은 계열사를 무서운 속도로 늘려가는 등 몸집을 불리고 있다. 주요 계열사로는 싼이중기, 싼이자동차 기중기기계, 싼이중장비, 홍콩신리헝(新利恒), 싼이통신, 싼이궈지, 싼이

전기, 싼이에너지중공업 등이 있고, 외국 일부 계열사들과 지사들까지 포함하면 싼이그룹의 계열사는 20개가 훨씬 넘는다. 더욱 고무적인 점은 이들 업체가 모두 문어발이 아닌 나름대로 독자적인 경쟁력을 가진 관련업계 업체들이라는 사실이다.

여기에 량원건이 가장 중요하게 생각하는 사람에 대한 투자를 감안하면 시너지 효과를 통해 쾌속 발전할 가능성도 농후하다. 직원들에 대한 대우를 보면 바로 확인된다. 현재 싼이중공업을 비롯한 산하 계열사의 직원들은 3만 명 가까운 숫자지만 이들은 특별한 경우가 아닌 한 대부분 사내의 기숙사나 회사에서 임대해준 아파트에 거주한다. 기숙사 비용도 무척 저렴하다. 외부 숙소의 경우 아파트 임차료가 고작 200위안(3만 6,000원)에 불과하다.

사내 기숙사는 웬만한 고급 아파트 단지를 방불케 할 정도로 환경도 좋다. 화단과 녹지는 기본이고 헬스클럽, 세탁소, 마트, 식당 등이 모두 구비돼 있다. 숙소의 방에는 모든 전자제품들이 하나도 빠짐없이 들어가 있다. 직원 자살이 속출하는 광둥성 선전의 대만계 애플 하도급 업체인 팩스콘 직원들이 직면한 환경과는 달라도 너무 다르다. 싼이중공업에 유난히 다른 대기업 근무 경험이 풍부한 임직원들이 많은 것은 이런 이유 때문이다. 직원들이 식당에서 먹는 모습을 보면 이런 단정은 더욱 굳어질 수밖에 없다. 직원, 엔지니어, 부장, 사장급들을 위한 식당들이 따로 마련돼 있지만 그렇다고 음식 수준에 큰 차이가 나는 것도 아니다. 각자의 신분에 맞는 분위기에서 저렴한 음식을 마음껏 먹을 수 있어 직원들도 불만이 없다.

임금 수준도 동종업계 최고라 해도 좋다. 대학을 갓 졸업해도 초봉 월 4,000위안(72만 원)을 보장받는다. 학력이 높을수록 초봉은 약 20~30%씩 높아지고 만약 대학을 졸업하지 못한 직원들이 있으면 공부도 할 수 있도록 지원해 준다. 또 대학을 졸업한 직원은 당연히 대학원에 진학할 수 있고 이때 학비는 전액 회사에서 부담한다.

량원건은 임직원들의 사기 진작을 위해 전혀 예상치 못한 보너스를 지급하는 파격을 종종 보여주기도 한다. 대표적인 해가 바로 2007년이었다. 전년도에 비해 무려 65% 늘어난 135억 위안(2조 4,300억 원)의 매출액과 40억 위안(7,200억 원)의 순익을 올리자 그야말로 통 크게 골든 벨을 울렸다.

이때 기술 분야를 총괄하는 이샤오강 집행 총재는 무려 연봉의 수십 배에 해당하는 1,222만 위안(21억 9,900만 원)을 받는 횡재를 했고, 재무 담당 책임자인 자오샹장은 1,002만 위안(18억 원), 재무 총감인 단다웨이는 195만 위안(3억 5,000만 원)에 달하는 보너스를 받았다. 또 21명의 우수 직원들도 각각 2~3년치 연봉에 해당하는 10만 위안(1,800만 원)을 보너스로 받고 감격의 눈물을 흘렸다.

보너스와 관련해 더욱 감동적인 이야기도 있다. 2008년 3월 초 이후 후난 일대 언론에 거의 일주일 동안 대서특필된 이 얘기의 주인공은 지금은 고인이 된 싼이중공업의 리빙(李氷) 전 부사장이다. 후난성 이양이 고향인 그는 1988년 산시(陝西)성 시안(西安)의 창안(長安)대학 기계학과를 졸업한 후 1998년까지 모교 교수로 일했다.

그러다 샹원보에 의해 싼이중공업 연구원 원장으로 스카우트돼 많은 실적을 올렸으나, 부사장으로 승진한 지 얼마 안 된 2005년 초 지병으로 유명을 달리 했다. 겨우 39세의 아까운 나이였다. 이때까지는 그저 며칠 동안 인재를 잃었다는 정도의 애석함만이 싼이중공업 내부에 흘렀을 뿐이었다.

그러나 3년 후인 2008년 3월 1일 싼이중공업의 직원들은 깜짝 놀랐다. 싼이중공업에서 상징적으로 특별하게 여겨온 이날 량원건이 리빙의 공로를 기리기 위해 무려 3,500만 위안(63억 원)의 포상금을 가족에게 준다고 발표한 것이다. 그뿐만이 아니었다. 가족에게는 평생 부사장 가족에 준하는 대우를 해준다는 약속도 했다. 부인인 쉬웨이신(徐偉欣·46)이 그 자리에서 포상금의 10분의 1에 가까운 318만 위안(5억 7,000만 원)을 어려운 사람들을 위한 기부금으로 희사한 것은 이상할 것도 없었다.

싼이중공업의 생산성은 확실히 세계 수준에 미치지 못한다. 한국에 비해서도 많이 떨어진다는 것이 중론이다. 그러나 회사에 도움을 준 직원들에게는 통 큰 보상금을 아끼지 않는 량원건의 인간 중심의 경영 행보가 상당히 큰 영향을 미쳐 이들 직원의 회사에 대한 충성심은 정말 대단하다. 이직률도 낮아 거의 똘똘 뭉쳐 있다고 해도 과언이 아니다. 이런 충성심에 대대적인 투자와 연구 개발 노력이 결합한다면 그 결과는 어렵지 않게 전망할 수 있다. 설사 세계 500대 기업 진입에 성공하지는 못하더라도 질적으로는 세계적 기업이 될 가능성이 높다는 말이다.

### 싼이중공업의 미래를 짊어진 막강한 젊은 피

창업보다는 수성이 더 어렵다는 사실은 만고의 진리다. 창업자가 뼈 빠지게 노력해 일군 터전을 수성에 나선 이들이 날려버린 사례가 동서고금의 역사를 보면 어디 하나 둘인가? 굳이 다른 사례를 볼 필요조차 없다. 진시황의 진나라와 양견(楊堅)이 창업한 수나라의 운명만 살펴봐도 분명히 알 수 있다. 후계자들이 수성은커녕 자신의 심신조차 제대로 다스리지 못해 그 큰 덩치의 나라를 고작 15년, 37년만 존속케 한 다음 완전히 말아먹어 버렸다. 요즘의 경제 용어로 하면 부도를 내고 청산의 길로 내몰았다고 비유할 수 있다.

천하를 호령했던 영웅 칭기즈칸이 기틀을 다진 몽골족의 원나라 역시 진나라와 수나라에 비해 조금 나을지 모르나 당시의 위용을 감안하면 역시 너무 일찍 수성에 실패한 사례다. 후손들이 100년이 안 되는 98년의 역사를 뒤로한 채 지금은 중국의 북쪽 변방 초원에서 아직까지 손가락을 빨고 있다. 앞으로도 과거의 영광을 되찾을 가능성은 거의 없어 보인다.

이처럼 끝나지 않는 잔치가 없는 것처럼 세상에 영원한 것은 없다. 그러나 그 잔치가 길어서 나쁠 것도 없다. 량원건도 이 때문에 자신의 아들에게 일찌감치 수성의 노하우를 몸으로 익히도록 서둘러 경영수업을 시키고 있는지 모른다. 하기야 동서고금의 수성 실패 사례나 최근 혜성처럼 등장했다가 사라져간 많은 중국의 자본가들을 생각해보면 곧 60대 나이에 접어들어 은퇴를 생각해야 할 그로서는 밤잠을 설칠 수도 있다.

그러나 그가 당장 크게 걱정할 필요는 없을 것 같다. 싼이중공업의 미래를 짊어질 젊은 인재들이 예상 밖으로 만만치 않기 때문이다. 이들의 노력으로 량원건의 희망처럼 몇 세대를 이어갈 것이라고 장담하기는 어려워도 바로 몰락할 가능성은 없어 보인다. 정말 그런지는 량원건을 비롯한 창업 세대들이 양성한 젊은 인재들의 면면을 살펴보면 확연하게 드러난다.

우선 공동 창업자들인 사대금강의 아들들을 살펴봐야 할 것 같다. 사대금강의 아들과 샹원보의 아들은 현재 중학교에 다니고 있는 마오중우의 어린 아들을 제외하고 모두 싼이중공업에서 일하고 있다. 이에 대해서는 탕슈궈가 최근 언론에도 자신들의 입장을 분명히 밝힌 바 있다.

"량 회장의 아들이 걸을 길은 기본적으로 나를 비롯한 사대금강과 샹 총재의 아들도 걸을 수밖에 없다. 내 아들과 샹원보의 아들은 그래서 대학을 졸업하자마자 뒤도 돌아보지 않고 입사했다. 또 위안진화의 아들은 군대에 복무한 다음 합류했다. 몇 년 있어야 하겠으나 마오중우 회장의 아들도 입사해 싼이중공업의 미래를 책임질 것이다. 이들은 각자의 위치에서 일하면서 능력을 검증받아야 한다. 도저히 경영 능력이 없는 아들들은 도태될 것이지만 모두들 어릴 때부터 교육을 잘 받았으므로 나는 그렇지 않을 것으로 확신한다. 우리 3만여 명의 직원들도 이에 대해서는 불만이 없다. 오히려 더 회사가 안정적이 된다고 좋아한다."

현재 사대금강과 샹원보의 아들은 일단 출발선이 다른 량예중을 제외하고는 과장급 정도의 직위에서 일하고 있다. 그러나 궁극적으로는 자신들의 아버지처럼 각 계열사의 회장이나 총재 등의 자리를 맡을 가능성이 높다. 다행히 《차이징신원(財經新聞)》 등 언론에 따르면 이들 창업공신의 아들들은 탕슈궈의 말대로 하나같이 기대에 잘 부응하고 있다고 한다. 이 시스템에 굳이 이름을 가져다 붙인다면 2세 집단 경영 체제라고 해야 하지 않을까 싶다. 량원건이 이 구도를 일찌감치 제안하고 탕슈궈 등이 흔쾌히 받아들인 만큼 2020년 직후에는 이들이 본격적으로 경영 전면에 나설 가능성이 매우 높다.

싼이중공업의 미래를 책임질 인재들은 싼이중공업의 성골에 해당하는 이들 외에도 헤아리기 어려울 만큼 많다. 주로 량원건이 뛰어나다는 소문을 듣고 다른 대기업에서 영입한 인재들로 대부분 40대 직전의 젊은 피에 해당한다.

우선 꼽아야 할 인물이 바로 단다웨이 부사장 겸 재무총감이다. 그리고 뤄위량(羅玉良·37), 차오진밍(曹錦明·39), 리뱌오즈(李標志·39), 왕즈창(王志强·38) 등이 있다.

이들은 모두 량원건이 각별히 공을 들이는 측근으로 알려져 있다.

수성은 분명 창업보다 훨씬 더 어렵다. 중국 기업의 평균 생존 연령이 2.9년에 불과한 것을 감안해보면, 량원건이 아무리 중국 최고 재력을 자랑하는 자본가고 싼이중공업의 경쟁력이 막강하더라도 언젠가는 과거의 영광을 뒤로하고 사라질지도 모른다. 그러나 지금 당장은 량원건 회장이 싼이중공업의 미래에 대해 크게 걱정할 필요는 없을 것 같다. 싼이중공업의 미래를 짊어질 젊은 피들의 맨파워가 막강하기 때문이다. 원자바오 당시 총리가 2005년부터 무려 세 번이나 싼이중공업의 공장을 방문하고 격려한 것은 다른 기업과는 다른 무언가가 싼이중공업에 있기 때문일 것이다.

싼이그룹을 민영기업의 본보기로 만들겠다고 공언한 량원건 회장. 그의 성격처럼 싼이그룹은 역동적이고 진취적이지만 직원들의 내면에까지 진정으로 녹아들려면 아직은 좀 더 시간이 필요하다는 의견도 있다. 게다가 싼이그룹은 너무 하드하고 거시경제와의 연관성이 높아 흔들리지 않는 백년기업이 되기 위해서는 리스크를 상쇄하기 위한 노력을 해야 할 시점이라고도 한다.

싼이그룹은 위대한 기업이다. 싼이그룹이 위대한 역사를 계속 써나가 백년 기업을 이룰 수 있을 것이라고 기대된다.

싼이중공업의 주력제품 중 하나인 콘크리트 펌프카.
중국뿐만 아니라 여러 나라에서도 맹활약하고 있다.

## 량원건 연보

- 1956년 후난성 롄위안 출생
- 1983년 중난쾅예학원(현 중난대학) 졸업
- 1983년 7월~1985년 3월 병기공업부 산하 훙위안기계공장근무
- 1985년 3월~1986년 3월 훙위안기계공장 기획처 부처장
  체제개혁위원회 부주임
- 1986년 탕슈궈, 마오중우, 위안진화 정식 사직.
  이들과 6만 위안으로 창업 결심
- 1986년 3월~1991년 7월 롄위안 용접재료공장 공장장
- 1991년 7월~1993년 9월 싼이중공업 대표이사 겸 최고경영자
- 1993년 군 기계사업 진출, 콘크리트 수송 펌퍼 등
  공사 건축 기계 제품 제작
- 1993년 12월~1998년 3월 후난성 제7차 상공연합회 부회장
  싼이중공업 사장 겸 최고경영자 취임
- 1998년 3월~현재 제8, 9, 10차 전국인민대표대회(전인대) 대표
  후난성 제8차 상공연합회 부회장, 전국상공연합회 상무 집행위원
  중국청년기업가협회 부회장, 싼이중공업 이사장
- 2004년 중국 공산당 입당
- 2005년 중국 CCTV 중국의 경제 인물로 선정
- 2007년 제17차 공산당 전국대표회의 후난성 대표로 피선
- 2011년 싼이중공업 매출액 800억위안 돌파
- 2012년 제18차 공산당 전국대표대회 대표로 피선

# 우리도 주목하라;
# 또 다른 신화의 주인공들

중국의 넓은 땅덩어리와 엄청난 인구를 고려해보면 중국은 본인의 노력과 시운에 따라 굉장한 성공을 가져올 기회의 땅이기도 하다.

그래서 지금 이 시간에도 성공을 기대하며 묵묵히 맡은 바 자신의 임무를 다하는 중국의 기업인들이 많다. 2부에서는 1부에서 소개한 3인의 스타 기업인 외에도 자신의 위치에서 또 다른 신화를 창조한 5명의 기업인을 살펴보자. 그들은 과연 어떤 과정을 거쳐 부와 명예를 움켜쥐었는지 그들의 다사다난했던 사업인생을 따라가보자.

## '똘 생각'을 하고 있는 중국 부자와 고위층

중국인들은 지도층이 비리를 저질러도 비분강개하지 않는다. 잠시 울분을 토하다가 금세 그럴 수도 있다는 투로 대부분 좋은 게 좋다는 식으로 마무리한다. 중국의 대문호 루쉰이 비판했던 '아큐(阿Q)' 같은 인물이 바로 전형적인 중국인이다. 중국인들의 이런 기질은 애국심과도 연관된다. 역사를 살펴보면 금방 알 수 있다. 주변의 이민족들이 중원에 들어와 수많은 왕조를 세우고 자신들을 잔인하게 지배했음에도 '레지스탕스'라는 것을 해본 적이 별로 없다. 중국인들이 아직도 이런 기질에서 벗어나지 못하고 있다는 사실은 최근에도 확인된 적이 있다. 중국 재계의 권위 있는 정보 제공업체 〈후룬 연구소〉가 전국 18개 대도시의 1,000만 위안(18억 원) 이상 자산가 980명을 대상으로 실시한 여론조사 결과를 보면 중국 부자 3명 중 1명은 해외에 재산을 보유하고 있을 뿐 아니라 48%는 이민까지 생각하고 있다고 대답했다. 이런 현상은 공산당 지도부도 예외가 아니어서 고위 공산당 지도자 자제들은 미국, 영국, 프랑스 등의 서방에서 공부를 하고 있고 심지어 그 나라의 영주권까지 가지고 있다. 중국 지도층은 입으로는 '반(反)서방'을 외치면서 실상은 '친(親)서방'을 하고 있는 셈이다.

# 대륙의 또 다른 기적을 창조한
# 샤오미의
# 레이쥔 회장

언제인가부터 중국 시장에서 값은 싸면서도 질은 놀랍게 뛰어난 제품이 등장했을 때, 우리는 '대륙의 실수'라는 말로 수식하기 시작했다. 짝퉁 대국으로 알려진 중국에서 질까지 높은 제품을 생산하니 실수라는 얘기가 아닌가 싶다. 이 실수를 자주 범하는 대표적인 기업은 단연 스마트폰 제조업체인 샤오미(小米)이다. 그럴 수밖에 없다. 삼성, 애플에 뒤지지 않는 기술력으로, 비슷한 사양의 제품을 절반 정도의 가격에 시장에 내놓기 때문이다. 더구나 자국시장에서는 부동의 점유율 1위 자리를 고수하는 실수(?)까지 연발하고 있다.

영국 시장조사기관 카날리스가 2015년 8월 초에 발표한 통계 자료는 이를 확실하게 증명한다. 샤오미는 2분기 중국 스마트폰 시장에서 점유율 15.9%로 당당하게 1위를 차지했다. 그동안 세계 1, 2위를 다투던 애플과 삼성전자를 모두 가볍게 제쳤다. 시장 진입 5년 만에 이런 실적을 이뤄냈다는 사실을 감안하면 실수도 이런 실수가 없다.

189

창업 5년 만에 스마트폰 판매율 세계 1위, 2위 기업인 삼성과 애플을
끌어내린 챔피언 샤오미의 레이쥔.

샤오미의 실수는 이 정도에서 그치지 않는다. 중국 다음가는 글로벌 시장으로 떠오르게 될 인도를 본격 공략한다. 더 놀라운 것은 인도 시장에서도 조만간 대박을 터뜨릴 전망이 기정사실화되고 있다는 것이다.

샤오미가 처음 휴대폰을 출시했던 때는 2011년이었다. 그 당시만 해도 세계 스마트폰 시장은 아무도 샤오미의 행보를 눈여겨보지 않았다. 절대 불가능이라는 단정적 평가를 하며 그 도전장에 콧방귀를 뀌었다. 물론 그때만 해도 극강의 두 글로벌 업체인 삼성전자와 애플이 시장을 선점하고 있었다. 기술력이 비교도 안 되는 중국 업체들은 죽을 쑤기 일쑤였다.

하지만 그때 콧웃음을 쳤던 이들이 지금은 연일 샤오미의 행보에 찬탄을 터뜨리고 있다. 창업 5년 만에 기업 가치가 무려 460억 달러(65조 5000억 원)를 넘어서는 기적의 행진을 계속하고 있으니 충분히 그럴 만하다.

이런 기적을 창조한 인물은 바로 CEO인 레이쥔(雷軍·46)이다. 나이 42세가 되어서야 비로소 그는 창업에 성공할 수 있었다. 5년여 전만 해도 그는 세계에서는 말할 것도 없고 중국의 ICT 업계에서도 명함 한 장 내밀지 못했던 엑스트라였다.

그러나 사실 전문가들 사이에서는 언젠가 크게 한 건을 터뜨릴 천재로 널리 알려져 있었다고 한다. 물론 그 시기가 너무 늦게 오기는 했지만 말이다.

## 대학 시절부터 IT벤처 창업에 도전한 청년 CEO

여타 다른 ICT 업계 영웅들에 비하면 대기만성 스타일인 그는 후베이(湖北)성 셴타오(仙桃) 출신이다. 고등학교까지 교육도 줄곧 고향 일원에서 받았다. 대학은 후베이성 일대에서는 최고로 꼽는 우한(武漢)대학을 다녔다. 전공은 컴퓨터공학이었다. 그의 천재성은 바로 이때부터 발휘되기 시작했다. 고작 2년 만에 졸업에 필요한 모든 학점을 딴 것이다. 그럼에도 그는 굳이 조기 졸업을 선택하지는 않았다. 대신 창업에 눈을 돌렸다. 창업 동지는 동창인 왕취안궈(王全國)와 리루슝(李儒雄)이었다. 당시 회사의 이름은 세 사람이 창업했다고 해서 싼써(三色)공사였다. 취급 품목은 각종 소프트웨어였다. 그의 회사는 그 시작도 미미했으나 결과 역시 창대하지 못했다. 아니 굉장히 비참하다고 해도 좋았다. 그의 회사가 그럴듯한 제품을 내놓으면 바로 더 값싼 해적판이 주변에서 나온 탓이었다. 다음 행보로 회사를 청산할 수밖에 없었다. 그때 그에게 남은 것은 달랑 286컴퓨터와 프린터 한 대뿐이었다. 나중 ICT 제품 연쇄점인 롄방(連邦)을 창업하게 되는 동료 리루슝은 그나마 조금 나았다. 그의 286컴퓨터보다 조금 상태가 좋은 386컴퓨터 한 대나마 건질 수 있었으니 말이다.

이후 레이는 그럭저럭 바쁜 대학 생활을 보내고 졸업을 앞두게 됐다. 진로를 결정해야 할 시기가 다시 도래한 것이다. 그는 고심 끝에 창업의 실패를 교훈 삼아 일단 안정적인 직장을 갖기로 결심을 했다. 대학 졸업 무렵인 1992년 초에도 그는 창업 동지들인 왕취안궈, 리루슝 등과 학교 앞 카페에서 진지하게 의논하는 것을 잊지 않았다. 그가 먼저 운을 뗐다.

"너희들 나하고 같이 베이징에 가지 않을래? 나는 너희들이 나하고 행동을 같이할 것이라고 굳게 믿고 있어."

"베이징은 왜?"

왕취안궈와 리루슝이 동시에 물었다. 레이는 기다렸다는 듯 즉각 대답했다.

"왜라니? 곧 졸업인데 취직을 해야지."

"취직? 취직을 할 거라면 굳이 베이징까지 갈 필요가 있나. 여기에서도 할 수 있고. 상하이에서도 할 수 있지. 하지만 그보다는 창업이 낫잖아. 한 번 실패했다고 기죽으면 되겠어? 다시 시작해 보자고. 우리가 기술력이 없어서 실패한 것은 아니잖아. 이번에는 그 누구도 카피하지 못할 기가 막히게 독창적인 소프트웨어를 만들어보자고. 될 거야."

셋 중 평소 창업에 대한 열망이 가장 강했던 리루슝이 은근하게 말했다. 다시 도전해보자는 권고였다. 그러나 레이는 자신의 뜻을 꺾지 않았다.

"경험이 없으면 아무리 실력이 있어도 성공하기 쉽지 않을 것 같아. 경험을 쌓으려면 역시 베이징이 최고야. 중관춘에서 실력을 갈고 닦다 보면 분명히 기회가 올 거야. 같이 가자."

"어디 봐 둔 곳이 있어?"

왕취안궈가 레이의 말에 약간 마음이 기울었는지 조심스럽게 물었다.

"있어. 바로 홍콩의 진산(金山)소프트웨어라는 회사가 베이징에 현지 법인으로 세운 회사야. 거기 가면 우리의 능력을 십분 발휘할 수 있을 뿐 아니라 경험도 충분히 쌓을 수 있을 거야."

"그래? 좋아, 가자! 경험도 쌓고 나중에 창업을 하려면 역시 베이징 같은 큰물에서 놀아야 해. 가지고."

왕취안궈는 평소 활달한 성격의 그답게 바로 결정을 내렸다. 하지만 리루슝은 여전히 결단을 내리지 못하는 것 같았다. 레이와 왕은 참을성 있게 그의 대답을 기다리겠다는 듯 계속 침묵을 지켰다. 얼마 후 리 역시 단호한 어조로 말했다.

"그래, 함께 가자."

레이쥔은 왕취안궈, 리루슝과의 의기투합을 다시 확인하자마자 바로 베이징행 기차에 올랐다. 이어 나란히 홍콩진산소프트웨어의 베이징 현지 법인에 입사했다. 원래부터 탁월한 엔지니어였던 그는 진산에 입사한 이후 진짜 물 만난 고기가 됐다. 프로그래머로서의 뛰어난 실력을 뽐내면서 중관춘에서는 말할 것도 없고 전국적으로도 알아주는 명성을 쌓게 된 것이다. 급기야 입사 6년 만에 회사의 사장으로 파격적으로 승진하는 기록을 남길 수 있었다.

하지만 그가 이끄는 진산소프트웨어는 업계 최정상 자리에는 오르지 못했다. 이유가 있었다. 마이크로소프트를 비롯한 대형 소프트웨어 업체들의 협공 탓에 성장에 한계가 있었던 것이다. 자연스럽게 기업의 가치를 확인할 수 있는 기회인 상장은 자꾸만 뒤로 미뤄졌다. 그는 좌절하지 않을 수 없었다. 결국 상장이 세 번째 실패하던 해인 2004년 어느 날 사의를 표하는 용단을 내렸다. 그때 그의 능력을 높이 산 추보쥔(求伯君·51) 진산소프트의 회장이 그를 불러 물었다.

"레이 사장, 그만두겠다고 했다면서요?"

"역부족입니다. 단 한 번도 업계 1위에 오르지 못한 것은 제 능력 부족 때문이라고 생각합니다. 책임을 지겠습니다."

레이는 입술을 깨문 채 솔직하게 대답했다. 추 회장 역시 어조가 차분했다.

"소프트웨어 업계에서는 그건 어쩔 수 없는 겁니다. 우리가 후발주자 아닙니까? 시간이 해결해줄 겁니다. 조금 더 참아요. 나는 곧 상장이 되리라고 봐요."

"더 이상 우리 회사의 임직원들이 좌절해서 회사를 떠나는 걸 도저히 보지 못하겠어요. 괴롭습니다."

"그건 나도 마찬가지예요. 그렇다고 모두 다 떠나면 이 회사는 누가 키우겠어요? 지금까지 키워온 노력이 아깝지 않나요? 우리보다 못한 회사들도 다 상장이 됐으니 조금만 참읍시다. 상장이 될 때까지만이라도."

"좋습니다. 그러면 상장 때까지만입니다. 이후에는 미련 없이 떠나겠습니다."

레이쥔은 추보쥔의 간절한 권고를 뿌리치지를 못했다. 그리고 4전5기 끝에 드디어 2007년 진산소프트웨어를 홍콩 증시에 상장시키는 데 성공했다. 그 역시 이때의 상장으로 대박을 거머쥘 수 있었다. 추보쥔과 약속한 대로 회사도 그만둘 수 있었다. 이후 그는 6개월 동안 여유를 가진 채 자신의 삶을 돌아보면서 재충전의 시간을 가졌다. 앞으로 무엇을 할 것인가에 대해서도 심도 있게 고민했다. 그리고 일단 가능성 있는 신생 ICT 업체에 자금을 대는 엔젤 투자자의 길을 가자는 결론이 나오는 데는 그리 오랜 시간이 걸리지 않았다.

엔젤 투자자로서의 그의 행보는 나름 성공적이었다. 무려 250개의 업체를 지원, 가능성 있는 회사로 키운 것이다. 이 중 20여 개는 지금 중국 ICT 업계에서도 손꼽히는 업체로 분류되고 있다. 그럼에도 불구하고 그는 이때 자신의 생활에 크게 만족하지 않았다. 자신보다 못한 이들도 다 나서서 대박을 터뜨린 창업을 자신만 못하고 있다는 열등감이 그를 계속 괴롭혔던 것이다. 그는 이에 대하여 나중에 이렇게 술회했다.

"나는 창업이 쉬운 일이 아니라고는 생각했다. 그럼에도 불구하고 진산소프트를 그만둔 후 어떻게 하면 더 빠르게, 더 나은 창업을 할 수 있을 것인가를 고민했다. 다른 사람은 상대적으로 쉽게 돈을 버는데 왜 나만 안 되는지 정말 고민이기도 했다."

### 스마트폰 제조회사 샤오미를 창업하다

창업에 대한 그의 열망은 2010년을 전후해 무르익어가기 시작했다. 그는 승부수를 던질 무대를 선택했다. 모바일 세상이었다. 스마트폰 제조회사를 차리기로 결심했다. 중국의 스티브 잡스가 되는 것이 소기의 목표였

195

다. 이후 그는 효과적인 창업 팀을 구축하는 일에 주력했다. 적극적으로 인재 발굴을 위해 나서기도 했다. 괄목할 만한 인물들을 찾는 것은 어렵지 않았다. 우선 당대 최고 걸출한 엔지니어로 평가받는 린빈(林斌·47)을 꼽을 수 있었다. 그는 마이크로소프트를 거쳐 구글의 중국공정원 부원장을 역임하고 있었다. 스마트폰에 필수적인 소프트웨어 기술을 접목시키기 위해 어떻게든 영입해야 하는 인물 1순위였다. 모토롤라베이징연구개발센터의 고급총감이던 저우광핑(周光平·46)도 마찬가지였다. 그는 미국 조지아텍의 박사 출신으로 하드웨어 개발의 지존으로 불렸다. 애플에서도 탐내던 인물이었다. 그 밖에 베이징과학기술대학 공업설계과 주임 류더(劉德·43), 진산소프트 자회사 사장이던 리완창(黎萬强·38), 마이크로소프트의 중국공정원 개발총감 황장지(黃江吉·40), 구글의 마케팅 전문가 훙펑(洪峰·43) 등도 S급 인재를 갈망하던 그의 레이더망에 걸려들었다. 총 6명이었다.

레이는 그들을 영입하기 위해 할 수 있는 최선을 다했다. 새벽까지 이어지는 맨투맨 설득에 나서는 것은 기본이고 때로는 눈물을 흘리면서까지 진정성을 보였다. 당사자들은 그의 안목과 열정에 감복했다. 한 명도 빠짐없이 전부 합류하게 된 것이다.

이렇게 해서 7인의 완벽한 팀이 2010년 4월 구성되었으니 성공은 보장된 것이라 해도 좋았다. 아니나 다를까, 다음 해 8월 '좁쌀'이라는 해괴한 이름의 브랜드에서 최초의 저가 스마트폰 Mi1이 출시되었다. 시장의 반응은 폭발적이었다. 가격 대비 성능이 최고라는 입소문이 파다했다. 사업을 시작한 지 불과 몇 개월 만에 일부 제품이 판매량 톱5 랭킹에 진입한 기적이 일어났다.

그러나 이때까지만 해도 샤오미의 기적은 그저 일시적 돌풍 정도로 보였다. 누구도 이 돌풍이 허리케인으로 성장해 삼성전자나 애플 같은 세계

샤오미가 자랑하는 질 좋은 저가 스마트폰과 액세서리들

적 거인과 상대할 것이라 상상하지 못했다. 그러나 현시점에서 샤오미는 중국 스마트폰 업계를 한방에 휩쓴 쓰나미의 위력을 지니게 되었다. 올해 판매량 1억 대, 매출액 1000억 위안(18조 원)을 기록할 것이라는 전망이 그 위력을 증명한다.

레이쥔은 2015년 7월을 기준으로 약 100억 달러의 재산을 보유한 것으로 알려졌다. 아직 마윈(馬雲) 알리바바 회장에 미치지 못하지만 앞으로 미국 나스닥에 상장이 될 경우 상황은 즉각 달라질 것이다. 일부에서는 바로 마윈을 넘어 중국 최고 ICT 업계 부호가 될 것으로 점치고 있다.

그가 창업 5년 만에 일거에 마윈까지 넘보는 중국 ICT 업계의 영웅이 된 데는 다 나름의 이유가 있었다. 무엇보다 자신이 잘 할 수 있는 아이템을 선택했다는 것이 포인트였다. 그는 실제로 최근 한 매체에서 다음과 같이 언급했다.

"나는 중요한 산업이 시작되는 타이밍을 찾아내야 돈을 번다는 사실을 알았다. 다시 말하자면, 성공을 보장한 가장 확실한 열쇠는 시장의 흐름을 정확하게 읽어내는 안목이었다는 것이다."

엔젤 투자자로 활동했을 때의 경험 역시 무시하기 어려울 듯하다. 무엇이 소비자들의 지갑을 열게 하는지를 그는 분명히 알고 있었던 것이다. 또 20개 이상의 스타트업(신생 벤처기업)의 성공을 도운 자신감도 한몫을 했다. 여기에 그의 도움을 받았던 업체들의 임직원들이 백기사를 자처했다는 사실까지 감안하면 엔젤 투자자로서의 활동은 탁월한 선택이었다.

무려 16년 동안 창업 열망을 붙들어 맨 진산소프트에서의 경륜은 더 말할 필요도 없을 것이다. 기업을 경영하면서 자연스럽게 익힌 조직 관리 및 인사, 마케팅에 대한 노하우가 창업 이후의 리스크 부담을 최소화해주는 역할을 했다. 16년 동안 한 회사에서 근무한 경력이 결코 독이 아니었던 것이다.

그러나 가장 결정적인 것은 역시 광범위하게 인재를 모아 조직하는 능력이었다. 중국은 많은 인구수만큼 인재 또한 그 수가 엄청나다. 처음에 이들을 끌어 모으는 것은 사실 크게 어려운 일이 아니다. 그러나 이들을 끝까지 보듬고 가는 일은 결코 쉽지 않다. 인재 역시 마찬가지다. 중국인 ICT 업계 인재들의 특징은 비교적 조직에 대한 충성심이 약하다는 것이다. 더 좋은 조건을 제시하는 곳이 있다면 언제든지 현재 몸담은 곳을 떠날 수 있다. 그럼에도 레이는 자신이 선택한 인재들을 적재적소에 잘 활용해 지금까지 단 한 명도 샤오미에서 떠나지 않게 만들었다. 업계에서 이례적으로 받아들여지고 있다면 더 이상의 설명은 필요하지 않을 것이다.

그는 평소 "샤오미는 모바일 인터넷 회사가 돼야 한다."고 말하고 다녔다고 한다. 이 사실에서 엿볼 수 있는 성공 마인드 한 가지는 직원, 소비자들과 끊임없는 소통을 시도하는 점이다. 그는 실제로 SNS를 통해 직원들이나 소비자들의 건의와 제안을 매일 체크한다.

한 회사에 16년 동안이나 은인자중하며 근무한 사실을 보면 알 수 있듯, 레이쥔은 조용하고 무던한 성격을 지녔다. 어디로 튈지 모르는 천방지축 마윈 알리바바 회장과는 분명히 다르다. 또한 교사 출신으로 영어에 일가견이 있으며 1년의 절반은 해외에 체류하는 마 회장과는 달리, 외국어를 전혀 할 줄 모른다. 외국 여행 또한 거의 하지 않는다고 한다.

대신 그는 많은 시간을 일에 할애한다. 1주일에 100시간이나 일한다는 것이 주변의 전언이다. 일을 할 때는 특이한 습관도 지킨다. 매주 월요일 오전 9시 30분부터 오후 1시 30분까지 아무 것도 먹지 않고 오로지 한 가지 일에만 매달리는 것이 바로 그것이다. 일선 현장의 프로그래머, 디자이너, 프로젝트 매니저와 대화를 나누면서 제품의 디테일에 몰입하려 애쓰기 위해서라고 한다. 이런 워커홀릭이지만, 가족과 보내는 시간 또한 소홀히 하지 않는다. 일하는 시간을 제외한 나머지 모든 시간을 부인과 두 자녀와 함께 보낸다고 한다.

### 일벌레이지만 가족에게도 충실해

물론 그의 성격이 성공하는 CEO의 특징을 완벽하게 지녔다고 말하기는 곤란하다. 이를테면 공공장소에 나서기를 별로 즐기지 않는 점 등이 그렇다. 이 점에서 그는 마윈 회장보다는 스티브 잡스에 가깝다고 해야 할 것이다. 또 사람을 불러 모으는 재주가 비상함에도 때로는 독선적인 경향을 보이는 것도 아쉬운 대목이다. 하지만 자신이 옳다고 확신한 바를 그대로 밀어붙이는 뚝심이 지니는 어쩔 수 없는 이면일 수 있겠다.

샤오미도 아직 갈 길은 멀다. 중저가 제품을 주력으로 하고 있다는 사실은 기술력이 삼성전자나 애플처럼 세계 최고 수준에 올라 있지 않다는 것을 뜻한다. 언제든지 삼성, 애플이 반격에 나서면 중국 시장에서도 역전당하는 것이 불가능한 일은 아니다. 국제적 레벨은 아직 삼성이나 애플에 미치지 못한다는 얘기다. 스마트폰 전문 회사로서도 신뢰성이 100%는 아니다. 갑작스럽게 시장이 포화상태에 이르거나 변화에 선제적으로 대응하지 못하면 노키아나 모토롤라의 사례처럼 어느 날 갑자기 사라질 수도 있는 것이다. 이 부분은 레이 그 자신이 가장 가슴 아파 하는 부분이기도 하다. 그가 최근 들어 반도체 사업에도 서서히 눈을 돌리려는 움직임을 보이는 것은 다 이러한 까닭이 있기 때문이다.

레이는 어떻게 보면 혜성처럼 나타났다고 해야 한다. 5년 전까지만 해도 변변한 업체 하나 가지고 있지 못했던 그가 지금은 중국 최고 ICT 업계 부호 반열에 올랐다. 보통 사람 같으면 이 정도에서 만족할 법도 하지 않을까 싶다. 하지만 고인 물은 썩는다. 페달을 계속 밟지 않으면 아무리 좋은 자전거도 쓰러진다. 그에게는 이제 선택의 여지가 없다. 계속 페달을 밟아나가야 한다. 그러나 반도체 사업에 눈을 돌리는 등의 행보를 보면 그는 이런 현실을 오히려 즐기는 것 같다. 샤오미와 그의 앞날이 밝아보이는 것은 이러한 도전정신에서 나오는 빛 때문일 것이다.

### 레이쥔 연보

- 1969년 후베이성 센타오 시 출생
- 1987년 1987년 우한 대학 컴퓨터공학과 입학
- 1992년 킹소프트 입사, 29살에 사장 취임
- 1998년 진산소프트웨어 최고경영자(CEO)
- 2007년 진산소프트웨어 부회장
- 2010년 샤오미 설립
- 2011년 진산소프트웨어 이사회 회장
- 2011년 3G 기반 샤오미 휴대폰 발표
- 2012년 샤오미 커뮤니티 이용자 하루 200만 명
- 2022년 휴대폰 브랜드 영향력 세계 9위, 중국 1위(모건스탠리)
- 2013년 스마트폰 판매율 세계 1~2위 삼성과 애플 추월
- 2014년 6110만대 판매(2013년의 3배)
- 2015년 '홍미(紅米)노트2' 출시 한 달 만에 200만대 이상 판매.
- 현재 12시간 만에 스마트 폰 211만대 판매 실적 기록하여 기네스북 등재

# 워런 버핏이 주목한 인물
# 비야디
# 왕촨푸 회장

2013년 한국의 삼성전자는 비야디에 보급형 스마트폰 '갤럭시 S4 미니' 생산을 맡겼다. 왕촨푸 회장은 1분기 실적 발표회에서 가격 경쟁률을 높이기 위해 휴대폰 부품과 조립사업의 매출 및 순익을 늘렸다. 삼성전자, 화웨이, 노키아, HTC, 델 등과 파트너십을 맺고 있고 향후 스마트폰 사업에 집중하겠다고 발표했다. 2012년에는 애플이 비야디가 스마트폰 공급사 중 하나라고 발표하기도 했다. 오토바이 수준을 겨우 넘어선 자동차를 생산하다가 중국 굴지 자동차 업체가 된 비야디와 왕촨푸 회장에 대해 알아보자.

중국의 자본가들은 부침이 매우 심하다. 엄청난 현금을 소유한 자본가라는 소리를 듣다가도 하루아침에 무일푼으로 전락하는 경우가 있는가 하면, 장기간 영어(囹圄)의 생활을 하는 경우도 있다. 심지어 사업상의 비리로 막다른 골목에 몰리다 해외로 도피해 중국과 인연을 끊고 살아야 하는 극단적인 선택을 하는 사례도 꽤 있다. 이런 일들이 자주 벌어지는 것은 아직 자본주의 시스템이 확실하게 정착되지 않은 데다 정치권의 힘이 경제 권력을 압도하기 때문이다. 한마디로 최고위층에 잘못 보이거나 법을 어기는 치명적 실수를 했다가는 한방에 훅 가는 횡액을 당하게 되는 것이다. 가장 최근에 이런 횡액을 당한 대표적인 자본가가 스더그룹의 쉬밍 회장이다. 그는 불과 얼마 전에 보시라이 전 충칭시 당서기 사건에 연루돼 천당에서 지옥으로 추락했다. 이런 CEO들에 비하면 자동차와 휴대전화 배터리 업체로 유명한 '비야디(比亞迪·BYD)'의 왕촨푸(王傳福·48) 회장은 상대적으로 안전한 길을 걷고 있는 듯하다. 그는 2011년 〈후룬푸하우방〉의 부호 랭킹 순위 44위에서 2014년 포브스 중국부자 랭킹 22위에 오르는 기념을 토하게 되었다. 그동안의 행적이나 업종으로 미뤄볼 때도 정치적으로 크게 문제를 일으킬 가능성이 높지 않다는 얘기다.

## 형의 희생과 노력이 깔린 학창 시절

왕촨푸는 1966년 안후이성 우웨이(無爲)현에서 평범하기는 해도 무척 단란했던 집안의 둘째아들로 태어났다. 그의 아버지는 목공예 기술자로 일하다 공산당에 입당한 후 현(縣)의 서기로 일했기 때문에 시골 출신치고는 선진적이고 견식이 넓었다. 당원답게 공사 구별도 분명하고 강직한 데다 어려운 사람을 잘 도왔기 때문에 주변 사람들로부터 존경도 받았다. 어머니는 전통적인 현모양처라고 보면 될 듯하다. 왕촨푸는 이런 부모 슬하의 8남매 중에서 일곱 번째로 태어났다. 유년 시절에는 대부분의 아이들이 그렇듯 그 역시 부모의 귀여움을 독차지했다. 아버지가 목공예 기술자로 이름을 날린 만큼 집안 살림살이도 넉넉한 편이었다. 그러나 단란한 생활은 오래가지 못했다. 그가 13세 되던 해에 갑자기 병석에 누운 아버지가 세상을 떠난 것이다. 이후 왕촨푸의 성장기는 한마디로 고통 그 자체였다고 해

203

워런 버핏 버크셔 해서웨이 회장과 자리를 함께한 비야디 왕촨푸 회장.

도 좋았다. 가정 형편이 어려워지면서 다섯 명의 누나들은 입을 하나라도 덜어야 했던 탓에 어린 나이에도 불구하고 하나 둘 시집을 갔다. 형 촨팡(傳方·53)의 신세도 좋을 건 없었다. 가족을 부양하기 위해 다니던 학교를 그만둬야 했다. 형의 희생과 노력에도 불구하고 생활은 갈수록 어려워졌다. 이런 집안 사정은 그를 또래 아이들보다 침착하고 조숙하게 만들었다. 성격은 내성적이 돼 날이 갈수록 말수도 줄어들었다. 친구들과 어울리는 것도 좋아하지 않았다. 외롭지 않다면 이상할 일이었지만 그는 자신의 외로움을 잘 드러내지 않은 채 닥치는 대로 책을 읽고 학과 공부도 열심히 했다. 다행히 어머니와 형도 곁에서 끊임없이 그를 격려하고 용기를 북돋워 주었다. 밖에서는 그다지 뛰어나 보이지 않은 학생이었으나 집안 식구들은 모든 희망을 그에게 걸었다. 그로서도 뛰어난 성적으로 가족에게 보답하는 길 외에는 다른 방법이 없었다. 그의 마음속에는 오직 한 가지 생각만 가득 했다. "무슨 일이든 다른 사람들 보다 더 잘해야 한다. 그래야 고생하는 어머니와 형이 즐거워한다."는 생각이었다. 그는 이 생각을 하루에도 몇 번씩 되뇌었다. 그러나 불행은 혼자 오지 않는다고 했던가? 그가 중학교를 졸업할 무렵 어머니마저 세상을 떠나게 된다. 그와 형에게는 이렇게 해서 달랑 4칸짜리 초가 한 채만 남게 됐다. 하지만 그는 좌절하지 않았다. 슬픔에 빠져 있지도 않았다. 그는 "장차 큰일을 맡기려는 사람에게 하늘은 반드시 많은 고통을 준다."는 맹자의 말을 마음에 새기고 또 새겼다. 어머니를 잃은 슬픔은 공부에 매진하는 노력으로 승화시켰다. 그러나 그는 어머니의 죽음으로 정신을 차리지 못한 탓에 중학교 졸업 시험을 보지 못했고, 그래서 취업이 보장되는 실업계 고교에 진학할 수가 없었다. 그는 고민 끝에 일반계 고교인 우웨이 제2고등학교에 입학했다. 비록 원하지 않던 결정이었지만 이 결정은 나중에 그에게 전화위복이 됐다. 취직을 하지 못한 대신 대학 진학을 할 수 있었기 때문이다.

하지만 그는 집안을 위해 18세 때 공부를 그만두고 막노동판에 뛰어든 형에게 대학에 가고 싶다는 말을 할 수 없었다. 그러던 어느 날 그의 형이 그를 불렀다.

"돈 문제는 걱정하지 마라. 돈은 내가 어떻게 해서든 마련해 볼 테니까 너는 공부만 해라. 대학에 진학해야 가난에서 벗어날 수 있어."

"그건 너무 이기적이라고 생각해. 아무래도 나도 고등학교를 졸업하고 형처럼 노동을 해야겠어."

그때 형수가 나섰다.

"무슨 소리예요, 도련님. 형이 왜 지금 고생을 하고 있는데요? 도련님처럼 공부를 잘하는 학생이 대학을 가지 않으면 도대체 누가 가겠어요?"

어머니가 세상을 떠난 지 얼마 안 됐을 때 어린 나이에 시집을 온 왕촨푸의 형수가 펄쩍 뛸 듯한 표정으로 시동생을 나무랐다.

왕촨푸는 속으로 눈물을 삼켜야 했다. 이후 오로지 공부에만 매달렸다. 노력의 결과는 좋았다. 전국 대학 랭킹 17위의 명문학교인 후난성 창사의 중난(中南)대학 야금물리화학과에 손쉽게 합격했다. 굳이 따져보자면 왕촨푸 회장은 싼이중공업 량원건 회장의 후배인 셈이다. 그러나 그는 기쁨을 채 누리기도 전에 풀이 죽지 않으면 안 됐다. 형과 형수가 도저히 등록금을 마련하지 못할 것이라는 사실을 누구보다도 잘 알고 있었기 때문이다. 그러나 형과 형수는 결혼 예물 시계를 비롯해 가구, 부엌 살림까지 돈되는 물건은 몽땅 내다 팔아 등록금을 마련했다.

형 부부의 아낌없는 지원은 이 정도에서 끝나지 않았다. 그가 중난 대학에 무사히 등록을 마친 다음에는 아예 자신들도 창사로 이사를 했다. 조그마한 가게를 열어 학비와 생활비를 대주기 위해서였다. 완전히 자신들의

상하이의 비야디 공장.
왕촨푸는 지독하게 가난했던 어린 시절을 떨치고 일어났기에
인간승리의 표본으로 불린다.

삶을 버리고 동생과 시동생을 돕기 위해 올인을 한 셈이었다. 그들은 경제적 도움 외에도 시간이 날 때마다 그에게 근검절약 정신과 강한 의지력을 잃지 않도록 채찍질하는 것도 잊지 않았다. 형과 형수의 한없는 지원에 힘을 얻은 왕촨푸는 공부에 전념할 수 있었다. 대학 4년 동안 수석자리를 놓치지 않았다. "호기심이 가장 좋은 선생이다."라는 앨버트 아인슈타인의 명언을 좌우명으로 삼아 공부에 집중한 결과였다. 특히 그는 배터리, 즉 전지 분야에 관심이 많았다. 이때의 공부는 그의 미래 사업에 단단한 기초를 마련해주었다. 이런 왕촨푸 회장의 대학 시절에 대해 왕간즈(王幹芝) 홍콩 '후이야(淮亞)그룹' 부총재는 "왕 회장은 보기 드물게 한 우물을 판 사람이다."고 칭찬하며 "대학 때도 배터리, 대학원 때도 배터리, 지금도 배터리 사업에 몰두한 덕분에 성공할 수 있었다."고 높이 평가한 바 있다. 물론 왕 회장이 대학 시절 내내 머리를 파묻은 채 공부만 한 것은 아니었다. 취미 생활도 즐겼다. 그는 댄스 동아리 활동에 열심히 참여해 중난대학 최고 춤 선생이라는 별명까지 얻었던 학창 시절의 추억을 간직하고 있다.

## 새로운 세계를 개척하는 비야디

중난 대학을 졸업한 1987년 그는 더 큰 세상에서 공부를 하기 위해 베이징으로 북상했다. 이어 '베이징유색금속연구원'에서 석사학위를 받은 1990년부터 2년 동안 '301실험실'에 들어갔다. 이곳에서 연구능력을 인정받은 그는 26세라는 젊은 나이에 실험실 부주임으로 파격 승진하는 승승장구를 보였다. 그의 이름은 곧 중국 전역으로 퍼져나갔다. 1993년에는 선전 소재의 '비커(比格)전지유한공사'의 사장으로 초빙됐고 덕분에 그의 배터리 분야 연구의 내공은 더욱 깊어졌다. 게다가 이 시기 기업 경영과 배터리 생산 현장까지 모두 경험하면서 이 분야의 전망이 유망하다는 사실도 깨달았다. 그는 최근 가진 《베이징 칭녠바오》와의 인터뷰에서 당시를 이렇게 회고했다. "당시 휴대폰은 2만 ~3만 위안을 줘야 구입할 수 있을 정도로 대단히 비쌌습니다. 그럼에도 휴대폰 매장에는 구매자들로 붐볐습니다. 나는 이런 모습을 보면서 배터리 분야의 수요가 폭발할 것으로 확신했습니다."

그의 머릿속에서는 창업 본능이 꿈틀거리기 시작했다. 급기야 1995년 2월 그는 안정적인 월급쟁이 사장 자리를 던져 버리는 용단을 내렸다. 당연히 창업 자금이 있을 까닭이 없었다. 그나마 다행인 것은 외사촌형인 뤼샹양(呂向陽·52)이 사업에 성공해 여유자금을 상당히 보유하고 있었다는 사실이다. 그는 즉각 뤼샹양에게 250만 위안(4억 5,000만 원)을 융통해 경제특구 선전에 휴대폰 충전용 배터리를 제조하는 비야디를 창업했다. 그러나 첫술부터 배가 부르지는 않았다. 당시 일본 휴대폰 배터리 제조업체들이 세계시장을 쥐락펴락하는 상황이었기 때문이다. 따라서 그의 도전은 일견 무모해 보이기까지 했다. 당시 중국 휴대폰 배터리 업계에서는 비야디가 배터리 사업에 뛰어들자 도저히 믿을 수 없다는 태도를 보였다. 심지어 조롱하는 사람도 있었다. 연구개발에 엄청난 비용이 들고 개발도 어렵기 때문에 사실 그들의 말이 틀렸다고 할 수도 없었다.

하지만 왕촨푸는 주변의 말을 한 귀로 듣고 흘렸다. 다른 업체들은 비싼 로열티를 물어가며 외국 기술을 도입했으나 그는 시종일관 직접 연구하고 개발한 제품만 생산·판매하는 전략으로 원가를 절감했다. 더불어 원료 및 품질 관리·투자 등의 경영 부문도 직접 관리함으로써 저비용·고효율 체제도 갖췄다. 그의 노력은 조금씩 결실을 맺기 시작했다. 그의 배터리를 먼저 인정한 곳은 중국 기업이 아닌 대만 최대 휴대폰 메이커인 '다바(大覇)'였다. 독자 기술을 통해 개발한 비야디 배터리의 품질이 우수할 뿐만 아니라 가격까지 싸다는 사실을 높이 평가한 다바가 거래처를 일본의 산요(三洋)

209

전기에서 비야디로 바꾼 것이다. 극히 짧은 시간으로 비야디가 일류 제품과의 수준 차이를 극복했다는 증거였다. 1997년부터 비야디는 이름도 없던 무명 기업에서 일거에 배터리 업계의 무서운 아이로 불리며 매출액 1억 위안(180억 원) 이상을 올리는 중견 기업으로 발돋움했다. 이후 3년간 해마다 100% 이상의 성장률을 기록하면서 폭발적인 성장세를 이어나갔다. 그러나 비야디에도 시련은 있었다. 바로 1997년 하반기였다. 전혀 생각지도 않았던 아시아 외환 위기가 발발해 비야디에 생존이냐 도산이냐의 선택을 강요한 것이다. 실제로 당시 세계 휴대폰 충전용 배터리 시장은 수요 급감으로 무려 20~40%나 가격이 곤두박질쳐 도저히 수익을 낼 수 없는 구조로 변해 있었다. 세계적으로 유명한 일본 휴대폰 배터리 업체들도 엄청난 적자에 시달리는 시기였다. 일본 기업들도 고전하는 현실에서 신생업체인 비야디의 적자는 당연해 보였다. 하지만 비야디는 창업 초기부터 원가 절감 등에 따른 저비용·고효율 시스템을 정착시켰었다. 도산하지 않은 채 어떻게든 버티기만 하면 전화위복의 기회를 맞을 가능성도 없지 않았다. 과연 그의 생각은 틀리지 않았다. 오래지 않아 필립스를 비롯해 마쓰시타(松下), 소니(SONY) 등 세계 굴지 업체들로부터 폭발적인 주문이 들어오기 시작했다. 이후 비야디는 언제 생사의 갈림길에서 헤맸느냐는 듯 비약적인 성장을 거듭했다. 세계시장 점유율도 불과 3년 만에 40%까지 끌어올릴 수 있었다. 왕촨푸는 배터리 사업이 본궤도에 오르자 니켈수소 전지와 리튬전지 부문 연구에 나섰다. 당시 이 분야에서도 일본 기업들이 버티고 있었다. 많은 글로벌 배터리 업체들이 도전할 엄두조차 내지 못한 채 포기하는 것이 현실이었다. 그러나 그는 이런 분위기가 오히려 기회가 될 것이라 판단하고 과감한 베팅에 나섰다. 100억 위안(1조 8,000억 원)에 가까운 엄청난 자금을 투자해 최고 인재와 설비를 갖춘 다음, 연구 개발에 진력했다. 결과는 당초의 우려가 기우였음을 증명했다. 2011년 기준으로 하루 평균 리튬이온 배터리 35만 개, 니켈수소 배터리 40만 개를 생산해 무려 60% 이상의 물량을 수출했다.

그의 과감한 투자와 연구개발 중심의 경영이 놀라운 실적을 이끌어 낸 것이다. 그가 2009년 중국 최고 부호로 올라선 것도 이런 그의 노력이 있었기 때문이었다.

### 배터리에서 전기 자동차까지

왕촨푸는 배터리라는 한 우물을 파는 와중에도 새로운 사업 분야를 찾는 노력을 게을리하지 않았다. 2003년 1월 2억 7,000만 위안(486억 원)을 투자해 자동차 회사라는 이름도 민망할 만큼 형편없던 시안(西安)의 '친촨(秦川)자동차' 지분 77%를 인수한 것도 바로 이런 노력의 일환이었다. 당시 배터리 분야에서만큼은 세계 2위 회사로 올라선 비야디 경영진은 그의 이런 결정에 쌍수를 들어 반대했다. 오토바이보다 하나 나을 것 없는 자동차 회사를 인수해 모기업까지 죽여서는 안 된다는 것이 당시 경영진이 반대하는 이유였다. 그러나 그는 고집을 굽히지 않았다. 혼자 결정을 내려도 되는 대주주의 신분이었음에도 일일이 경영진을 설득하는 번거로움도 마다하지 않았다. "배터리 사업을 하는 식으로 정열과 노력을 기울이면 성공하는 것은 어렵지 않습니다. 더구나 자동차 사업은 배터리 사업과 관계도 있고 설사 실패하더라도 재기할 수 있습니다. 해보지도 않고 실패를 걱정하면 어떻게 발전하겠습니까?"

자동차 사업은 왕촨푸의 생각대로 시작됐다. 반면 경영 상태는 경영진의 걱정대로 흘러갔다. 배터리 사업에서 벌어들인 돈이 자동차 사업의 적자를 메우기 위해 대거 투입되는 식이었다. 그러나 경영은 서서히 정상화

됐고 생산된 자동차 품질도 오토바이 수준을 넘어섰다. 얼마 후에는 하이브리드 자동차와 전기 자동차, 전기 버스 등도 생산할 수 있게 됐다. 2009년에는 전년 대비 판매 증가율이 무려 160%를 기록하기까지 했다. 해외 진출도 활발해져 2010년에는 5인승 전기 자동차 E6가 미국시장에서 도요타 프리우스의 강력한 대항마로 기염을 토한 바 있다. 이 상태로 발전할 경우 조만간 현대자동차의 최대 라이벌이 될 가능성도 없지 않았다. 2012년 벤츠와의 전략적 제휴 체결을 통해 '덴자(Denza)'라는 새로운 전기 자동차 브랜드를 출범시킨 사실을 감안하면 전혀 무리한 관측만은 아니었다. 친촨(秦川)자동차는 2012년 현재 100만대의 생산능력을 갖추고 연 판매량은 60만 대 전후에 이르렀다. 특히 대표 모델인 F3의 경우 중국에서는 알아주는 베스트셀러 모델로 2011년에만 30만 대 이상 팔렸다. 채 20년도 안 되는 기간에 배터리에서 자동차로까지 사업 영역을 넓힌 비야디의 미래는 상당히 밝다는 평가를 받았다. 무엇보다 왕촨푸가 하이브리드와 전기 자동차에 역점을 둔 자동차 사업을 새로운 분야로 선택한 것이 먹혀들었다고 해도 좋았다. 게다가 중국 정부가 자동차를 전략 산업으로 적극 지원하고 있는 사실도 비야디로서는 고무적이라고 볼 수 있었다. 왕촨푸도 이 사실을 잘 알고 있었으므로 전기 자동차에 대해 강한 자신감을 기회가 있을 때마다 피력했다. 사실 그의 자신감은 괜한 것이 아니었다. 무엇보다 전기 자동차의 성능을 좌우하는 배터리 기술력에서는 비야디가 세계 정상급이었으니까. 그는 "전기 자동차는 물론이고 전기 자동차 배터리와 원료까지 모두 생산하는 기업은 전 세계에서 우리가 유일하다. 우리가 브랜드 인지도에서는 밀릴지 몰라도 기술력에서는 결코 뒤지지 않는다."면서 조만간 큰일을 낼 것이라고 호언했다.

그의 말이 단순히 허풍이 아니라는 사실은 하이브리드 자동차 F3DM과

전기자동차E6의 존재를 살펴보면 잘 알 수 있다. F3DM은 한 번 충전으로 80~100킬로미터를 달릴 수 있는 실용성을 갖추었고 전기 모터 2개를 쓰는 E6는 고작 15분 충전으로도 최고 시속 140킬로미터로 최대 300킬로미터를 갈 수 있었다. 웬만한 경차보다도 성능이 뛰어나 연비를 감안하면 서민들의 미래형 효자 자동차로 손색이 없었다. 특히 E6는 미국뿐 아니라 선전에서 시범 택시로 운행되면서 호평을 받았다. 또 현재 홍콩에서 시범 운행되고 있는 전기 버스도 눈여겨볼 만하다. 이 버스는 일반 버스보다 연료비를 70% 절감할 수 있어 여러 곳에서 각광받고 있다. 왕촨푸가 믿는 구석은 이 밖에도 더 있었다. 바로 최근 투자에 적극 나서고 있는 신생 에너지 산업이다. 그는 이 분야가 미래에 황금알을 낳는 거위가 될 것이라고 철석같이 믿었다.

비야디의 전략적 방향은 발광다이오드(LED), 태양 에너지 전지, 태양광 발전을 포함한 신생 에너지 분야가 돼야 하고 만약 이 기술에 기초해 태양 에너지 발전소를 건설할 수 있다면 화력이나 수력, 원자력 발전은 하나같이 쓸모가 없어진다고 그는 이사진을 설득했다.

왕촨푸는 자신의 아이디어를 실현하기 위한 투자에도 적극 나섰다. 100억 위안(1조 8,000억 원) 가까운 자금을 쏟아 부었고 투자 규모도 해마다 늘어날 것으로 전망되었다. 비야디의 이런 공격 경영과 성장세 등은 해외 투자자들의 주목을 받을 수밖에 없었다. 선뜻 행동으로 옮긴 성질 급한 투자자도 있었다. 바로 워런 버핏(Warren Buffett) 버크셔 해서웨이 회장이다. 2008년 버핏은 홍콩에 상장된 비야디의 주식 10%를 2억 3,000만 달러에 인수했다. 당시 그는 투자를 결행하면서 "비야디는 중국 자동차 산업의 미래를 대표할 업체가 될 것이 분명하다."고 극찬했고 이로 인해 비야디의 주가는 1년 만에 무려 7배나 치솟는 기적을 연출하기도 했다. 왕촨푸의 성공 요인은 한 우물을 파고 기술을 중시한 것 외에도 여러 가지가 더 있다. 무엇보다 솔선수범 스타일의 리더십을 꼽을 수 있다. 여기에 사업에 대한 열정, 조직을 설득과 대화로 이끄는 합리적인 스타일도 빼놓아서는 안 된다. 기술자들에 대한 애정과 과감한 투자는 더 말할 것이 없다. 특히 기술자들에 대한 애정은 거의 신앙일 정도로 대단하다. 그는 "기술자들은 내 자본이다. 나는 앞으로 직원을 30만 명까지 늘릴 생각이다. 10%는 기술자로 채울 것이다."라고 말했다.

비야디의 오늘은 한마디로 상전벽해라는 말로 표현하면 딱 맞을 것이다. 1995년 창업 당시 고작 20명이었던 직원이 2012년 한때에는 20만 명 가까이로 늘었으니 이렇게 말해도 전혀 무리가 아니다. 매출액 600억 위안(10조 800억 원), 순이익 30억 위안(5,400억 원)의 실적을 냈다. 이 성장세를 이어받아 최근 2015년 하반기에는 플러그인 하이브리드(Phev) 베스트셀러인 '친'으로 미국시장에 본격 출사표를 던질 예정이기도 하다. 또한 포천이 발표한 '올해 세상을 바꾼 혁신기업(2015 Change the world)' 50대 기업 순위에 15위로 이름을 올렸다. 이러한 비야디의 고공행진은 앞으로도 계속 이어질 것으로 보인다.

### 왕촨푸 연보

- 1966년 안후이성 우웨이현 출생
- 1987년 중난공업기술대학 졸업
- 1990년 베이징유색금속연구원 석사
- 1993년 비거전지유한공사 사장
- 1995년 비야디 창업
- 2002년 7월 비야디 홍콩 증시에 상장

- 2009년 중국 부호 랭킹 1위
- 2011년 세계부호 랭킹 44위
- 2014년 중국 A증시 최고 부자로 등극

# 반골의 올드보이
## 리판그룹
## 인밍산 회장

리판그룹의 인밍산 회장은 2003년 충칭시 정협 부주석으로 뽑혀 개혁·개방 이래 성급 정치지도자가 된 첫 민영기업가다. 충칭에서 그의 정치적 영향력은 대단하다. 충칭시 공상업연합회 회장과 중국 민영기업연합회 부회장도 역임하여 대표적인 홍색자본가로 알려져 있다. 인밍산 회장은 기인으로도 유명하다.

중국에는 평범한 사람의 머리로는 도저히 이해가 안 되는 기인들이 그야말로 하늘의 별처럼 많다. 경제계라고 해서 예외는 아니다. 항저우를 주름잡던 악동 출신 '알리바바그룹' 마윈 회장을 비롯해 에베레스트 등반까지 성공한 만능 스포츠맨인 '완커(萬科)그룹'의 왕스(王石·63) 회장 등 적지 않은 자본가들이 자칭 타칭 내로라하는 기인으로 불린다. 그러나 이 기인들 중에서도 으뜸은 역시 충칭(重慶)에 기반을 둔 '리판 (力帆)그룹'의 인밍산(尹明善·74) 회장이 아닌가 싶다. 기행에 관한 한 일가견이 있는 마윈조차도 그의 앞에서는 바로 꼬리를 내려야 한다. 기인에도 급이 있다면 마윈

216

중국 재계에서 최고 기인으로 꼽히는 인밍산 회장.
그는 55세라는 매우 늦은 나이에 창업해 대성공을 거둔 입지전적인 인물이다.

은 아무리 높아도 눈에 보이는 최고봉이지만 인밍산은 그 끝을 알 수 없는 구름 위의 봉우리라고 해야 한다. 정말 그런지는 190센티미터에 가까운 키에 깡마른 외모 외에도 파란만장이라는 단어조차 부족할 것 같은 그의 인생 역정을 살펴보면 알 수 있다.

### 반동분자로 낙인찍힌 어린 시절

인밍산은 1940년 1월 쓰촨성 충칭시 푸링(涪陵)구의 조그마한 강변 마을 신먀오(新廟)진에서 대지주 집안의 아들로 태어났다. 출신 성분부터가 어린 시절 가난하게 살았다가 자수성가한 일반 자본가들과는 다르다. 그는 중국이 공산화된 후인 1950년 홀어머니와 함께 고향 근처 오지의 초가로 쫓겨났다. 밭뙈기 한 쪽도 없는 오지의 생활은 비참했다. 어머니를 부양해야 하는 그로서는 마음대로 죽을 수도 없었다. 그는 이 마을 저 마을을 기웃거리면서 닥치는 대로 구걸에 나서기도 했다. 한때는 도련님 소리를 들었던 지주 아들의 체면이고 뭐고 없었다. 그러던 어느 날 길거리에서 바늘 좌판을 펼쳐놓은 사람을 목격하게 됐다. 그는 좌판을 유심히 들여다봤다. 고작 0.5위안짜리 바늘을 파는 좌판이었으나 장사는 그럭저럭 쏠쏠하게 되는 것 같았다. 그는 좌판의 상인에게 물었다.

"그거 팔아서 먹고살 수 있나요? 값이 겨우 0.5위안이니 0.1위안 남는다고 치면 하루에 100개 팔아야 10위안 남네요. 차라리 넝마주이를 하는 게 나을지도 모르겠군요."

50대는 된 듯한 상인은 기가 막힌 듯 웃으면서 말했다.

"꼬마 녀석이 완전히 간이 부었군. 10위안 알기를 우습게 알다니. 사실 이것 팔아서는 10위안조차도 못 벌어. 5위안이나 벌까? 하지만 가정 경제를 이끌어가는 데는 지장이 없지. 나는 이 장사로 딸 둘을 공부시키고 시집까지 보냈어. 이 녀석아, 나중에 큰 장사를 하더라도 지금은 이런 장사를 한번 해 봐. 말하는 것을 보니 너는 나중에 큰 사기꾼 아니면 큰 사업가가 되겠다."

상인의 말을 듣고 바늘 장사를 하면 최소한 호구지책은 마련할 수 있겠다는 생각이 들었다. 그는 열두 살의 나이에 바늘 장수가 되었다. 어린 나이에 장사에 투신했음에도 그는 비관하지 않았다. 아니 더욱 부지런해졌다. 비가 오나 눈이 오나 길거리에 나가 열심히 바늘을 팔았다. 덕분에 어렵사리 입에 풀칠은 할 수 있었다. 그는 바늘을 팔아 모은 돈이 어느 정도되자 조금 규모가 더 큰 장사를 해야겠다는 생각을 했다. 이번에는 시골의 달걀을 사서 충칭에 내다파는 장사를 시작했다. 달걀 장사는 바늘 장사보다 훨씬 잘 됐다. 돈이 조금 모이면서 공부를 해야겠다는 생각도 할 수 있게 됐다. 시골에서 살아봐야 희망이 없다고 판단한 그는 달걀 장수가 커봐야 나중에 닭 장수밖에 더 되겠는가. 닭 장수가 아니라 소 장수를 하더라도 시골에서는 안 되겠다 마음먹고 1953년 마침내 충칭 시내 입성을 결심하기에 이른다. 늦었지만 시험을 치러 중학교에도 입학했다. 그가 입학한 중학교는 지역 최고 명문인 충칭1중학교였다. 중학교에 입학하자마자 그는 전교에서 공부를 가장 열심히 하는 학생이 되었다. 성적이 좋았으니 대학을 가는 것도 어렵지 않았다. 실제로 대학 시험에도 합격한 상태였다. 그러나 1950년대 말에 불어 닥친 반우파 투쟁의 바람은 그의 인생을 송두리째 뒤흔들고 말았다. 대지주의 아들이었으니 변명할 여지도 없었다. 1958년 그는 예상대로 공산당에 의해 악질 반혁명 우파분자로 몰려 정신 개조를 한다는 명목으로 9개월 동안 감옥살이를 했다. 그러나 감옥살이를 한 것은 차라리 호강한 편이었다. 석방된 이후 감옥생활과 진배없는 공장에서의 노동개조를 무려 21년 동안이나 당했기 때문이다. 전향서를 쓰거나 자아비판을 했다면 자유의 몸이 되었을지 모르지만 그는 그야말로 처절하리만치 버텼다. 지독한 독종에 반골이라는 비난을 받을 수밖에 없었다. 그러나 그는 이 20여 년에 걸친 노동개조 기간을 헛되이 보내지는 않았다. 영어책을 손에서 놓지 않고 공부하는가 하면, 밖으로 나가서는 무엇을 할 것인가 늘 생각했다. 이때 마스터한 영어는 훗날 일가견을 이룰 정도라고 한다. 노동개조로 끝나버릴 것 같던 그의 인생은 1978년 극적인 전환기를 맞게 됐다. 덩샤오핑의 개혁·개방 정책에 따라 복권(復權)이라는 선물이 주어졌기 때문이다.

### 창업에 나선 55세의 벤처기업가 인밍산

그는 곧 공장의 노동에서 해방돼 자유를 되찾았다. 그러나 무슨 일을 하기에는 나이가 너무 많았다. 그래서 할 수 없이 선택한 것이 대학의 영어 강사 자리였다. 동시에 부업으로 번역에도 손을 대기 시작했다. 감옥에서 처절하게 공부한 그의 영어 실력은 곧 그를 유명하게 만들었다. 충칭출판사 편집부 직원으로 스카우트된 것도 그의 영어 실력 덕분이었다. 여기서 그치지 않았다. 뛰어난 이재(理財) 능력을 가졌던 그는 얼마 후부터 출판사의 경영에도 참여했다. 투잡족이 된 만큼 당연히 수입도 좋았다. 그러나 1985년 그는 갑자기 출판사에 사표를 던졌다. 출판사 사장을 비롯한 주변 동료들은 당연히 말렸다.

남들은 은퇴를 준비하는 나이, 50세를 바라보는 그에게 사람들은 회의의 눈길을 보냈다. 그러나 인밍산은 성공할 자신이 있노라 호언장담했다. 그러나 사실 개인 사업은 쉽지 않았다. 업종을 고르는 것부터가 머리를 아프게 만들었다. 게다가 그에게는 종잣돈이 턱없이 부족했다. 그는 결국 자신이 잘 알고 성공할 가능성이 높은 출판업에 투신하는 것이 성공의 지름길이라는 생각을 하게 됐다. 당시 중국의 경제 사정은 어려웠다. 값싼 책을 많이 판매하는 것이 바람직할 수밖에 없었다. 곧 책값이 1마오(毛·18원)에 불과한 이른바 '1마오 총서'가 발간됐다. 결과는 완전 대박이었다. 책 1권당 고작 2편(3.6원)이 남았으나 박리다매의 위력은 대단했다. 그는 당시로서는 상당한 액수인 60만 위안(1억 800만 원)을 손쉽게 손에 쥘 수 있었다. 그러나 출판 사업은 한계가 있었다. 국영 신화(新華)서점이 당시 공룡 업체로 군림하면서 소형 군소 업체들에는 숨 쉴 공간조차 없어졌기 때문이다. 그는 다시 새로운 업종을 찾아야 했다. 이때 그의 뇌리에 떠오른 업종은 충칭 지역에서 나름대로 경쟁력이 있는 요식업과 오토바이 모터 사업이었다. 그는 한참을 고민하다 오토바이 모터 사업을 하기로 결정했다. 전망을 밝게 본 것이다. 1992년 지천명의 나이를 훌쩍 넘긴 55세의 그는 가족의 만류를 뿌리치고 20만 위안의 종자돈으로 직원 9명과 함께 오토바이 모터를 전문적으로 생산하고 수리하는 공장을 차렸다. 바로 이 공장이 지금의 리판그룹을 만들어낸 모태회사다.

그러나 말이 좋아 공장이지, 회사의 규모는 정말 보잘것없었다. 고작 40제곱미터(약 13평)에 불과할 정도였다. 그러나 회사의 성장 속도는 엄청났다. 그는 자금을 어느 정도 축적하자 아예 오토바이 제조업으로 사업을 확대했다. 회사 이름도 정식으로 '충칭리판(重慶力帆)'으로 내걸었다. 이때 직원들은 이렇게 물었다고 한다.

"사장님, 우리들은 중국 어디에서도 생산되지 않는 오토바이를 만들고 싶습니다. 그게 정말 가능할까요?"

"왜 안 돼? 힘을 내자고. 나는 21년 동안이나 노동 개조를 당한 사람이야. 자네들은 상상도 못하지. 나를 생각하면 자네들은 못할 일이 없을 거야. 한 번 해 보자고."

인밍산은 자신만만하게 대답했다. 말로만 그런 것이 아니었다. 공장의 직원들과 함께 먹고 자고 하면서 6개월 동안 직접 오토바이 개발에 매달렸다. 60세를 바라보는 나이에 기름밥을 자진해서 먹은 것이다. 얼마 후 100CC짜리 오토바이가 첫 선을 보였다. 시승실험을 거친 제품은 생각보다 괜찮았다. 그는 오토바이를 판매할 작정으로 마지막 장거리 승차 실험을 했다. 그러나 오토바이는 잘 달리다 100킬로미터쯤 갔을 때 본색을 드러냈다. 완전히 공중 분해되면서 망가져버렸다. 처참한 실패였다. 그래도 그는 실망하지 않았다. 처음부터 다시 시작하기로 마음먹었다. 늘 발상의 전환을 중요하게 생각하는 그답게 연구 개발에 들어가는 투자 액수도 대폭 늘렸다. 첫 번째 실패의 값진 경험은 2년 후 좋은 결과를 가져왔다. 중국에서는 처음으로 100CC 오토바이 개발에 성공한 것이다. 그는 몇 년 전 언론과의 인터뷰에서 당시를 이렇게 회상한 바 있다.

"기업이 돈을 버는 데는 세 가지 길이 있습니다. 첫째는 독점, 둘째는 투기, 셋째는 창의력의 길입니다. 그때 이후 나는 이 세 가지 모토를 기업의 좌우명으로 삼았습니다. 공장 벽에도 붙여놨습니다."

그러나 인밍산이 세 가지를 즉각 실천에 옮기기는 쉽지 않았다. 독점도 투기도 본격적으로 사업에 뛰어든 지 3년밖에 안 된 그에게는 무리였다. 남은 것은 창의력뿐이었다. 그는 이 부분에 있어서만큼은 자신이 있었다. 인밍산은 100CC 오토바이를 개발하고 나서부터는 제품의 성능개선에 힘을 쏟았다. 당시 중국의 오토바이는 시동을 걸 때 시동 페달을 한 번 세게 밟아줘야 시동이 걸렸다. 하지만 일본 제품은 단추를 한 번만 눌러주면 자동으로 시동이 걸렸다. 말할 것도 없이 시동 걸기에 편리한 일본 제품이 중국 제품보다 훨씬 더 경쟁력이 있었다. 인밍산은 이에 주목했다. 단추를 눌러 시동을 거는 오토바이 개발에 나선 것이다. 결국 중국 브랜드로서는 처음으로 개발에 성공했다. 이후 리판의 오토바이 제조 기술은 급속도

❶ 55세에 오토바이 제조업에 뛰어든 인밍산은 품질로 승부를 걸어 성공을 일궈냈다.
❷ 인밍산 회장이 나이 65세에 뛰어든 자동차 산업.
　10여년 밖에 지나지 않았지만 리판자동차의 품질은 몰라보게 좋아졌다.

로 발전했다.

2004년에는 오토바이 생산 및 판매량과 수출액, 특허 보유 등의 부문에서 중국 1위 업체로 등극하기에 이르렀다. 이때부터 그의 이름 앞에는 재벌이라는 단어가 자연스럽게 붙기 시작했다.

### 자동차 분야에 도전해서 성공하다

그러나 중국 재계 최고 기인의 성공 신화는 이 정도에서 그치지 않았다. 그가 오토바이 제조에서 성공한 여세를 몰아 자동차 생산에 나선 것은 그의 나이 65세 때인 2002년이었다. 당연히 이때에도 주위 사람들은 만류했다. 특히 회사 중역들의 반대가 무척 심했다. 그나마 그의 뜻을 이해하는 일부 중역들은 자동차 사업을 하려면 외국 기업과 합작하는 것이 바람직하다는 타협책을 제시하기도 했다. 하지만 그는 뜻을 꺾지 않았다. 외국회사와 합작을 하면 땅 짚고 헤엄치기가 될 수는 있을 것이고 투자위험도 낮출 수 있겠지만 지분은 적어질 것이다. 그리고 외국 회사의 브랜드에 의존하게 된다.

그렇게 되면 기술 개발에 눈을 돌리려는 노력도 줄어들 수밖에 없을 것이라는 게 인밍산의 판단이었다.

독자적인 자동차 브랜드를 만들겠다는 그의 계획은 애초부터 계란으로 바위치기와 다름없었다. 오토바이 엔진에 차체를 얹은 한심한 자동차라는 비웃음도 수없이 들어야 했다. 그는 포기하지 않았다. 특히 자체 엔진 개발과 연구 분야에는 투자를 아끼지 않았다. 많을 경우 회사의 1년 영업이익에 버금가는 1억 위안(180억 원) 이상이 들어간 때도 있었다. 다행히 결과는 크게 나쁘지 않았다. 곧 핵심 기술인 엔진과 디자인이 몇 단계 업그레이드된 모습으로 나타나기 시작했다. 지난 10여 년 동안의 노력을 통해  리판 그룹은 어느 정도 기술 자립을 이룩했다. 하지만 생산하는 자동차 모델은 아직까지 2,000CC 이하 급에 지나지 않았다. 그래서 외국의 난다 긴다 하는 메이커는 말할 것도 없고 치루이(奇瑞), 지리(吉利), 화천(華晨) 등 중국 내 여타 토종 자동차회사들에 비해서도 초라한 수준이었다. 그러나 리판 그룹과 인밍산은 미래에 대한 희망에 부풀었다. 사업 계획이나 투자 현황을 보면 그럴 만도 하다. 무엇보다 충칭 베이부신구(北部新區)에 있는 자동차 단지에 7억 5,000만 위안(1,350억 원)을 투자해 공장부지 2곳을 조성한 행보가 예사롭지 않았다. 여기에 브라질의 크라이슬러 캄프라르고 엔진 공장을 통째로 사들인 공격적 M&A도 주목을 끈다. 그뿐만 아니라 상하이 퉁지대학(同濟大學)과 산학협동으로 100% 독자 기술로 '리판 520'을 개발한 것은 오토바이 제조업에서 거둔 성공이 조만간 자동차 분야에서도 가능할 것이라는 사실을 어느 정도 시사해준다고 볼 수 있었다. 보통 기인들은 당대에는 주위의 인정을 받지 못한다. 중국 최고 기인으로 불리는 명나라 양명학(陽明學) 좌파의 사상가 이지(李贄)가 당대에는 미치광이 취급을 받았듯이 말이다. 인밍산은 그래도 행복한 편에 속한다. 기인이기는 해도 무엇보다 당대에 당당하게 성공했기 때문이다. 게다가 2010년 11월 25일에는 그의 인생 역정이 중국 전역에서 인정을 받았다. 이날 리판그룹이 상하이 증시에 상장되면서 그가 무에서 유를 창조한 기적의 자본가라는 사실을 공인받은 것이다. 이 같은 사실은 애초 2억 위안(360억 원)을 예상했던 조달 목표액에 비해 무려 15배에 가까운 29억 위안(5,220억 원)의 자금이 몰렸다는 사실이 단적으로 보여주고 있다.

그에게도 위기의 시절은 있었다. 가장 어려웠던 시기는 후발 경쟁업체인 '중둬(衆多)'가 리판을 꺾기 위해 구사한 덤핑 전략에 밀려 매출이 떨어지기 시작했던 1990년 중·후반 무렵이었다. 인 회장은 위기의 돌파구를

225

찾기 위해 세계시장으로 눈을 돌렸다. 우선적 타깃은 동남아시아로 정했다. 그러나 동남아시아 시장도 만만치는 않았다. 시장의 98% 이상을 장악한 일본 제품 탓이었다. 게다가 리판이라는 생소한 브랜드로는 일본의 탄탄한 오토바이 브랜드를 넘기가 힘들었다. 하지만 인밍산은 과장을 약간 보탠다면 '자전거보다 좀 더 비싼 오토바이'라는 선전 문구를 대대적으로 내걸고 가격경쟁력으로 승부했다. 그의 말을 들어보면 당시 상황을 짐작해볼 수 있다.

"동남아시아는 중국과 아주 가까워 물류비용이 싸게 먹혔다. 또 배기량 100CC 급 오토바이의 경우 우리는 일본 제품 가격의 3분의 1에 공급할 수 있었다. 자전거보다 크게 비싸지 않았다. 이러고도 일본 제품을 이기지 못한다는 것이 말이 되겠는가?"

그의 전략은 통했다. 리판 브랜드 오토바이의 인지도는 날로 높아졌다. 일본 브랜드에 철저하게 밀리던 시장점유율이 서서히 올라가더니 역전되기 시작했다. 나중에는 일본 브랜드를 완전히 밀어내고 시장점유율 70%를 차지하기에 이르렀다. 동남아시아 진출 성공에 자신감을 얻은 인밍산은 아프리카 진출을 모색했다. 이를 위해 그는 2003년 중국 쿵푸(功夫) 시범단과 함께 아프리카 최대 시장인 나이지리아 전역을 일주하는 파격적인 행보를 벌였다. 이 전략도 성공했다. 아프리카는 바로 제2의 동남 아시아가 됐다. 인밍산의 승승장구에는 기인만이 할 수 있는 파격적인 발상의 전환, 과감한 결정 등이 큰 역할을 했다. 그러나 다른 요인도 전혀 없지는 않았다. 두 번째 부인인 천차오펑(陳巧鳳 · 47)의 내조도 요인이 되었다. 또 여기에 계모보다 고작 3세 어린 외아들 인시디(尹喜地 · 44)의 보좌도 무시할 수 없다. 특히 자동차 광인 시디는 아버지의 사업에 많은 조언을 하면서 사실상 자동차 사업을 이끄는 것으로 알려졌다. 나이가 들면 성격이 모난 사람도 둥글둥글해진다고 한다. 그는 한때 반골의 악질 우파 분자라는 소리까지 들었으나 지금은 완전히 구원(舊怨)을 잊은 채 홍색자본가로 변신해 있다. 주룽지 전 총리로부터 중국에서 가장 성공한 민영기업가라는 찬사를 받기도 했다. 또 기인답지 않게 문화체육사업 투자에도 열심인 것도 눈에 띈다. 리판그룹의 회장보다 중국 프로축구팀인 충칭리판FC의 구단주로 더 열심히 활동을 하기도 했다. 자선 사업에 적극 나서는 것도 그의 성격이 둥글둥글해졌다는 사실을 말해주는 또 하나의 물증이다. 그가 처음 기부에 나선 것은 2003년 4월이었다. 불우 이웃을 위해 225만 위안(4억 500만 원)을 충칭시에 쾌척했고 2004년 사스(SARS)가 창궐할 때는 방역을 위해 80만 위안(1억 4,400만 원)을 내놓았다. 최근에는 농촌 오지의 빈곤층 자녀를 위한 이른바 '희망학교' 짓기에 열심이라고 한다.

인밍산이 맨주먹으로 사업을 시작한 지 20여 년 만에 이렇게 회사와 재산을 키워냈다는 사실을 생각해보면 정말 놀라운 결과라고 할 수 있다. 2011년에는 중국을 벗어나 브라질에 생산공장을 건설하여 해외 투자계획을 밝혔고, 2012년 세계 160개 국가에서 한 해 6억 달러에 이르는 외화를 벌어들이는 성과를 거두었다. 당해 연도 시가총액도 100억 위안(1조 8,000억 원)을 호가했다. 이때부터 충칭에서는 단연 발군의 기업으로 안착하게 되었다. 인밍산의 아들인 시다는 20년 후에는 중국 100대 기업 안에 리판의 이름을 넣을 것이라고 야심을 불태우기도 했다. 그 야망의 실현을 위해 2014년에 22억 위안(약 3674억 원)을 투자하여 허난성 북쪽 지유안에 전기차 공장을 건설했다.

최근 2015년 하반기에는 중국 최대 전자상거래업체인 알리바바와 협력하여 온라인 자동차 판매루트도 확보했다. 이로써 알리바바의 중국판 블랙프라이데이 '솔로데이 빅세일' 등 대규모 판촉활동에도 참여할 수 있게 되

인밍산 회장은 자신이 불우한 어린 시절을 겪어서인지 몰라도 적극적인 자선활동을 펼쳐 가장 성공한 민영기업가라는 찬사를 주룽지 전 총리로부터 들었다.

었으며 알리자동차와는 자동차 관련 금융, 서비스, 제품판매 등 다양한 분야에서 협력하는 등 한 단계 더 도약을 꿈꾸고 있다. 특히 자동차 구매자금을 대출해주는 자동차 금융서비스 분야에서 알리바바와 밀착 행보도 예고했다. "알리바바를 통해 자동차 판매모델의 '혁신'을 이루겠다."고 밝힌 바 있는 인밍산의 비전은 머지않아 현실이 될 듯하다.

"오랫동안 준비하고 일순간에 발산하라! 기회를 기다렸다가 한 번에 성공하라!" 인밍산의 좌우명이다.

### 인밍산 연보

- 1938년 충칭 출생
- 1958~1978년 노동개조로 수용소 생활
- 1992년 리판 오토바이 창업
- 2002년 자동차 사업 투신
- 2003년 충칭시 정협 부주석
- 2010년 리판그룹 상하이 증시 상장
- 2015년 현재 그룹 일선에서 물러났으나 그룹 차원의 결정에는 영향력 행사

# 대륙의 봉이 김선달
# 와하하그룹
# 쫑칭허우 회장

〈후룬푸하오방〉에 의해 량원건의 뒤를 잇는 중국의 넘버2 부호로 평가된 '와하하(娃哈哈)그룹' 쫑칭허우(宗慶後·69) 회장. 쫑 회장은 2010년〈후룬푸하오방〉과 2012년 3월에 발표된 〈2012후룬 전 세계 부호 순위〉에서는 오히려 량원건 회장을 제치고 중국 내 부호 1위를 차지했던 CEO이다. 두 리스트에서는 각각 800억 위안(14조 4,000억 원)과 105억 달러의 재산을 보유한 것으로 평가됐었다. 2014년 포브스 선정 중국부호 6위에 등극했다.

가난한 어린 시절을 보낸 그는 중국인들에게 자주 회자되는 사람이다. 모든 빈곤한 중국인들의 막다른 삶의 길목에서 절박하게 상인의 정신을 끄집어낸 그를 사람들은 선망한다. 그뿐만 아니라 아직도 생활고에 허덕이는 중국 젊은이들에게는 희망의 원동력이 돼준다.

"나는 직원들보다 행복하지 못하다. 항상 직원들보다 더 많이 노력하고 열심히 일해 직원들을 행복하게 만들어야 하니까." 그의 철학이 담긴 말이다.

　중국은 대륙 전체가 대체적으로 물의 질이 좋지 않다. 맑은 계곡의 물을 그냥 마셔도 되는 한국과는 도저히 비교가 안 된다. 베이징의 수돗물만 해도 석회 가루가 둥둥 떠다닌다. 도저히 그냥은 먹을 수 없는 것으로 유명하다. 면역력이 약한 노인들과 어린이들이 그냥 마셨다가는 낭패를 볼 수도 있다. 중국인의 젖줄 중 하나인 황하(黃河)의 이름에 식수(食水)와는 관계가 멀어야 할 한자인 '누를 황(黃)'자가 떡 하니 들어가 있는 것은 이런 중국의 현실을 단적으로 보여준다. 그래서 중국인들에게는 대동강 물을 팔아먹었다는 천하의 사기꾼 봉이 김선달 같은 사람이 선견지명을 가진 대단한 사업가 기질의 인물로 여겨질 수밖에 없다. 오래전부터 중국에서 물은 반드시 깨끗한 물을 사서 마시거나 아니면 무슨 방법으로든 가공해서 섭취해야 하는 존재였다. 이랬으니 돈에 관한 한 거의 동물적인 본능을 가지고 있는 중국인들이 물이라는 상품이 대박 상품이 될 것이라는 사실을 몰랐을 까닭이 없다. 한국에서 물을 사 먹으면 이상한 사람이라는 눈총을 받았을 20세기 초부터 중국에서는 광천수를 비롯한 음료 산업이 발달했다. 또 웬만한 한국인들이 '에비앙(Evian)'이라는 세계적 광천수의 이름을 듣도 보도 못했던 1980년대 말부터 중국인들은 에비앙을 수입해 '이윈(依雲)'이라는 중국 스타일의 브랜드로 대중화시켰던 전력도 있다. 물론 물 값이 기름 값의 수십 배에 이를 정도로 비싸기는 했지만 말이다. 당연히 지금은 물 시장의 규모가 '악' 소리가 나올 만큼 엄청나게 커져 있다. 2014년을 기준으로 69조 3,000억 원이었으며 연평균 8~9%씩 성장세를 기록하는 추세이다. 이러한 경향은 2018년까지 이어져 100조 원에 달할 전망이다. 웬만한 동남아 국가의 GDP가 무색한 수준이다. 이에 따라 먹는 물을 생산하는 업체 수도 경악할 수준이다. 이름만 대면 바로 알 만한 전국구 업체만 최소한 수백여 개에 이르고 성(省)이나 시(市)에서 맹주 노릇을 자처하는 중소업체들까지 합치면 전국적으로 거의 1만 개에 가깝다.

쭝찡허우 회장은 40대 중반을 바라보는 늦은 나이에 창업해 대그룹을 일궈냈다.

### 봉이 김선달에 비견되는 항저우 물장수 쭝칭허우

이런 거대한 시장에서 신화를 창조한 기적의 CEO가 없을 리가 있겠는가. 한국의 북청 물장수에 빗댄다면 쭝칭허우는 항저우 물장수쯤으로 불러야 하지 않을까 싶다. 중국 내에서 쭝칭허우 회장은 알리바바의 마윈 회장과 같은 저장성 항저우 출신 기업인으로 알려져 있다. 그러나 그의 출생지에 관해서는 이설도 있다. 즉 쭝 회장은 사실 장쑤성 쑤첸(宿遷)의 둥다제(東大街)에서 1945년 10월에 출생했다는 설이있다. 그의 할아버지는 20세기 초 동북 지방의 군벌로 유명했던 장줘린(張作霖) 아래서 재정 담당 책임자를 맡았다는 것이 정설이다. 따라서 아버지 쭝치뤼(宗啓綠)가 난징의 국민당 정부 관리로 일했던 것은 결코 우연한 일은 아니었다. 그의 유년 시절은 그래도 국민당 정부의 중견 관리였던 할아버지와 아버지 덕에 조금도 어렵지 않았다. 하지만 1949년 국민당이 대만으로 쫓겨가고 공산당이 중국 대륙을 통일한 다음부터 상황이 완전히 달라졌다. 장남인 그를 비롯한 5남매는 초등학교 교사로 일하던 어머니의 수입에 의존해 근근이 살아야 했다. 그러나 불평할 상황이 전혀 아니었다. 아버지가 감옥에 가지 않고 그저 실업자가 된 것만 해도 고맙게 생각해야 했으니까. 어려운 가정 형편으로 인해 1963년 겨우 뒤늦게 중학을 마친 그는 졸업과 동시에 곧바로 생업 전선에 뛰어들었다. 첫 직장은 저장성 저우산(舟山)에 있던 마무(馬目) 농장이었다. 이곳에서 소금을 캐고 만들어 운반하는 작업을 했다. 그는 이듬해에 인근 뤼싱(綠興)농장에서 관리인 생활을 하게 된다. 이 부분에서도 기록은 일부 엇갈린다. 그가 계속 뤼싱 농장에서 일했다는 기록이 있는가 하면 얼마 후 인근의 사오싱(紹興) 차 농장으로 전근됐다는 설도 있다. 아무튼 그는 기록이 애매모호한 이 15년여 동안 계속 몸으로 때우는 생활을 한 것만은 확실하다. 훗날 그의 술회에 의하면 그 기간에도 그의 뇌리에는 항상 남보다 앞서는 사람이 되고자 하는 출세 욕구가 있었다고 한다. 또 이런 야심을 실현하기 위해 사방에서 책을 찾아 쉴 새 없이 읽었다고 기록들은 증언하고 있다. 최종 학력은 중학 졸업임에도 불구하고 그의 언행이나 사고가 비슷한 학력의 동년배에 비해 수준이 높은 것은 다 이 기간에 읽었던 책 덕분이었다.

1978년은 문화대혁명이 완전히 끝난 지 2년 후였으나 이때까지도 농촌으로 내려갔던 수많은 지식인 청년들이 계속 도시로 돌아오고 있었다. 그는 이 와중에 항저우로 갈 수 있었다. 하지만 그는 말 그대로 완전히 빈손이었기 때문에 33세의 나이로 항저우의 한 종이상자 공장에서 영업사원으로 일하지 않으면 안 됐다. 이때에도 그는 나이를 잊고 열심히 일했다. 그 결과 성실성을 인정받아 1년 만에 보다 규모가 큰 '광밍(光明)전기계기공장'으로 옮겨 생산 및 영업 관리자로 일하는 기회를 잡게 됐다. 이후 그는 40대 중반을 바라보는 나이까지 항저우에서 여러 공장을 전전했다. 이 같은 그의 이력은 1987년 초 14만 위안(2,520만 원)을 투자해 초·중학교 학생들을 상대로 배달 서비스 회사를 설립할 때까지 이어졌다. 이 사업이 바로 그가 무명의 노동자에서 중국 최대 자본가가 될 수 있는 극적인 전기를 마련한 사업이다. 그는 자신의 창업 의사를 결혼한 이후 함께 고생해온 부인 스유전(施幼珍·66)에게 말했다. 부인은 잠시 우려하는 기색을 보였으나 쭝칭허우의 성실성과 자신감을 믿고 결국 창업의 길을 허락했다. 과연 쭝칭허우의 장담대로 사업이 시작되자마자 부인 스유전의 우려를 가볍게 불식시켰다. 그는 사업에 성공할 수 있다는 자신감을 얻어 이듬해에는 오늘날 와하하그룹의 모태가 되는 '와하하 영양 식품 공장'도 설립했다. 와하하의 첫 번째 생산 제품은 아이들이 영양 음료로 복용할 수 있는 내복액이었다. 부모들은 아무리 살림이 어려워도 하나밖에 없는 자식을 위해 내복액 먹일 돈을 아끼지 않을 것이라는 그의 예상이 들어맞았다. 생산 첫 해에만 당시로서는 만만치 않은 액수인 488만 위안(87억 8,400만 원)의 매출을 올릴 수 있었다. 내복액 사업 2년차인 1989년의 실적은 더욱 엄청났다. 매출액이 전년 대비 5배 이상 늘어난 2,713만 위안(488억 3,000만 원)에 이른 것이다. 지금으로 따지면 중견 기업 매출 이상이었다. 1990년의 실적은 아예 빅뱅이라는 표현이 알맞을 것 같다. 무려 4억 위안(7,200억 원)의 매출액에 7,000만 위안(126억 원)의 순익을 가볍게 올렸다. 이 같은 순익은 1991년 요구르트 사업에도 도전할 수 있는 발판을 마련해 줬다. 이후 어린이를 뜻하는 '와(娃)'와 웃음소리 '하하(哈哈)'를 더해 만든 '어린이의 웃음소리'라는 뜻의 회사 이름 '와하하(娃哈哈)'는 그에게 성공을 의미하는 보증수표와 같았다. 회사의 규모는 가만히 앉아 있어도 폭발적으로 커져가기만 했다. 그러나 그는 여기에 만족하지 않았다. 잘나갈 때 뭔가 대전환을 모색해야 한다는 생각이 그의 뇌리에서 꿈틀대고 있었다. 쭝칭허우는 다시 부인 스유전과 형 덕택에 일반 노동자에서 경영자로 일거에 신분이 수직상승한 첫째 동생 쭝두안허우(宗端後·66)와 미국 지사를 관리하다가 잠시 돌아와 있던 둘째 동생 쭝쩌허우(宗澤後·61)를 조용히 불렀다. 사업이 완전히 본궤도에 오른 1995년 말 어느 날 저녁이었다.

그는 자신의 가족들 앞에서 생수 시장의 참여를 선언했다. 시장이 포화 상태라며 반대하는 동생들의 의견에는 세계적인 생수 브랜드인 에비앙을

중국 저장성 항저우는 예부터 거부들의 고향으로 알려져 있다.
사진은 최근 항저우의 랜드마크로 부상한 항저우대교.

제2부 **우리도 주목하라 : 또 다른 신화의 주인공들**

생산하던 '다농(Dannon)'과의 합작으로 시장을 뚫겠다고 설득했다. 이듬해인 1996년 쭝칭허우는 자신의 말을 실행에 옮겼다. 다농과 49대51의 지분 합작으로 전국 생산 및 판매망을 갖춘 생수회사를 설립하기로 한 것이다. 지난 10여 년 동안 벌어들인 알토란 같은 자금 5억여 위안(900억 원)은 이렇게 해서 순식간에 그의 통장에서 사라졌다. 사업에 실패하면 그야말로 일거에 모든 것이 물거품이 될 수 있는 대단한 베팅이었다. 그러나 역시 그에게는 운이 따랐다. 에비앙과 다농 브랜드의 파워에 힘입어 생수회사 와하하가 예상보다 훨씬 빨리 전국적으로 알려지게 됐다. 이 정도가 되면 다농과 손 잡은 와하하 생수 브랜드 출시의 대성공에 환호작약해도 괜찮을 법도 했으나 그는 업종을 다각화하기 위해 한 걸음 더 나아갔다. 당시만 해도 중국에서는 감히 엄두를 내지 못하던 콜라 사업에 과감하게 뛰어들기로 한 것이다. 내친 김에 여세를 몰아 그룹으로 도약하고자 하는 야심이 발동했다고 할 수 있었다.

### 본격적으로 사업다각화에 뛰어든 쭝 회장

와하하는 현재 콜라도 생산하고 있다. 그는 생수 사업에 진출할 때와는 달리 콜라 사업에서는 자체 기술로 승부를 걸었다. 전 세계적으로 코카와 펩시가 양분하는 과점 체제인 콜라 시장에서 검증이 안 된 중국 기술로 사업에 나선 것은 무모한 도전이었다. 그래서 그가 콜라의 브랜드로 '페이창(非常)'을 선택했는지 모를 일이다. 페이창 콜라를 시장에 출시한 직후 그는 중국인들의 애국심에 호소하는 극단적인 전략을 들고 나섰다. "중국인은 중국산 콜라를 마신다."는 구호를 내건 것이다. 기적은 또 일어났다. 시장에 참여한 첫 해였던 1998년의 페이창 시장 점유율은 고작 3%밖에 안 돼 '역시'라는 말을 듣는가 싶었지만 이듬해인 1999년의 시장점유율은 무

CCTV에 출연한 충칭허우 회장과 그의 딸 쭝푸리.
와하하는 가족 중심의 경영으로 유명한 기업이다.

제2부 **우리도 주목하라 : 또 다른 신화의 주인공들**

려 10%가 넘어 시장 관계자들을 경악시킨 것이다. 이후 페이창 콜라의 시장 점유율은 가파르게 상승해 2012년에는 16%를 기록했다. 코카콜라와 펩시콜라의 양강 구도를 흔든 3강 구도로 정착시킨 것이다. 이런 구도가 계속 이어질 경우 조만간 중국의 콜라 시장은 펩시가 퇴출되고 페이창과 코카의 대결로 압축될 가능성이 큰 것으로 예측되었다.

쭝칭허우가 일반의 예상과는 달리 콜라 사업에서도 성공한 데는 몇 가지 이유가 있다고 봐야 한다. 일단 애국심에 호소하는 전략이 통했다고 할 수 있다. 여기에 그가 늘 강조하는 이른바 농촌을 공략해 도시를 포위하는 마오쩌둥 전략이 통한 것도 간과해서는 안 된다. 또 두 콜라에 비해 저렴하면서도 제품의 질이 떨어지지 않은 것도 페이창의 경쟁력 향상에 한몫했다고 봐야 할 것이다. 그러나 역시 사업에 관한 한 독종이라고 해도 좋을 쭝칭허우의 장사꾼 본능이 결정적인 역할을 했다고 생각된다. 사실 창업을 하던 42세 때까지 그는 자본가로서의 근성이 별로 보이지 않았다. 그러나 그는 사업에 뛰어든 이후부터는 몰라보게 달라졌다.

어린이 영양 음료가 대박을 터뜨린 직후인 1987년 어느 날 그는 자신의 후두에 문제가 생겼다는 사실을 발견했다. 수술은 어쩔 수 없는 선택이었다. 하지만 수술 직후 그는 병원을 뛰쳐나와 공장과 판매 현장을 돌아다녔다. 그때 그는 말을 할 수 있는 상황이 아니었음에도 불구하고 의사소통에는 문제가 없었다. 가는 곳마다 칠판을 가져오도록 한 뒤 자신의 생각을 비서에게 글로 써 전달했기 때문이었다. 그는 바로 이런 불도저 같은 장사꾼 본능을 페이창 콜라를 처음 출시했을 때도 보여줬다. 항저우에 일주일 이상 머무르는 일 없이 1년 내내 전국을 순회하면서 페이창 콜라 브랜드 이미지 확산에 힘을 보탰다. 그는 생수와 콜라 같은 음료 사업이 안정 궤도에 들어가자 2002년 전혀 다른 업종인 아동복 사업에 눈을 돌렸다. 놀랍게도 그는 이 사업에서도 실패하지 않았다. 10년이 지난 후 전국에 800여 개 와하하 브랜드의 전문 매장과 5개 물류 센터를 운영할 정도로 아동복 시장에서도 입지를 굳히고 있었다.

뛰어든 사업마다 대박을 터뜨리는 바람에 그는 2003년 노동자에서 자본가로 변신한 지 16년 만에 매출 100억 위안(1조 8,000억 원)을 돌파한 100억 위안 클럽에 가입한 그룹의 총수로 우뚝 설 수 있었다. 또 2009년 10월에는 15년 동안 전략적 제휴 관계를 이어오면서도 줄곧 갈등과 분쟁 상태에 있던 다농과의 합작을 완전히 청산하면서 그를 옥죄던 코뚜레를 시원하게 벗어버리는 계기도 마련했다. 솔직히 다농과의 합작 청산은 원칙대로 하면 와하하에는 쉽지 않은 분쟁이었다. 무엇보다 처음 5개에서 시작해 39개까지로 늘어난 합작 회사의 경영권은 중국 영업의 편리상 와하하가 쥐고 있었으나 지분은 다농이 51%로 더 많았다. 법적으로 분쟁을 해결하려고 하면 이기기가 쉽지 않은 게임이었다. 게다가 와하하는 합작 관계라는 사실을 내세워 다농의 브랜드들을 무차별 도용하기까지 했다. 다농의 경영진이 와하하의 브랜드 무단 도용을 지켜보면서 속으로 쾌재를 부른 것은 이유가 있었다. 다농이 아예 40억 위안(7,200억 원)을 투자해 와하하의 합작 지분 49%를 인수하려 했던 것은 분쟁에서 이길 수 있다는 자신감과 무관하지 않았다. 그러나 중국 정부를 등에 업은 와하하를 이긴다는 것은 아무리 다국적 기업이라 해도 쉽지 않은 일이었다. 중국 정부는 다농에 원만한 해결을 촉구한다고 하면서도 은근히 와하하 편을 들어줬다. 다농으로서도 이 정도 되면 어쩔 도리가 없었다. 결과적으로 와하하는 다농이 제시한 40억 위안 플러스 알파라는 조건을 받아들여 다농의 지분 51%를 인수해 완전히 토종 독립 그룹으로 재탄생할 수 있었다. 이 정도 되면 와하하와 쭝칭허우는 천운을 가지고 있지 않나 싶다. 가족 외에는 믿을 만한 오른팔 하나 없이 오로지 쭝칭허우와 남동생 셋, 부인과 함께 일군 철저한 가족 회사 와하하는 2012년 6월에는 중국 생수 시장에서 20% 전후의 점유율을 기록하고 있었다.

와하하는 2000년대 초반 수년 동안 산둥성 라오산의 유명 생수 회사 '농푸산취안(農夫山泉)'에 밀려 시장에서 사라졌다가 2005년 극적으로 재진입한 '캉스푸(康師傅)'와 치열한 선두 경쟁을 벌이기도 했다. 여기에다 생수 외의 탄산, 과즙, 차 음료, 아동복 업종에서도 부동의 선두자리를 다투고 있었다. 와하하는 백화점 사업에도 진출할 계획을 가지고 있는 것으로 알려져 있었다. 이뿐만 아니라 넘치는 자본으로 요구르트 회사를 비롯한 외국 음료 업체의 인수·합병에도 적극적으로 나설 것으로 예측되었다. 이같은 행보는 2011년 그룹의 전체 매출액이 820억 위안(14조 7,600억 원)에 100억 위안(1조 8,000억원)의 영업이익을 낼 정도로 커진 그룹의 규모로 볼 때 충분히 부릴 만한 욕심이었다. 쭝칭허우는 시쳇말로 다른 대부분의 중국 자본가들이 그랬듯 미꾸라지가 용 됐다는 말을 들어도 좋을 만큼 성공했다. 13억 명을 훌쩍 넘는 중국인들 중에서 와하하에서 생산한 물과 음료를 매년 얼마씩이라도 마시지 않는 사람을 찾기가 어려운 사실을 상기해보면 정말 그렇다고 해야 한다.  그가 30% 지분을 가지고 있는 와하하가 중국 100대 기업의 반열에 진입할 것이라는 전망도 그의 성공이 결코 간단치 않다는 사실을 잘 말해주었다.

호불호가 갈리는 쭝칭허우에 대한 평가

그러나 그는 다른 자본가들과 달리 일반 대중으로부터는 그다지 좋은 평가를 받지 못하고 있었다. 그는 우선 기업인이라면 한두 번은 유혹을 받을 수밖에 없는 탈세라는 주홍글씨에서 자유롭지 못했다. 2008년 무려 3억 위안(540억 원)을 탈세한 혐의로 구속돼 최고 사형까지 선고받을 것이라는 보도가 있었으나 어찌된 일인지 유야무야됐다. 아마도 그가 비교적 정부나 당에 협조적인 인물인 데다 한국의 국회의원에 해당하는 '전국인민대표대회(전인대)'의 대표 신분의 홍색자본가였기 때문에 처벌을 피했으리라는 관측과 함께 그동안 각종 비리 혐의로 처벌을 받았던 다른 악질 자본가들에 비해 상대적으로 죄질이 가벼웠던 것도 처벌을 피하게 한 이유였다고 보인다. 그를 비호감으로 만든 이유는 이뿐만이 아니다. 그는 노블레스 오블리주와도 상당한 거리감이 있었다. 우선 그 자신을 비롯해 부인 스유전, 바로 밑의 남동생 쫑두안허우가 미국 영주권자라는 사실이 이런 분위기를 대변하고 있다. 꼭꼭 숨겨 뒀던 이 진실이 2008년에 드러나자 그는 "사업상 어쩔 수 없이 1999년 영주권을 받았지만 애국심에는 변함이 없다."면서 중국인들에게 이해를 구했다. 하지만 그가 미국에는 거의 가 본 적이 없는 토종 중국인이라는 사실과 상당한 도덕성이 요구되는 전인대 대표라는 사실을 상기하면 이해를 구한다는 말은 구차한 변명에 지나지 않아 보였다. 더구나 딸인 쫑푸리(宗馥莉), 둘째 남동생 쫑쩌허우와 막내 남동생 쫑위허우(宗宇後·57)가 아예 미국 국적을 취득했다는 사실에 이르면 그의 군색한 변명은 완전 거짓말이라고 해야 한다. 따라서 2008년을 전후해 중국 언론이 일제히 그의 가족의 미국 국적 내지는 영주권 취득에 대한 검증에 나선 것은 공연한 트집이라고 할 수 없었다.

게다가 그는 표면적으로라도 적극 나서거나 재단을 만드는 꼼수 등을 통해 시늉이라도 내야 하는 자선사업에도 당당하게 "노!"라고 말하는 몇 안 되는 중국 자본가로 꼽힌다. 심지어 2010년 9월에는 워런 버핏과 빌 게이츠가 중국의 자본가들이 더 많은 돈을 기부하도록 권유하기 위해 베이징에서 벌인 자선 연회 참석도 당당하게 거절하는 지독함을 보였다. 그의 이런

항저우의 와하하 공장전경.
쭝칭허우 회장은 절약정신으로도 유명하다.
번듯한 것보다는 내실 있는 것을 선호하는 것으로 알려져 있다.

행보는 노블레스 오블리주는 아예 생각조차 하지 않는 자본가라는 인상을 심어주기에 전혀 부족함이 없다. 물론 그에게도 존경할 만한 구석이 전혀 없는 것은 아니다. 예컨대 3만 명 가까이에 이르는 와하하그룹의 전 직원에게 주식을 적극적으로 나눠 준다거나 하는 행보는 그가 공익적인 자선에 인색한 것과는 달리 회사 직원들에 대한 복지나 나눔에는 신경을 쓰고 있다는 얘기가 된다. 또 그는 엄청난 재산을 가지고 있는 자본가지만 대단히 부지런하다. 일을 위해 골프를 비롯한 그 어떤 레저나 운동도 즐기지 않는다. 반면 급한 일로 출장을 갈 일이 있으면 밤낮을 가리지 않는다. 그럼에도 그는 건강에 전혀 이상이 없다. 그는 종종 90세까지 일하겠다는 열망을 보였다. 허투루 낭비하지 않는 그의 절약 정신도 칭찬을 받으면 받았지 결코 욕 먹을 일은 아닌 듯하다. 실제로 그는 돈에 관한 한 지독한 자린고비이다. 자신의 용돈이 하루에 150위안(2만 7,000원) 정도라고 한다. 이러니 그가 직원 식당에서 식사를 해결하는 일이 다반사고, 중국 100대 기업 진입을 곧 바라보는 그룹의 본사가 항저우역 인근에 있는 낡은 6층짜리 건물이라는 사실이 전혀 이상하지 않은 것이다. 이런 점을 봤을 때 그는 앞으로도 외형보다는 내실을 다지는 알찬 경영에 올인할 것으로 보인다. 쭝칭허우는 2011년 3월 본사가 있는 항저우가 아닌 베이징에서 기자회견을 갖고 "5년 안에 글로벌 500대 기업 순위에 진입하겠다."는 야심을 밝힌 바 있다. 2013년에는 소매업계로 사업을 확장하였으며, 앞으로 5년 동안 전국에 100여 개의 종합쇼핑센터를 설립하겠다는 계획을 발표했다. 그동안의 욱일승천을 보면 무리가 없는 비전이다.

사실 와하하가 중국 100대 기업에 진입한 후에는 시간이 다소 걸리더라도 글로벌 500대 기업으로 부상하는 것이 그다음 목표가 될 수밖에 없다. 만약 그가 자신의 말대로 90세 이전까지 경영 일선에서 활동하고 이 기간에 글로벌 500대 기업 진입이라는 필생의 소원을 이룬다면 그에게 덧붙여진 부정적인 이미지들도 상당 부분 희석될지 모른다. 한마디로 "끝이 좋아야 다 좋다."는 독일 속담이 그에게도 적용될 수 있다는 말이다. 중국판 봉이 김선달인 그와 와하하의 승승장구는 계속되고 있다.

**쭝칭허우 연보**

- 1945년 저장성 항저우 출생
- 1963년 중학교 졸업. 이후 15년 동안 육체노동에 종사
- 1978년 항저우로 귀향
- 1987년 학교에 학생용 음료와 문구 배달하는 서비스 회사 설립
- 1988년 와하하영양식품 설립
- 1996년 프랑스 다농과 생수 합작 회사 설립
- 1998년 페이창 콜라 브랜드 출시
- 2002년 아동복 사업 진출
- 2009년 다농의 와하하 지분 인수. 독립 경영 시작
- 2003년부터~현재 전인대 대표
- 2015년 현재 가족들이 주요 직책을 맡고 있으나 회장 자리 보유

# 영어가 돈이 된다는 사실을 증명한
## 신둥팡그룹
## 위민흥 회장

현대에는 영어도 물처럼 상당히 쓸모가 있다. 웬만하면 돈이 된다. 영어를 모국어로 쓰지 않는 나라에서는 확실히 그렇다. 특히 글로벌 운운하면서 국제화를 지향하는 국가에서는 누구나 영어를 그럴듯하게 잘만 활용하면 큰돈을 거머쥘 수도 있다. 중국 역시 영어 광풍으로 웃지 못할 해프닝이 많이 발생하는 나라이다.

따라서 중국에서 영어가 돈이 된다는 사실을 증명한 이들은 적지 않다. 가장 대표적인 인물이 주위의 눈길은 아랑곳하지 않은 채 큰소리로 마구 지껄이면서 단어와 의미를 익히는 이른바 '미친 영어(Crazy English)'로 불리는 영어 학습법을 창시해 세계적으로 유명세를 떨친 영어 강사 리양(李陽·45)이다. 하지만 그는 빈수레가 요란하다고 영어가 엄청난 돈이 된다는 사실을 증명하는 것에만 그쳤을 뿐 정작 영어를 황금알 낳는 대형 사업으로 연결하지는 못했다. 그렇다면 과연 영어를 이용해 리양보다 더 많은 돈을 벌어들인 중국 기업인은 없을까 하는 생각이 든다. 결론부터 말하면 확

245

영어도 큰돈이 된다는 사실을 증명한 신둥팡그룹의 위민훙 회장.
그 역시 중국에서 꼴찌들의 희망으로 불리고 있다.

실하게 있다. 바로 중국 최대 영어 학원 체인인 '신둥팡(新東方)그룹'의 창업자 위민훙(俞敏洪·52) 회장이 그 주인공이다.

### 두각을 나타내지 못했던 대학 재학 시절

중국 통계당국의 추산에 따르면 2013년을 기준으로 중국의 영어교육 시장 규모는 약 350억 위안(7조 2,000억 원)에 이르러 나름 규모가 큰 산업 분야였다. 신둥팡은 이 중 대략 35억 위안(6조 4,300억 원)의 시장을 차지해 8.7% 정도의 점유율을 가지고 있었다. 이 수치는 얼핏 보면 얼마 되지 않는다고 생각할지 모르지만 중국 전역에 외국계 대형 영어학원을 비롯해 수많은 영어학원이 1만 개 이상 있다는 사실을 감안하면 이 수치는 경이롭다. 신둥팡의 위상은 전국 50여 개 지사에 근무하는 정규직 직원 숫자에서도 확연하게 드러난다. 신둥팡의 직원은 무려 8,000명이니 웬만한 대기업 뺨칠 정도이다. 이뿐만 아니다. 중국 내에서 영어권으로 유학을 가는 학생들 중 70~80%가 한 번은 신둥팡을 거쳐 갔다는 사실까지 더하면 더 이상 신둥팡의 위상은 설명할 필요가 없을 정도다. 이쯤 되면 미국 나스닥 상장, 매출액 대비 이익률 20% 이상, 등록 학생 숫자가 매년 500만명 이상에 이르는 현실은 별로 이상할 것도 없다. 이 정도면 위민홍 회장이 처음부터 뛰어난 능력을 발휘한 영웅적인 인물이라고 볼 수 있을지 모른다. 그러나 실상은 그렇지도 않다. 일반적으로 생각하듯 다른 기업인들처럼 창업 스토리가 화려하지도 않아 오히려 초라하다고 볼 수 있다. 또 알리바바의 마윈 회장이 그랬던 것처럼 그도 대학에 입학하기 위해 모진 고생을 감수해야 했다. 비록 삼수라는 천신만고 끝에 입학한 대학이 중국 최고 명문인 베이징대학이기는 했지만 언론이나 호사가들이 종종 그와 마윈을 비교하는 것은 이상할 것도 없다.

1962년 장쑤성 장인(江陰)의 평범한 농민 가정에서 출생한 그는 어릴 때부터 주목받는 수재는 아니었다. 어느 한 분야에서 특별히 뛰어난 재능이 있는 것도 아니었고 공부도 썩 잘하는 편도 아니어서 부모나 주위 친척들의 커다란 기대도 없었다. 그러나 그에게는 이른바 될 때까지 노력하는 '끈질김'과 하면 될 것이라는 '도전정신'이 있었다. 위민홍은 그 성적으로는 입학이 불가능하다고 주위에서 코웃음을 친 베이징대학 외국어 계열 영문과에 당당히 합격했다. 1980년 무려 세 번이나 도전한 끝에 기적적으로 합격한 것은 무엇보다 그의 끈질김과 도전정신을 잘 말해준다.

그가 처음 베이징대학에 입학시험을 쳤을 때 영어 성적은 33점이었다. 이 점수는 베이징대학에 시험을 치러온 학생들과 학교에 대한 모독이라고 할 수 있었다. 그래도 그는 그 이듬해 다시 시험을 봤다. 이때는 55점이었다. 역시 어림도 없었다. 그는 다시 1년을 죽어라 하고 영어에 매달렸다. 기적은 일어났다. 마지막에 95점이라는 성적을 거둔 것이다. 친구들도 모두 기적이라고 했다.

그는 이렇게 입학한 베이징대학에서도 두각을 나타내지 못했다. 우선 베이징 표준말을 몰라 애를 먹었다. 영어도 입학시험 성적은 좋았으나 기본적으로 발음, 청취력 등의 기초가 엉망이었던 탓에 전공과목 공부에서 헤맬 수밖에 없었다. 그럼에도 그는 포기하지 않았다. 재학 도중 폐결핵으로 1년을 휴학했음에도 어떻게든 졸업을 하기 위해 최선을 다했다. 피나는 노력은 좋은 결과로 나타나지는 않았으나 배신도 하지 않았다. 입학 5년 만인 1985년에 영문과 꼴찌로 겨우 졸업을 하게 된 것이다. 꼴찌로 졸업을 했음에도 그는 학교에 남아 교사가 되는 길을 걷게 됐다. 그건 그가 결코 뛰어난 학생이기 때문이 아니라 오히려 뛰어나지 못했기에 다른 선택을 할 수 없었던 것이었다. 알량한 영어 교사 자리 외에는 취직도 유학의 문도 그에게는 주어지지 않았으니까. 그나마 다행인 것은 영문과 출신인 덕분에 대학 재학생들에게 영어를 가르칠 실력은 있었다는 사실이었다. 그는 도리 없이 월 120위안(2만 1,600원)에 불과한 월급을 받고 꼬박 3년 동안 잠자코 학생들을 가르쳤다. 그러던 1988년 어느 날 그는 갑자기 미국 유학길에 올라야겠다는 생각을 하게 됐다. 그럴 수밖에 없었다. 당시 유학이 대유행이었던 데다 그를 제외한 학과 동기들과 동문들이 하나같이 유학을 떠났기 때문이었다. 또 그에게는 대학 때 제대로 못한 공부를 확실하게 해서 교수가 되고 싶은 꿈도 있었다. 그래서 그는 베이징 대학 학생들에게 영어를 가르치는 한편 미국 대학에 입학신청서를 계속 보내는 집념을 보였다. 그러나 당시 위민홍은 가난했기 때문에 엉망인 성적에도 불구하고 장학금을 신청해야 했다. 하지만 3년 연속 그 어떤 대학에서도 장학금을 지급하겠다는 연락은 오지 않았다. 그나마 3년째에는 변변한 이름조차 없는 2류대학 한 곳에서 장학금의 4분의 3을 지원해 주겠다는 연락이 왔다. 그래도 그는 감격했지만 또다시 고민을 해야 했다. 나머지 학비 4분의 1이 무려 4만 위안(720만원)의 거금이었기 때문이다. 당시 매월 120위안을 받는 그의 월급으로는 학비를 마련한다는 것 자체가 언감생심이었다. 그는 오랜 고민 끝에 결국 사설 학원의 강사로 이른바 몰래바이트를 할 수밖에 없었다. 얼마 후에는 아예 자신의 이름을 내걸고 학원 측과 매출액을 나눠 먹는 식의 이른바 하청사업을 하기 시작했다. 그러나 당시 베이징대학은 외부 아르바이트를 허락하지 않는 것이 원칙이었다. 그는 곧 학교 행정당국으로부터 징계를 받았다. 징계는 위민홍의 사진과 함께 교칙을 어겼다는 내용의 벽보를 한 달 동안 게시판에 거는 것이었다. 별 어려움 없는 징계였지만 문제는 그의 자존심이 상처를 입었다는 점이었다. 게다가 실력도 별로 없는 주제에 엉뚱한 짓을 했다는 눈초리가 이어졌다. 결국 1991년 여름, 그는 베이징대학 교수가 되겠다는 꿈과 영어 교사라는 직업을 버리기로 결심했다.

### 교수의 꿈을 접고 영어사업에 나서다

이후 그가 찾아간 곳은 '둥팡(東方)학교'라는 사립학교였다. 그는 이 학교에서 하청 시스템의 '영어 강좌 연수부'를 설립하고 강사가 됐다. 초라하기는 해도 자신만의 영어 교육 사업을 본격적으로 시작한 셈이었다. 사실 강좌 이름만 그럴듯했지 실상 꼴은 말이 아니었다. 베이징 인근의 중관춘 제2초등학교의 교실과 책상, 의자를 빌려 한눈에 봐도 전혀 될 것 같지 않은 연수부를 만들었던 것이다. 치욕적이게도 첫날 강좌의 수강생은 단 한 사람도 없었다. 오로지 그와 갓 결혼한 부인 샤오양(曉楊·49)만 교실을 채웠을 뿐이었다. 그래도 그는 사업이 잘 될 것이라는 꿈을 버리지 않고 수강생을 기다리면서 부인에게 출납과 회계 업무를 맡겼다. 그 자신은 매일 풀통을 든 채 자전거를 타고 길거리에 나가 광고지를 붙이는 고초도 마다하지 않았다. 추운 겨울에는 풀이 꽁꽁 얼어붙기도 했으나 개의치 않았다.

249

정 추워서 견디지 못할 지경이면 늘 품안에 넣고 다니는 독한 배갈인 얼궈터우(二鍋頭)를 마시고 정신을 차리곤 했다. 이런 노력이 결실을 맺지 못한다면 말이 안 될 일이다. 아니나 다를까 그의 정성은 서서히 통하기 시작했다. 썩어도 준치라고 그래도 베이징대학 출신에다 교사를 지낸 경력이 엄청나게 어필됐다. 학생이 서서히 많아지자 그는 아예 자신의 이름을 걸고 학원을 차려 본격적인 영업을 해야겠다는 생각을 하게 된다.

바로 이렇게 해서 1993년 11월 신둥팡이라는 학원 체인이 탄생했다. 그러나 그를 제외한 초창기의 맨파워는 완전히 공포의 외인구단 그 자체였다. 원장인 그가 제일 학벌이 좋을 뿐만 아니라 강의를 제일 잘했을 정도였다. 등록 학생들을 돕고 각종 잡무를 처리하는 보조 인력은 50대를 바라보는 10여 명의 아주머니들뿐이었다. 하지만 그를 포함한 교사들의 열정은 대단했다. 이들은 그야말로 죽어라고 강의를 한 다음에는 얼궈터우를 한 사발씩 마시는 식으로 버티며 강의를 이어나갔다. 그가 초보 강사 시절 경험한 인센티브 제도를 철저하게 도입했기 때문에 강사들도 열정을 불태울 수 있었다. 이런 초창기 상황에 대해 위민훙은 언론과의 인터뷰에서 솔직하게 밝힌 적이 있다.

"나를 비롯한 모든 강사들은 현재의 자리가 마지막이라는 절박한 심정으로 강의를 했습니다. 그야말로 목숨을 걸고 했지요. 그러니 학생이 모일 수밖에 없었습니다."

사실 초창기 그의 꿈은 그다지 크지 않았다. 학생 몇 명만 있으면 밥벌이는 하지 않겠느냐는 절박한 생각이 무엇보다 창업을 부추긴 가장 큰 원동력이었다. 하지만 학생이 계속 늘어나면서 유학생들을 위한 토플과 GRE 강의까지 개설한 이후 그의 생각은 달라졌다. 영어 교육 사업을 본격적으로 해야겠다는 야심이 점점 커져 간 것이다. 당연히 그의 힘만으로는 역부

중국에서는 영어 실력을 올리거나 영어권 국가로 유학을 가기 위해서는
신둥팡그룹 학원의 강의를 듣는 것이 일종의 불문율처럼 여겨지고 있다.

족일 수밖에 없었다. 그는 1996년을 전후해 스타 강사 팀을 꾸려야겠다는 판단을 내렸다.

위민흥은 자신의 생각을 실천으로 옮겼다. 천하의 영웅을 태울 수 있는 적토마나 오추마 같은 스타 강사를 구하기 위해 1996년 초 직접 미국까지 날아갔다. 그가 처음으로 접촉한 1순위 스타 강사 후보는 영문과 입학 동기인 왕창(王强·50)이었다. 그보다 두 살이나 어린 왕은 이때 뉴욕주립대학에서 컴퓨터 공학과를 마치고 벨연구소에 근무하고 있었다. 앞날이 탄탄대로였다고 해도 좋았다. 둘은 뉴욕주립대학 캠퍼스에서 거의 10여 년 만에 해후했다. 왕창은 갑자기 불쑥 찾아온 형 같은 동기생 위민홍을 반갑게 맞았다. 위민홍과는 달리 뛰어난 성적 덕분에 대학을 졸업하고 영문과 조교와 영어 교사를 했던 그는 이때 이미 미국 생활 10여 년을 바라보고 있었다.

위민홍은 단도직입적으로 자신이 뉴욕으로 달려온 목적을 밝혔다. 왕창은 기가 막혔다. 현재 미국에서 잘나가고 있는 자신에게 미래가 어떨지도 모르는 학원의 강사로 초빙하겠다고 했으니 그럴 만도 했다. 아무리 베이징대학에서 영어 교사를 같이할 만큼 친하기는 했으나 강사로 초빙하겠다는 말은 솔직히 아무리 친구라도 예의는 아니었다.

"부원장 자리를 줄게."

위민홍이 다시 왕창을 설득하듯 말했다. 어이없어 하는 왕창과는 달리 위민홍의 얼굴에는 진지함이 흘러넘치고 있었다.

"부원장이 아니라 원장, 아니 그 이상의 자리를 줘도 그렇지. 지금 내가 어떤 회사에 다니는지를 알기나 해? 미국 애들도 들어가지 못해 안달이 난 곳이야. 우리 직장에는 중국에서 교수 자리를 준다고 해도 마다한 사람이 한둘이 아니야. 그런데 나보고 대학도 아니고 학원 강사를 하라고. 너 제정신이냐?"

왕창이 화를 내면서 목소리의 톤을 올렸을 때였다. 왕창과 안면이 있는 중국인 유학생들 몇몇이 캠퍼스를 가로질러 가면서 반가운 표정으로 위민홍에게 "위 선생님!" 하고 인사하는 광경이 눈에 들어왔다. 이후에도 왕창은 비슷한 장면을 몇 번 더 목격했다. 그제서야 그는 위민홍의 학원이 절대로 만만한 곳이 아니라는 사실을 깨달았다.

"뭐야, 이거? 지나가는 중국인 유학생들을 다 자네 학원에서 가르쳤다는 거야?"

"그래. 자네가 돌아가서 나를 도와주면 나중에 더 대단한 스타가 될 거야."

"좋아, 돌아가자. 설마 자네가 나한테 사기야 치겠어?"

위민홍은 영어만큼은 대학 입학과 동시에 천재 소리를 들은 왕창을 영입하는데 성공하자 발걸음도 가볍게 다음 목적지인 디트로이트로 향했다. 그곳에는 대학 입학 동기이자 또 다른 영어 천재인 바오판이(包凡一·51)가 제너럴모터스(General Motors·GM)에서 일하고 있었다. 위민홍은 그곳에서도 마침 미국 생활에 염증을 느끼고 있던 바오판이의 마음을 사로잡았다.

## 신둥팡 신화를 써내려가다

위민홍의 무작정 미국 방문은 예상보다 훨씬 좋은 결과를 얻었다. 왕창이 1996년, 바오판이가 1997년에 귀국해 그를 도왔기 때문이다. 더구나 이들이 귀국했을 때 신둥팡에는 이미 쉬샤오핑(徐小平·58)이라는 맹장이 위민홍을 확실하게 보필하고 있었다. 또 첸융창(錢永强·42)이라는 스타 강사가 절정의 인기를 구가하고 있었다. 왕창과 바오판이는 자신들의 선택이 옳았다는 사실을 피부로 실감했다. 이후 많은 유학파 인재들이 신둥팡으로 몰린 것은 너무나 당연했다. 무서운 것은 삽시간에 퍼져나가는 속성이 강한 입소문이었다. 스타 강사들이 속속 몰려든다는 소식이 베이징을 비롯한 전국으로 퍼져나가면서 신둥팡의 위상은 그야말로 하늘 높은 줄 모르고 치솟았다. "토플과 GRE는 신둥팡이 전국에서 최고로 잘 가르친다."는 말이 퍼져나갔다. 대박이었다. 신둥팡은 폭발적으로 덩치를 불려나가 창업 10년 만인 2003년에는 이미 중국에 필적할 상대가 없을 정도로 커졌다. 이때 매출액은 4억 5,000만 위안(810억 원)에 이르렀고, 이듬해 매출은 무려 50% 이상 늘어난 7억 위안(1,260억 원)을 기록해 학원이라는 이름이 무색했다. 위민홍은 신둥팡이 예상보다 훨씬 빠른 속도로 발전하자 불과 몇 년 전만 해도 꿈도 꾸지 못한 나스닥 상장을 계획했고 이 야심은 2006년 9월 이뤄졌다. 당시 신둥팡의 시가총액은 1억 1,200만 달러를 기록했다. 비록 나스닥에 상장한 기업치고 눈에 확 띄는 액수는 아니었지만 골드만 삭스를 비롯한 나스닥의 거물 업체들이 매입했다는 사실을 감안하면 규모는 크게 문제가 안 된다고 볼 수 있다. 위민홍은 이때의 나스닥 상장 성공으로 일거에 중국의 신흥 자본가로 발돋움할 수 있었다. 대학 삼수생 출신의 경영자 위민홍은 20년 가까운 노력 끝에 2012년, 대략 95억 위안(1조 7,100억 원)의 재산을 보유한 자본가로 변신했고, 2011년에는 〈후룬푸하오방〉 중국 자본가 랭킹 95위에 이름을 올렸다. 현재 그가 이끄는 신둥팡그룹은 단순한 영어학원을 넘어 다양한 언어, 직업, 육아, 유학, 컨설팅 및 대학 입시, 온라인 시장에까지 뛰어든 종합교육그룹으로 변신했다. 심지어 장쑤성 양저우(揚州)에서는 궁극적으로 국제학교로 성장시킨다는 목표를 내걸고 12년제 초·중등학교를 설립해 운영했다. 조만간 대학까지 설립해 명실상부한 중국 내 최고 교육 왕국을 건설할 것이라고 업계 관계자들은 말했다. 이처럼 위민홍이 신둥팡을 짧은 기간에 일개 학원에서 종합 교육그룹으로 우뚝 서게 만든 데에는 나름의 노하우가 있었다. 무엇보다 그의 창조적인 마인드가 큰 역할을 했다고 봐야 한다. 그는 사실 순간적으로 번득이는 기지를 가진 천재형 경영자나 무슨 문제가 있을 때 즉각 해결책을 내놓는 뛰어난 능력을 가진 경영자라고 보기는 어렵다. 하지만 "부단히 새 아이디어를 가지고 이를 시장 상황에 맞게 새롭게 실천해야 살아남을 수 있다."는 그의 말에서 보듯 끊임없이 생각의 패러다임을 바꾸는 노력을 했다. 그의 독특한 강사 관리만 봐도 이 사실은 증명된다. 기본적으로 신둥팡의 강사들은 대부분 해외에서 공부를 하고 돌아와 자존심이 무척 강하다. 그래서 신둥팡의 특징인 인센티브제도에 대해 기본적으로 찬성하지만 자신에 대한 평가가 낮게 나올 때는 강력하게 반발하는 경우가 많았다. 이때마다 그는 수강생들의 강의평가와 자신의 생각을 솔직하게 털어놓고 이해를 구했다. 수긍을 하면 계속 함께 가지만 그렇지 않을 경우는 퇴출이 결정됐다. 이런 시스템 덕택에 수강생이나 그에 의해 높은 평가를 받은 이른바 일타강사들은 고정 급여 외에도 엄청난 보너스까지 두둑히 챙겼다. 해마다 신둥팡의 언어별 강사 채용 경쟁률이 수십대 1에 달하는 것은 다 이 때문이라고 볼 수 있다. 지방별 특성과 개성에 맞게 자율 경영을 보장하는 것도 신둥팡 성장의 밑거름이 되었다. 사실 중국은 단일국가라고 하기에는 각 지방의 문화와 관습이 크게 다르다. 위민훙이나 베이징의 그룹 중앙에서 요구하는 커리큘럼과 강좌, 교수법을 지방에 강요할 경우 지방에서 반드시 먹혀든다는 보장이 없다. 역시 자율성을 보장하는 것이 정답일 수밖에 없다. 위민훙은 이 사실을 일찌감치 파악하고 자율 경영을 보장한다는 원칙을 그룹의 금과옥조로 지키고 있었다. 위민훙이 가장 강조하고 있는 세계 유수 교육전문 업체와 출판사들과의 적극 제휴를 통한 글로벌 경영도 무시해서는 안 된다. 그룹의 규모를 본격적으로 키운 21세기부터 신둥팡은 맥그로

255

힐(McGraw-Hill) 출판사, 케임브리지(Cambridge)대학 출판사, 피어슨 (Pearson) 교육 등과 단독제휴 협약을 맺고 중국 사업을 벌였다. 이 회사 들을 파트너로 삼아 중국 특성에 맞는 교재 등의 공동 개발도 하고 있다.

물론 신둥팡에도 위기가 없었던 것은 아니다. 예컨대 일부 창업 공신들 이 회사의 운영에 대한 이견과 지분 문제로 내분을 빚은 끝에 2004년부터 차례로 그룹을 떠난 것이 대표적이라고 할 수 있다. 실제로 그룹의 2인자 이자 베이징대학 동창이었던 왕창과 한때 총재를 맡았던 후민(胡敏 · 50) 등의 이탈은 신둥팡그룹의 손실이었을 뿐만 아니라 막강한 라이벌의 새로 운 탄생이기도 했다. 2012년에는 미국 SEC(증권거래위원회)의 VIE(변동 이익실체) 관련 조사로 추락하기도 했다.

그러나 위민훙과 신둥팡의 승승장구는 크게 제동이 걸리지 않았다. 중 국의 교육 사업이 당분간 폭발적으로 커질 가능성이 높은 데다 현재로서는 신둥팡에 필적할 교육 그룹이 탄생할 가능성이 높지 않기 때문이다. 이 점 에서는 그도 천운을 타고난 것으로 보인다. 역시 작은 부자는 개인의 노력 에 의해 탄생하지만 큰 부자는 하늘이 낸다는 말은 불후의 진리인 듯하다.

### 위민훙 연보

- 1962년 장쑤성 장인 출생
- 1980년 삼수 끝에 베이징대 영문학과에 입학
- 1985년 졸업 후 학교에서 영어교사
- 1991년 베이징대학 교사 사임
- 1993년 베이징 신둥팡학교 설립
- 2001년 신둥팡 교육 과학 기술그룹 설립
- 2006년 신둥팡 미 나스닥 상장

- 2008년 신둥팡 민정부가 공포한 중화자선상 획득
- 2010년 중국에서 가장 매력적인 학원 원장 칭호 획득
- 2015년 현재 정협 위원

# 중국 재계를 주무르는 여왕: 남성 CEO 뺨치는 여성 CEO들

중국은 예부터 여자들의 사회 참여가 강한 나라다. 그래서 세상의 절반은 여자들이 움직인다는 말이 스스럼없이 통용될 정도다.

이런 사회적 분위기 때문일까? 중국 재계에는 남자 못지않게 기업을 잘 꾸려가는 여장부가 많다. 그래서 3부에서는 중국을 대표하는 여성 CEO들을 살펴보려고 한다. 과감한 결단력으로 기회를 놓치지 않고 성공을 이끌어낸 그들. 남자 뺨치는 여성 CEO들의 인생 역정을 살펴보도록 하자.

## 여풍이 불고 있는 중국 여성 기업가들의 연봉

중국은 아시아 국가 중 여성의 사회 참여가 매우 높은 편이다. 중국에서는 예부터 여자들의 목소리가 컸고, 중국공산당이 주도했던 '한 자녀 낳기 운동'으로 여성들의 사회적 지위도 더 높아졌다. 그래서 현재 중국에서는 유명 대기업의 CEO뿐만 아니라 여성 샐러리맨도 크게 늘어나는 추세다. 이들은 대부분 자신의 힘으로 조직에 기여하고 있으며 회사 경영, 마케팅 등 다방면에서 능력을 보이고 있다. 꼭 대표직이 아니더라도 여성의 지위가 높아지면서 기업에서 중요한 일을 맡는 경우도 많아졌다. '뉘창런(女强人)'은 사회, 경제적으로 능력을 발휘하는 파워 우먼들을 일컫는 말로 각계에서 활동하는 뉘창런이 빠른 속도로 늘어나고 있다. 기업 데이터와 리서치 전문 업체인 〈그랜드 손튼〉에 따르면 중국 기업의 고위간부 중 여성이 차지하는 비율은 34%로 세계 2위 수준이라고 한다. 그만큼 중국에서 여성파워는 대단하다. 그렇다면 이들의 연봉은 얼마나 될까? 아직 세계적 수준은 아니지만 중국의 기준으로는 상상을 초월할 정도의 액수인 연 100만 위안(1억 8,000만 원)을 넘는 여성이 많다고 한다. 여풍이 거센 게 중국의 현실이다.

# 아이디어 하나로 미다스의
# 손이 된
# 다이슈리 회장

 

중국인들은 세상의 절반을 여성이 움직인다고 생각한다. 이런 생각은 중국인들의 사고에 상당히 깊고 넓게 작용하고 있다. 중국인들의 이런 여성관에 근거하면 중국 기업 CEO들의 절반 역시 여성이 차지해야 한다. 물론 아직까지는 중국 재계에서 여성 기업인들이 차지하는 비율이 그 정도까지는 되지 않는다. 그럼에도 불구하고 남성 CEO 뺨치는 대단한 여성 CEO들의 숫자가 만만치 않다. 중국의 재계를 자세히 들여다보면 한국과는 비교가 안 될 정도로 여성 기업가가 많고 결단력이나 배짱에서 남성 경영자들 뺨치는 여걸도 많다. 그들의 면면을 자세히 살펴보면 중국인들이 왜 세상의 반은 여성이라고 생각하는지 동의할 수밖에 없을 것이다. 이제부터 남자들 못지않게 자신들의 왕국을 건설하고 있는 여걸들을 한 명씩 살펴보자. 2011년 〈후룬푸하오방〉의 상위 랭킹을 차지한 여성 CEO들을 제외할 경우 가장 먼저 주목해야 할 여성 CEO는 '런허(人和)그룹' 다이슈리(戴秀麗·53) 회장이다. 영국인과 결혼해서 영국 국적으로 활동하는 그녀는 헤이룽장성 하얼빈 출신으로 중국 문학을 전공한 문학도였다. 대학 졸업 후에는 적성대로 《하얼빈르바오(哈爾濱日報)》와 《주하이터 취바오(珠海特區報)》의 기자로 활동했다. 이때까지만 해도 대자본가가 될 기미는 조금도 보이지 않았다. 그녀의 기자 생활은 고작 5년으로 그다지 길지 않았다. 취재원이었던 영국인 남성 호큰과 결혼하여 유럽으로 떠났기 때문이다. 그녀의 영국 생활은 과거에도 그렇고 지금도 베일에 싸여 있어 앞으로도 대중에게 밝혀질 것 같지 않다. 다이슈리 역시 언급한 적이 없다. 다만 남편 호큰이 평범한 초등학교 교사 출신이라는 사실에 대해서는 밝힌 바 있다.

## 아이디어 하나로 대자본가가 된 다이슈리

그렇다면 그녀가 엄청난 부자가 된 배경은 남편과는 거리가 멀다고 해야 한다. 실제로 다이슈리가 1994년 32세의 나이로 중국으로 돌아왔을 당시 그녀의 수중에는 큰돈이 없었다. 아니 거의 무일푼이었다. 그래서 그녀가 적수공권에서 미다스의 손이 된 것은 미스터리라는 말 외에는 달리 설명할 길이 없다. 하지만 그녀가 중국에서 막강한 영향력을 행사하는 군부와 밀접한 관계를 맺고 있다는 사실을 떠올리면 얘기는 달라진다. 홍콩의 언론 보도에 따르면 그녀는 무슨 배경이 있는지는 몰라도 1994년 런허 부동산 회사를 창업하면서부터 인민해방군의 전폭적인 지원을 받았다고 한다. 전국 곳곳에 소재한 지하 방공호인 디샤청(地下城)을 상업적으로 이용할 수 있는 권리를 획득한 것이 대표적 사례다.

중국 전역에 소재한 것으로 알려지고 있는 디샤청은 일반인은 알지 못하는 과거 냉전 시대의 거대한 방공호였다. 핵폭탄에도 견딜 수 있도록 만들어진 것이 특징이라고 할 수 있다. 마오쩌둥이 옛소련의 폭격에 대비해

워낙 많은 베일에 싸여 있고 언론과의 접촉도 극구 사양해 사람들은
그녀가 자신의 축구팀인 샨시찬바FC 경기를 찾는 것을 신기해 한다.

전국 중요 도시 곳곳에 마련한 엄청난 규모의 이 지하 땅굴은 냉전이 끝난 후 쓸모가 없어졌다. 그대로 방치하기에는 너무나 아까운 시설이었지만 아무도 다른 용도로 사용할 생각을 못했다. 하지만 다이슈리는 보는 눈이 달랐다. 잘만 하면 이 냉전 시대의 유물이 상업적으로 유용할 것이라는 생각으로 앞서 말한 군부의 인맥을 동원해 헤이룽장성 하얼빈과 광둥성 광저우 일대의 디샤청 이용권을 손쉽게 따냈다. 이용 가능한 면적만 무려 100만 평방미터에 이를 정도였다. 이후 그녀는 부동산 회사 '런허(人和)'를 설립해 이 지하 땅굴 일부를 지하상가로 개조해 분양했다. 독특한 아이템이었던 만큼 사업은 즉각 성공이라는 결과로 나타났다. 그녀는 내친 김에 평소 안면이 있던 중앙의 차관급 방재 담당 고위 공무원 왕성리(王勝利 · 64)를 찾아가 통 큰 베팅을 하기로 결심했다. 디샤청을 이용할 수 있게끔 힘써준 왕성리에게 자신의 회사 임원으로 와달라고 제의했다. 왕성리는 다이슈리의 사업 성공이 나쁠 게 없었다. 냉전이 해소된 지금 별 쓸모도 없고 보수, 유지에 적지 않은 비용이 드는 디샤청이라는 애물단지를 그녀가 황금알을 낳는 거위처럼 만들었으니까. 다이슈리의 제안에 퇴직을 생각해야 할 나이의 왕성리는 거절할 이유가 없었다.

부회장 자리를 주고 디샤청의 개발과 관련해서는 전권을 일임하겠다는 제의였다.

다이슈리의 대담한 배팅은 탁월한 선택이었다. 왕성리가 런허로 옮겨 온 것은 마치 다이슈리의 사업에 날개를 달아준 격이었기 때문이다. 그녀는 이 디샤청 분양 사업의 성공으로 본격적인 사업을 확장할 종잣돈도 마련했다. 그녀의 사업 아이템은 계속 이어지는 쇼핑센터의 건축과 분양이었다. 다행히 당시 중국에서 거세게 불기 시작한 부동산 붐과 시장경제의 바람은 그녀의 사업을 순풍에 돛 단 배처럼 만들어줬다. 그리하여 다이슈리는 일거에 하얼빈과 광저우 일대에서 내로라하는 여성 사업가로 우뚝 설수 있었다.

사업에 투신한 지 13년째인 2007년에는 자신의 회사를 영업이익만 2억 6,000만 위안(468억 원)에 달하는 거대한 규모로 키워냈다. 그녀는 가만히 놓아둘 경우 대부분 세금으로 사라질 자금의 사용처에 대해 고민하기 시작했다. 얼마 후 그녀는 그동안 쌓아둔 자금을 벤처 투자에 쏟아 붓기로 하는 통 큰 결단을 또 한 번 내렸다. 이때 투자액은 무려 23억 위안(4,140억 원)에 달했다. 그녀의 통 큰 투자는 커다란 수익을 안겨줬다. 그러자 그녀를 지금까지 그저 단순한 부동산 업자로 생각했던 주변의 시선이 갑자기 달라지기 시작했다. 다이슈리는 2008년 4월 홍콩 증시의 문을 두드렸다. 이때만 하더라도 그녀의 런허는 상장을 통해 최대 156억 홍콩 달러(2조 3,400억 원)에 이르는 자금을 모집할 것으로 예측됐다. 하지만 예상 밖으로 이 시기를 전후해 홍콩 증시는 대폭락의 길을 걸었다. 얼마 후 미국과 유럽을 강타할 금융위기가 홍콩에서도 거세게 불 조짐을 보인 탓이었다. 이렇게 되자 상장을 포기하는 것이 현명한 선택일 수도 있었다. 하지만 그녀는 포기하지 않고 끈질기게 기다렸다. 결국 우여곡절 끝에 그해 10월 런허는 당초 전망치보다는 많이 떨어진 33억 홍콩달러(4,950억 원)의 자금을 모집할수 있었다. 최초의 예측보다는 많이 떨어졌지만 그래도 시장 상황에 비해서는 선방한 실적이었다. 이 상장 이후 그녀는 비주류 CEO에서 완전히 주류 여성 CEO로 확실하게 올라섰다. 2011년 〈후룬푸하오방〉에 따르면 그녀의 재산은 205억 위안(3조 7,800억 원)으로 중국부호 순위 40위에 랭크된 것으로 파악되었다. 여성 부호로만 따져봤을 때는 6위에 해당하는 수준이었다. 런허그룹의 시가총액도 홍콩 증시 상장 이후 성장을 거듭해 2012년 204억 홍콩달러(3조600억 원)를 자랑하고 있었다. 다이슈리 회장은 다른

265

다이슈리 런허그룹 회장의 성장 기반이 됐던 헤이룽장성 하얼빈.
사진은 하얼빈의 랜드마크인 성 소피아 성당.

여성 CEO들에 비해 상대적으로 그동안의 행적, 사생활 등 여러 가지 정보가 베일에 싸여 있다. 가족 관계도 거의 알려져 있지 않다. 오죽하면 슬하에 자녀가 있는지 없는지의 사실 관계도 파악되지 않고 있다. 그래서일까? 그녀는 가능한 한 대중 앞에 나서는 것을 좋아하지 않는다. 언론과의 접촉도 피하고 싶어 한다. 중국 프로축구 슈퍼리그의 중견팀인 '샨시찬바FC팀'을 소유하고 있는 것이 신기할 정도다. 그러나 중국의 여성CEO를 대표할 정도로 재산을 쌓은 현재의 상황으로 볼 때 그녀의 일거수일투족이 언론의 주목을 받게 될 것으로 보인다. 이제부터 그녀의 성공이 거품인지 아니면 진짜 뛰어난 사업실력에 따른 폭풍 성장의 결과인지도 검증될 것이다.

# 21세에
# 화바오 국제그룹을 일궈낸
# 주린야오 회장

2014년 10월 후룬연구소는 중국의 여성 부호 50인을 선정했다. 그중 8위를 차지한 화바오 국제그룹의 주린야오 회장은 자산이 165억 위안(약 2조 8367억 원)이었다. 후룬연구소의 창업자인 후룬은 중국의 여성 부호들은 세계에서 가장 괄목할 만한 성과를 올리고 있는 기업가들이라고 코멘트했다. 이 여성 기업가들은 대부분 부동산업과 금융업에 종사하고 있지만 주린야오는 제조업으로 성공한 보기 드문 여성 기업가이다.

다이슈리처럼 대외적으로 별로 알려지지 않았으면서도 경이적인 부를 쌓은 여성 자본가로는 주린야오(朱林瑤·46) 화바오(華寶) 국제그룹 회장을 들 수 있다. 쓰촨성 출신인 그녀는 1990년 대학 졸업과 동시에 베이징에서 개인 사업을 시작했다. 업종은 화장품을 비롯해 향수, 담배, 음료, 구강청결제 같은 생활소비재 등의 무역이었다. 그중에서도 화장품과 향수, 담배 등은 그녀가 특별히 신경을 쓴 주력 제품이었다. 겨우 21세의 나이에 투신한 사업에서 그녀는 큰 성공을 거둬 그 자본을 바탕으로 자신의 사업을 벌

중국을 움직이는 **CEO**들

일 탄탄한 기반을 마련했다.

그러나 주린야오는 처음부터 무모하게 제품 생산에 독자적으로 뛰어들지는 않았다. 발전 가능성이 높은 업체들을 선정해 자본 투자를 통한 합작의 방식에 관심을 기울였다. 이 같은 전략은 독자적으로 사업에 나섰다가 실패할 때를 감안한 위험 회피 전략이라고 할 수 있었다. 얼마 후 그녀는 고심 끝에 자본 조달이 비교적 용이할 뿐 아니라 열린 사고를 가진 사업가들이 많았던 상하이로 사업 기반을 이전하는 용단을 내렸다. 그녀의 나이 26세 때인 1996년의 일이었다.

## 화바오를 대그룹으로 키워낸 주린야오

그녀는 상하이에서 운명적인 만남을 가지게 된다. 현재 중국에서 '화장품 · 향수 대왕'으로 불리는 린궈원(林國文 · 53)과의 조우이다. 광둥성 뎬바이(電白)가 고향인 린은 원래 선전에서 '화바오(華寶)'라는 회사를 운영하던 사업가였다. 그러다가 1990년대 상하이로 근거지를 옮겨 사업을 키우고 있었다. 물론 주린야오를 만날 때까지만 해도 린궈원은 크게 주목받는 사업가가 아니었다. 처음 만났을 때는 두 사람 다 서로를 사업의 파트너로서 괜찮은 사람이라고 생각했을 뿐, 남녀의 사적인 감정은 없었다. 그러나 두 사람은 곧 사업을 매개로 뜨거워졌고 결국 부부의 연을 맺었다. 그동안 변변한 이름도 없던 그녀의 회사에 비로소 남편 회사의 이름인 '화바오'를 가져다 쓴 것이 바로 이 시기부터였다. 의기투합한 젊은 남녀가 열정적으로 노력을 기울였던 만큼 사업은 승승장구하기 시작했다. 그러던 어느 날 주린야오가 남편에게 사업과 관련한 자신의 속내를 내비쳤다. 제품을 직접 개발하는 것보다는 합자나 합작을 하는 것이 좋다는 생각을 해온 그녀는 남편에게 눈여겨 봐둔 회사를 거론했다. 남편은 주린야오의 아이디어에 찬성

화바오 본사 전경(우)
주린야오는 갓 스물이 넘은 나이 때부터 사업을 시작해
지금의 대기업을 만들었다

했다. 협상은 전적으로 주린야오가 하기로 합의도 봤다.

합작과 합자를 통한 몸집 불리기가 특기인 주린야오의 사업 확장 행보는 이렇게 해서 본격화되기 시작했다. 우선 그녀는 2001년 7월 윈난(雲南)성의 대표적 담배 회사인 '훙타(紅塔)그룹'과 손잡고 '윈난톈훙(天宏)'이라는 합자회사를 설립했다. 이 회사의 화바오 지분은 60%였으므로 사실상 그녀가 경영권을 장악한 회사라고 할 수 있었다. 이어 산둥성 칭다오의 '이중그룹', '중국연초총공사'의 광둥성 지사 등 비슷한 성격의 합자회사를 잇달아 발족시켰다. 그녀는 2004년 직전까지 이렇게 해서 총 8개의 합자회사를 설립하는 기염을 토했다. 그녀가 애초에 생각했던 대로 순조롭게 사업이 진행되자 그녀는 2004년 초 일생일대의 승부수를 던지게 된다. 주린야오는 이때에도 자신의 생각을 남편 린궈원에게 적극적으로 피력했다.

그동안 전국 곳곳에 세운 합자회사들을 하나로 묶고 '화바오국제그룹'을 출범하는 계획이었다. 그리고 다음 순서는 홍콩에서 상장하는 것이었다. 그러려면 능력을 본격적으로 보여줘야 했다. '상하이쿵취에(上海孔雀)화장품향수주식회사'와 합작해서 '화바오쿵취에(華寶孔雀)'라는 회사를 설립할 계획도 검토했다.

그녀는 한 치의 오차도 없이 자신의 계획을 착착 진행했다. 2004년 4월 '화바오국제그룹'을 설립한 다음 곧바로 '상하이쿵취에'와의 합작을 통해 '화바오쿵취에 주식회사'도 탄생시켰다. 이어 2005년 1월에는 산둥성 웨이하이(威海)의 '마이푸뤼써(麥福綠色)산업과기주식회사'의 주식 20%도 인수해 경영권 일부를 장악했다. 이후 이 회사는 그녀의 뜻에 따라 이름도 '웨이하화위안(威海華元)'으로 바뀌게 됐다. 이 정도면 주린야오가 명실상부한 중견 그룹의 오너로 우뚝 섰다고 봐도 무방하다.

그녀의 사업 성공은 확실히 스무 살 초반부터 이재(理財)에 눈을 뜬 천

271

부적인 상인의 자질과 관계가 있다고 해야 한다. 주변의 유망한 회사들과 통 큰 합작을 하거나 주식을 야금야금 인수하는 방식으로 부를 불린 것은 그녀가 이재에 숙맥이었다면 전혀 불가능했을 것이다. 또 남편과 사업적인 궁합이 잘 맞은 것도 나름대로 그녀의 사업에 상당한 도움이 됐다. 그러나 이게 전부라고 할 수는 없다. 누구도 생각하기 힘든 나름의 절묘한 전략이 그녀를 대자본가로 만들어 줬기 때문이다. 대표적인 그녀의 절묘한 전략은 바로 화바오국제그룹의 홍콩 증시 우회상장이었다. 2004년 그녀는 남편에게 밝혔던 대로 홍콩 증시에 상장한 기업 오너가 되기 위해 이미 홍콩 증시에 상장돼 있던 '리터(力特)'라는 컴퓨터 관련 회사의 주식을 '화바오국제그룹'의 지주회사인 '모굴(Mogul)엔터프라이즈'를 통해 매집하기 시작했다. 처음부터 우회상장을 노린 행보였다. 아예 만천하에 드러내놓고 실행에 옮겼던 그녀의 우회상장 전략은 2006년 6월 가볍게 목적을 달성했다. 드디어 그녀도 홍콩 증시에 상장한 기업 오너가 된 것이다.

2012년 그녀가 이끌던 화바오국제그룹의 시가총액은 대략 150억 홍콩달러(약 2조 2,500억 원)로 알려졌다. 그녀는 이 중 65%가량의 주식을 보유하고 있다. 그러나 그녀는 이에 만족하지 않고 있다. 홍콩 언론에 따르면 그녀가 지난 10여 년 동안 각종 M&A와 우회 상장으로 올린 수익은 대략 투자 원금의 10배에 이른다고 한다. 아무리 대박의 기회가 많은 중국이라고 해도 대단한 실적이라고 인정할 수밖에 없다. 지금까지 보인 성공적인 경영이나 투자 행보를 보면 그녀만큼 빠른 속도로 재산을 불리는 여성 자본가는 드물어 보인다. 그녀가 수년 내에 중국의 여성 부호 톱랭커가 될 가능성이 가장 높은 주인공으로 끊임없이 거론되는 것은 이런 이유에서다. 중국 언론을 종합해 보면 그녀는 앞으로도 그동안 쌓은 자금력을 바탕으로 그룹의 주력 업종인 화장품, 향수, 담배 등의 사업에 더욱 주력할 방침인

것으로 알려져 있다. 최근 선전, 상하이, 독일 등에 연구개발센터를 신설하
거나 대대적으로 시설을 확충한 것은 바로 이런 의지를 반영한다고 할 수
있다. 또한 상당 기간 대외적인 활동을 자제하던 그녀가 최근 광둥성 정협
위원이 되는 등 적극적인 정치적 행보를 보이는 것도 비슷한 맥락이다. 아
무래도 홍색자본가라는 신분이 사업에 유리하게 작용할 것이라는 판단을
했다는 얘기다. 그러나 그녀에 대한 비난도 끊이지 않고 있다. 먼저 대다
수 중국의 부호가 그런 것처럼 그녀도 기업의 사회 공익 활동에 별로 관심
이 없다. 또 조세 회피를 위해 조세 피난처인 영국령 버진 군도를 자주 이
용해 기업의 이익을 사회에 환원하지 않는 경영자라는 비난도 받고 있다.
주린야오 회장은 이런 비난만 받지 않는다면 상재(商材)에 재능이 있는 금
상첨화의 여성 자본가라고 할 수 있겠다.

# 비운의 운명을 극복한 여성 CEO
# 융진그룹
# 천진샤 회장

2014년 후룬의 여성부호 9위로 선정된 '융진(湧金) 그룹'의 천진샤(陳金霞·47) 회장. 융진그룹은 중국에서도 손꼽히는 벤처 캐피털그룹이다.

천진샤 회장은 주린야오와는 다소 다른 상황이다. 주린야오처럼 처음부터 자신의 사업에 뛰어들어 승승장구한 사례가 아니라 남편의 사업을 돕다가 여성 CEO로서 두각을 나타낸 사례이기 때문이다. 더구나 그녀는 한참 사업이 본궤도에 오를 때 남편이 스스로 목숨을 끊은 탓에 졸지에 모든 사업을 물려받은 비운의 주인공으로도 알려져 있다. 본인이 하고 싶지 않아도 경영자의 길을 운명적으로 걸어야 했다.

1968년 상하이에서 출생한 그녀는 또래보다 1년 빨리 학교에 진학해 1990년 '상하이차이징(上海財經)대학'을 졸업했다. 그녀는 출생부터 학교까지 상하이에서 나고 자란 100% 상하이 사람이라고 할 수 있다. 그래서 일까? 그녀는 일만큼은 상하이에서 하고 싶어 하지 않았다. 당연히 그녀의 부모는 그녀의 이런 선택에 반대했다. 중국의 대다수 부모처럼 자기 딸이 고향에서 적당히 직장생활을 하다가 결혼을 했으면 하고 바랐다. 특단의 방법을 취하지 않으면 천진샤는 꼼짝 없이 상하이 귀신이 돼야 했다. 그래서 그녀는 머리를 쥐어 짜내 부모를 설득할 전략을 세웠다. 결국 베이징의 회사에 취직하는 것이 능사라는 생각에서 부모 몰래 '안다신(安達信·앤더슨) 컨설팅'에 이력서를 제출했고 합격 통보를 받았다. 그리고 나서 그녀는 부모에게 베이징에 취직이 되었다면서 베이징으로 떠나겠다고 선언했다. 당연히 그의 부모는 펄쩍 뛰며 반대했지만 자식 이기는 부모 없다는 말처럼 결국 조건부로 베이징 행을 승낙했다.

### 베이징에서 웨이둥을 만나다

1990년 막 22세를 넘긴 천진샤는 이렇게 해서 베이징에 입성했다. 부모님에게 했던 말도 있었던 만큼 그녀는 첫 직장인 안다신 컨설팅에서 열심히 일했다. 시키는 일은 물론이고 스스로 일을 찾아서 하기까지 했다. 하지만 그녀에게 직장의 벽은 생각보다 훨씬 높았다. 가끔 수준 높은 업무가 주어졌지만 주된 임무는 프로 컨설턴트의 보조 역할이었다. 심지어는 비서나 고객을 위해 차를 타주는 자질구레한 일만 해 자존심이 상할 때가 한두 번이 아니었다. 그러나 언젠가는 기회가 올 것이라는 생각에 폭발하려고 하는 성질을 꾹꾹 눌러 참았다. 하지만 그녀에게 기회는 오지 않았다. 고등학교를 졸업한 사람이 해도 되는 일을 계속하는 생활은 거의 6개월 이상 이어졌다. 결국 천진샤는 안다신을 그만둔 다음 며칠을 깊이 고심했다. 부모의 바람대로 상하이로 다시 내려갈까 하는 생각이 들기도 했다. 그렇다고 그대로 내려간다는 것은 자존심이 허락하지 않았다. 전전긍긍하고 있을 때 마침 눈을 번쩍 뜨이게 만드는 구인 공고가 그녀의 눈에 들어

남편의 자살이라는 최악의 비극을 극복하고 탄탄하게
융진그룹을 이끌고 있는 천진샤 회장.

왔다. 국무원 재정부 산하의 '중국경제개발신탁투자공사'에서 직원을 뽑는다는 공고였다. 그녀는 속는 셈치고 원서를 냈다. 이때 중국경제개발신탁공사에는 베이징의 중양차이징(中央財經)대학 금융학원을 막 졸업하고 입사해 있던 당시 23세의 웨이둥(魏東)이라는 젊은이가 있었다. 중양차이징대학의 저명한 회계학 교수인 웨이전슝(魏振雄)을 아버지로 둔 그는 일찍이 재정부에서 초급 관리로도 일한 바 있는 앞날이 촉망되는 청년이었다. 재정부에 막강한 영향력을 가진 아버지의 후광도 있었던 만큼 당연히 야심도 컸다. 훗날의 회고에 의하면 그는 이때부터 벤처캐피털 회사를 창업하는 꿈을 꾸고 있었다고 한다. 그는 천진샤가 자신의 몇 개월 후배로 입사하는 순간 어떤 운명을 느꼈다. 천진샤도 마찬가지였다. 두 사람은 한마디로 서로 반한다는 이른바 '이젠중칭(一見鍾情)'이었다. 당연히 입사 선배인 웨이둥이 먼저 접근했다.

"앞으로 뭐하려고 해?"

"궁극적으로는 벤처캐피털 회사에서 일해보고 싶어. 가능하면 창업을 해보고 싶어. 전문경영인도 상관없어. 내가 너무 주제 넘게 생각하는 것 같지?"

"아니야. 전공을 금융으로 했으면 그 정도 야심은 있어야지. 사실은 나도 그럴 생각이 있어."

"그러려면 조만간 독립을 해야겠네?"

"언젠가는 그래야겠지. 그러나 그 전에 공부도 조금 더 했으면 해. 최소한 석사 학위는 가지고 있어야 나중에 고객들이 신뢰를 하지 않겠어?"

천진샤와 웨이둥은 나이와 전공, 그리고 자신들이 추구하는 바가 비슷하다는 사실을 깨달았다. 사실 비슷한 스타일의 이성끼리는 친구처럼 될수는 있어도 연애 감정을 느끼기가 쉽지 않다. 그러나 두 사람은 그렇지 않았다. 의기 상통하자마자 바로 그 감정은 연애 감정으로 바뀌어 둘은 서로를 사랑하기 시작했다. 그러던 어느 날 웨이둥이 심각한 얼굴을 한 채 천진샤에게 말했다.

"나 회사를 그만두게 될 것 같아."

천진샤는 웨이둥이 언젠가는 회사를 그만둘 것임을 눈치 채고 있었다. 그러니 자신이 입사한 지 채 1년도 안 돼 웨이둥이 자신의 꿈을 위해 그처럼 빨리 독립을 실행할 것이라고는 생각하지 못했다.

"평소 생각대로 대학원에 가겠네? 그래, 공부가 더 중요하겠지. 처음부터 그렇게 얘기했었지."

천진샤가 안타까운 눈빛으로 그를 쳐다봤다. 왜 프러포즈를 하지 않느냐는 원망의 뉘앙스도 풍기고 있었다.

"당연히 대학원에 갈 거야. 모교에 진학해서 석사 학위를 딴 다음 창업할 거야. 아버지하고도 상의를 했어. 그래서 말인데."

"…."

"나하고 결혼해 줘. 졸업한 후에 사업을 같이 하는 것이 어떨까 싶은데?"

"결혼?"

"나하고 결혼할 생각을 하지 않았다는 거야?"

"그렇지 않아. 나는 베이징에 올라온 이후부터 샤오둥(小東) 외에는 알고 지낸 남자가 없어. 다른 남자하고 결혼한다는 건 꿈에도 생각하지 않았어. 언젠가 결혼을 하면 샤오둥하고 할 거라는 생각도 했고."

"그러면 내 청혼을 받아주는 거지?"

"너무 이르지 않아? 이제 겨우 20대 중반 나이인데. 우선 약혼을 하는 것은 모를까."

"안 할 거면 몰라도 결혼은 이르면 이를수록 좋아. 사업을 하려는 사람에게는 더욱 그래. 나는 우리 둘이 사업을 같이 하면 잘 될 것 같다는 생각이 들어. 결혼해서 나를 좀 도와줘. 평소에도 사업을 할 생각이었잖아."

"좋아, 자기하고 평생 사업을 같이 하겠어."

두 사람은 만난 지 채 1년도 되지 않은 1991년 베이징에서 결혼식을 올렸다. 이후 웨이둥은 모교에서 MBA 과정을 마치고 이듬해인 1994년 27세의 나이로 베이징에 '융진차이징(湧金財經)고문공사'라는 회사를 설립했다. 업종은 말할 것도 없이 벤처 투자를 전문으로 하는 벤처캐피털이었다. 사업 자금 모집에 도움을 준 아버지의 후광과 부인의 내조와 함께 오랫동안의 준비 덕분에 그의 사업은 순조로웠다. 1995년에는 상하이에 자회사에 해당하는 '융진실업'을 설립할 수 있을 정도였다. 이어서 1999년에는 고향인 후난성에 '융진투자유한회사'까지 설립해 규모가 작기는 했으나 명실공히 그룹의 형태를 갖추기 시작했다. 사업은 규모가 커진 만큼이나 탄탄대로를 달렸다.

특히 고향인 후난에서의 사업 실적은 그 어느 곳보다 뛰어났다. 적지 않은 기업 고객들을 적극적으로 도와 주식회사로의 전환 및 상장에 상당한 힘을 보태준 것이다. 당시 웨이둥은 지금은 그룹 규모로 커진 '진리커지'와 주류회사 '주구이(酒鬼)'의 상장에도 결정적인 역할을 했다. 그 공로로 그는 두 회사의 대주주도 될 수 있었다. 이후 융진 계열의 자본은 중국 자본시장의 다크호스로 확고하게 자리를 굳히게 됐다.

### 남편 웨이둥의 뒤를 이은 CEO 천진샤

21세기에 들어와서도 웨이둥과 천진샤의 승승장구는 계속됐다. 우선 그녀는 2000년 자신의 이름으로 창업투자회사인 '나미(納米)'를 상하이에 설립해 독자적으로 자본시장에 뛰어들었다. 천진샤의 사업체인 나미의 실적도 괜찮았다. 주로 지방의 가능성 높은 과학 기술 관련 업체들에 투자하면서 주주 또는 대주주로 자리를 잡아갔다. 이 성공을 기반으로 그녀는 2001년 상하이에 '상하이후이닝(匯能)투자관리주식회사'를 설립하는 파죽지세를 이어갔다. 그즈음 남편 웨이둥의 사업 규모는 그녀와는 비교되지 않을 정도로 커져 있었다. 웨이둥은 그 공로를 인정받아 1999년 말에는 여러 언론사와 여론조사기관으로부터 21세기를 빛낼 차세대 CEO로 선정되기도 했다. 2002년은 그녀와 남편인 웨이둥에게 모두 기념비적인 해였다. 400년 이상의 역사를 자랑하는 후난성 창사(長沙)의 의약 기업인 '주즈탕(九芝堂)그룹'을 비교적 헐값인 1억 5,000만 위안(270억 원)에 인수·합병하는 개가를 올린 것이다. 이후 두 사람은 2008년을 전후해서 연간 매출액 30억 위안(5,400억 원)의 대기업으로 성장한 주즈탕을 통해 먹성 좋은 M&A 시장의 거물로 등장하게 됐다.

'첸진(千金)의약'을 비롯해 '청두(成都)증권', '칭다오(靑島)소프트웨어', '베이칭(北靑)미디어',' 윈난신탁' 등 여러 회사를 인수하는 역량도 발휘했다. 이 중 청두증권은 증권시장이 완전 바닥인 2005년에 사들인 다음 '궈진(國金)증권'으로 개명해 2년 후인 2007년 3월 우회 상장하는 데 성공했다. 2007년에 그녀와 웨이둥이 해외에서도 주목받는 중국의 젊은 부호로 이름을 올린 것은 이런 개가의 결과였다. 그러나 호사다마랄까? 융진이 중국 유수의 벤처캐피털로 성장하면서 금융, 의약품, 첨단산업 업체까지 아우르는 굴지의 종합 그룹으로 자리를 잡으려는 순간, 두 사람에게 뜻밖의 불행이 찾아왔다. 2008년 4월 29일 웨이둥이 고작 41세의 나이로 베이징의 자택 베란다에서 몸을 던진 것이다. 당시 언론 보도에 의하면 웨이둥은 우울증을 앓고 있었다고 한다. 그러나 사업과 관련한 스트레스가 그를 죽음으로 몰아넣었다는 설도 없지는 않았다. 이는 그가 당시 궈진증권의 우회 상장과 관련한 의혹으로 사법 당국으로부터 강도 높은 조사를 받았다는 사실을 감안하면 나름대로 신빙성이 있는 주장이다. 그러나 이후 궈진증권을 비롯한 융진그룹의 계열사들이 별 탈 없이 비교적 잘 굴러간 것을 보면 결정적인 요인은 아니었던 것 같다. 게다가 이후 융진그룹에 대한 사법 당국의 조사는 더 이상 진행되지 않은 채 종결됐다. 웨이둥이 그룹 해체까지 몰고 갈 중대한 범죄를 저지르지는 않았다는 추론이 가능했다. 자연스럽게 언론의 관심은 융진그룹의 다음 경영권이 누구에게 넘어갈 것인가에 모아졌다. 당연히 웨이둥의 집안에서도 이 문제를 심각하게 의논했다. 80세를 바라보는 웨이둥의 아버지 웨이전슝의 얼굴에는 아들을 잃은 슬픔이 여전히 가시지 않고 있었다. 웨이둥의 형이자 당시 융진그룹의 주요 계열사인 주즈탕의 회장으로 일하고 있던 웨이펑(魏鋒·55)도 상당한 충격을 받은 듯했다. 아버지를 위로하려고 꿋꿋한 모습을 보이기는 했으나 불과 사흘 전까지만 해도 사업 확장을 위해 머리를 맞대던 동생의 죽음이 도저히 믿기지 않았다. 분위기가 계속 가라앉자 웨이둥의 절친한 친구였던 진펑(金鵬·50) 궈진증권 감사가 후계자를 하루라도 빨리 결정해야 한다고 재촉했다. 회사의 경영권과 관련한 웨이둥의 가족회의에 융진그룹 사측을 대표해 참석한 그는 아무래도 가족보다는 조금 더 평정심을 유지할 수 있었다.

진펑은 다음 경영을 책임질 후보자로 가장 적당한 사람은 펑거(鋒哥)라고 주장했다. 그룹의 주요 임직원들 생각도 그렇고 펑거가 결단을 내리면 곧 그런 방향으로 결정을 내리겠다고 했다.

진펑은 말을 마치자 웨이둥의 형인 웨이펑에게 눈길을 돌렸다. 이미 결정은 내려졌다는 모습이었다. 그러나 웨이펑의 반응은 달랐다. 자신이 주력업체인 주즈탕의 회장을 맡고 있긴 해도 제수인 천샤오가 경영을 맡고, 때가 되면 조카에게 물려줘야 한다는 것이었다.

융진그룹이 헐값에 인수한 주스탕.
주스탕은 400년이 넘는 역사를 가지고 있는 신뢰받는 의약기업이다.

진평은 포기하지 않고 웨이전슝의 재가를 독촉했다. 천샤오가 맡기에는 그룹의 덩치가 너무 큰 데다 자칫하다가는 더 크기도 전에 굴러 떨어질 가능성이 있다는 지론이었다. 웨이펑이 경영을 맡은 다음 조카에게 물려줘도 나쁘지 않다는 것이다.

"며느리의 생각도 들어보기로 하자. 나는 저 아이도 융진의 성장에 크게 기여했다고 봐. 샤오샤의 이야기를 들어보고 다음 결정을 내리도록 하자."

웨이전슝의 말이 끝남과 동시에 웨이펑과 진평의 눈은 그때까지 잠자코 차를 따르고 있던 천진샤에게 쏠렸다. 두 사람의 얼굴에는 동시에 가장 중요한 결정권자인 그녀의 말은 들어보지도 않은 채 입씨름을 했다는 쑥스러움이 스치고 지나갔다. 둘은 약속이나 한 듯 그녀를 주시했다.

"제가 하겠어요. 이건 제 뜻이 아니라 아이 아빠의 뜻이에요."

천진샤의 침묵을 깨는 첫 발언은 완전히 메가톤급이었다. 좌중은 갑자기 조용해졌다. 그녀가 다시 입을 열었다.

"지금에서야 하는 말이지만 그이가 유서를 남겼어요. 제가 읽어보겠습니다."

천진샤는 마치 이때를 대비했다는 듯 품에서 종이 한 장을 꺼내 울음 섞인 목소리로 읽어 내려가기 시작했다. 웨이둥이 남긴 유서에 적힌 내용은 간단하고 단순했다. 가족과 회사의 임직원들에게 미안함을 토로하는 내용이었다. 그러나 마지막에는 결정적인 내용이 있었다.

ㅡ샤오샤, 당신 어깨에 너무나 큰 짐을 지워줘서 미안해. 모든 것을 책임져 주기 바라.

좌중에는 나직한 탄성이 동시에 울려 퍼졌다. 웨이둥이 세상을 등지는 순간에도 회사의 미래를 걱정하고 천진샤에게 모든 것을 맡기겠다는 생각을 한 사실에 안타까움이 묻어나는 탄성이었다. 그녀가 유서를 공개함으로

283

써 모든 논쟁은 끝이 났다.

## 새롭게 비상하는 융진그룹

2008년 6월 하순 진평을 필두로 한 융진그룹 경영진은 이사회의 결과를 대내외에 천명했다. 웨이둥의 모든 주식을 물려받은 천진샤가 융진그룹의 새 회장으로 확정됐다는 내용이었다. 이때부터 그녀는 일거에 시가총액 130억 위안(2조 3,400억 원)의 중견그룹을 진두지휘하는 여성 자본가로 우뚝 서게 되었다. 이 결정으로 융진그룹은 최고경영자의 공백으로 야기된 초미의 위기에서 벗어나 나름의 안정을 되찾을 수 있었다. 그러나 천진샤는 융진그룹의 경영권을 이어받은 직후, 차가워진 시장의 반응을 온몸으로 받아들일 수밖에 없었다. 무엇보다 우회 상장을 통해 몸집을 불린 그룹 전체의 시가총액이 100억 위안(1조 8,000억 원) 이하로 추락했던 것이다. 또 1주당 15위안(2,700원)을 넘나들던 주즈탕의 주가도 10위안(1,800원) 이하로 곤두박질쳤다. 여기에 웨이둥이 생전에 활발하게 진행한 벤처 투자 규모도 눈에 띄게 줄어들었다. 하지만 천진샤는 경영에 경험이 없어 손 놓고 당하는 일반인이 아니었다. 그녀 스스로 회사를 창업해서 경영해본 경험이 있는 프로였다. 그녀는 남편을 도우면서 쌓은 노하우를 통해 경영 내공의 깊이를 더욱 길렀기 때문에 경영도 곧 정상적인 궤도로 올라설 수 있었다.

그녀의 경영 능력은 회장 취임 다음해인 2009년 주즈탕의 실적을 보면 알 수 있다. 당시 금융 위기로 중국 경제 전반이 어려웠음에도 불구하고 주즈탕의 매출액은 전년보다 1.5% 이상 증가한 32억 위안(5,760억 원)을 기록했고, 이후 평균 10% 전후의 성장을 실현했다. 이런 성장률에 발맞춰 2012년 매출액은 대망의 50억 위안(9000억 원)을 돌파할 것으로 관측되었다. 융진그룹의 전체 자산도 2009년부터 꾸준히 늘어나 2011년 200억 위안(3조 6,000억 원)을 돌파하기에 이르렀다. 이후 그녀를 바라보는 주변의 의구심은 완전히 사라졌다. 남편을 능가하는 경영 능력으로 융진그룹을 향후 10년 안에 자산 규모 1,000억 위안(18조 원)대의 그룹으로 키울 것이라고 기대하는 사람들이 많았다. 중국 언론으로부터도 기대와 신뢰를 받았다. 시아버지를 비롯한 시댁 식구들의 전폭적인 지원도 큰 힘이 돼 이 같은 기대에 더 힘을 실어주었다는 것이 중국언론의 전언이다.

2011년 후룬푸하오방에 따르면 그녀는 90억 위안(1조 6,200억 원)의 재산을 보유한 자본가로 등재되어 있다. 일반인이 보기에는 엄청날 정도로 재산이 많은 것 같아도 주린야오 화바오국제그룹 회장과 비교하면 절반 정도에 지나지 않아 후룬푸하오방 여성 부호 랭킹도 15위에 그치고 있었다. 그러나 천진샤 회장은 주린야오 회장보다 훨씬 평이 좋다. 재산은 더 적으면서도 자선에 적극적이고 특히 과학 꿈나무들을 위해 매년 2,000만 위안(36억 원) 정도를 기부해 그녀와 융진그룹 이미지 개선에 큰 도움을 주었다. 최근 들어 그녀가 인간의 얼굴을 한 진정한 자본가라는 찬사를 듣는 것은 그녀의 이런 모습 때문이다. 그녀는 앞으로 '인간의 얼굴을 한 젊은 여성 자본가'로 우뚝 설 것으로 예상된다.

# 중국의 오프라 윈프리로 불리는
# 타이더양광
# 양란 회장

중국의 오프라 윈프리(Oprah Winfrey)로 불리는 유명 프리랜서 사회자 겸 '양광(陽光)위성TV'의 모회사인 '타이더양광(泰德陽光)'을 이끌고 있는 양란(楊瀾·47) 회장도 능력이나 재산 규모를 보면 중국을 대표하는 여성 경영인이라고 봐도 좋다. 그녀는 특히 젊은 나이나 지명도로 볼 때 미래의 가능성이 훨씬 더 크기 때문에 반드시 주목해야 하는 여성 자본가로 손꼽힌다. 그녀의 미모는 중국 내 여성 자본가 중에서 으뜸이다. 40대 중반의 중년인데도 웬만한 20~30대 젊은 영화배우 뺨칠 정도의 미모를 자랑하기 때문이다. 또한 중국 여성 자본가 중에서 국제적으로 가장 유명한 인사라고도 볼 수 있다. 미국의 시사 주간지 《타임(TIME)》을 비롯한 세계 유수 언론이 줄곧 주목하고 있어 해외에까지 그녀의 존재가 널리 알려져 있기 때문이다. 베이징 출신인 그녀는 어릴 때부터 총명하고 말을 징그울 만큼 잘했다고 한다. 그러나 그녀는 타고난 엔터테이너로서의 끼를 베이징외국어대학 영어학과를 졸업할 때까지 꼭꼭 숨겼다. 하지만 우수한 성적으로 중국 중앙방송국인 CCTV의 아나운서 시험에 합격한 후부터는 그럴 수 없었다.

### 양란의 인생을 확 바꾼 미국 유학

1990년 CCTV에 입사하자마자 그녀는 곧바로 자사의 간판 종합 예능 프로그램인 《정다중이(正大綜藝)》의 사회를 맡아 자신의 재능을 유감없이 발휘했다. 그녀는 4년 동안 이 프로그램을 진행하면서 완전히 떴다. 심지어 홍콩, 대만, 싱가포르 등지의 중화권 시청자들도 그녀를 알 수 있을 정도로 유명세를 타 인기가 하늘을 찔렀다. 그녀가 입사 5년차 때인 1994년 쟁쟁한 선배들을 제치고 중국 최고 사회자에게 주는 상(賞)인 '골드마이크'를 받은 것은 당시 그녀의 인기를 감안했을 때 당연한 일이다. 양란에게는 창창한 앞날이 열려 있었다. 하지만 그녀는 절정의 인기를 구가하던 1994년 돌연 회사에 사표를 내고 국제 언론학을 공부하기 위해 미국 컬럼비아(Columbia)대학으로 떠났다. 그녀는 미국에서도 펄펄 날았다. 대학원에서 공부하는 학생임에도 불구하고 미국의 공중파 방송인 CBS와 공동으로 두 시간짜리 다큐멘터리를 제작하는 역량을 보여준 것이다. 이로 인해 그녀는 역사상 최초로 미국 주류 언론에 진입한 아시아인이라는 기록도 세웠다. 미국 유학은 그녀의 인생에 모든 것을 바꾼 기회였다. 특히 그녀의 현 남편인 우정(吳征 · 49)을 만난 것이 가장 큰 행운이었다. 사실 그녀가 미국으로 유학을 떠날 때 그녀는 이미 결혼한 지 몇 해 지난 유부녀였다. 하지만 CCTV에 입사하자마자 부모의 소개로 만나 사랑 없이 결혼한 전남편 장이빙과는 이미 별거 단계에 있었다. 한마디로 그녀는 당시 신분만 유부녀였지, 사실상 전 남편과의 결혼생활은 끝난 것과 다를 바 없던 시기였다.

그녀의 인생이 완전히 바뀌게 된 계기는 유학을 떠난 지 얼마 안 돼 찾

287

아왔다. 유학생의 외로움과 공부에 대한 부담감으로 서서히 지쳐가고 있을 때 그녀의 친구 집에서 지금의 남편인 우정을 운명처럼 만났다. 하지만 두 사람은 첫눈에 반한 이른바 '이젠중칭(一見鐘情)'은 아니었다. 이젠중칭이라고 가정해도 여러 정황으로 미뤄볼 때 둘은 기본적으로 엮일 가능성이 희박했다. 우선 둘 다 결혼한 전력이 있었고, 양란은 법적으로 이혼 수속도 밟지 않은 상태였다. 자칫 미국 부인과 한 차례 이혼의 쓰라린 경험이 있는 우정에게 호감을 보이다가 본의 아니게 중혼죄(重婚罪)를 지을 수도 있었다. 또 우정은 누가 보더라도 매력이 철철 넘치는 남자가 아니었다. 오히려 166센티미터의 작은 키에 100킬로그램이 넘는 비대한 신체의 소유자인 탓에 혐오감을 주는 쪽에 가까운 사람이었다. 양란의 최근 회고를 들어봐도 두 사람은 처음부터 필이 꽂히지는 않았다. "우리는 처음부터 서로 소 닭 보듯 했다. 당시 우정은 지금보다 더 형편없어서 유학생이라는 사실이 의심스러울 정도였다. 물론 나도 당시에는 몰골이 말이 아니었다. 리포트를 쓰느라 밤을 꼬박 새운 탓에 머리도 얼굴도 엉망이었다. 아마 그 사람도 처음에는 나에 대한 인상이 별로 좋지 않았을 것이라고 생각한다. 남녀로서 서로 호감을 갖는다는 것은 거의 기적에 가까웠다."

그러나 양란과 우정은 대화를 통해 서서히 호감을 갖기 시작했다. 당시 양란의 친구 집에는 두 사람 외에도 여러 청춘남녀들이 있었다. 묘하게도 당시 둘은 서로만 모르고 있었을 뿐 나머지 사람들은 모두를 잘 알고 있었다. 당연히 양란의 친구는 서로만 모르는 두 사람을 서로 소개했다.

"이쪽은 샤오란이라고 해요. 중국 내에서 가장 인기 높은 프로그램인 《정다중이》의 메인 MC였어요. 그리고 이쪽은 유학생 출신 샤오정(小征)이라는 사람이야."

양란과 우정은 형식적인 목례를 나눴다. 이어 우정이 그녀를 빤히 쳐다

중국을 움직이는 **CEO**들

자신의 프로그램을 진행하고 있는 양란.
그녀는 자신의 수입에 일정액을 더한 액수를 매월 기부해
천사표 자본가로 불리고 있다.

보는가 싶더니 입을 열었다.

"유명한 분을 만나 뵙게 돼 정말 영광입니다. 그런데 혹시 위안밍(袁鳴)이라는 아나운서를 아십니까?"

양란은 기가 막혔다. 머릿속에서는 뭐 이런 인간이 있나 하는 생각도 들었다. 그럴 수밖에 없었던 게 당시 양란의 후임으로 《정다중이》를 맡은 위안밍이 인기를 얻고 있었다지만 뻔히 본인을 앞에 두고 후임 MC의 이름을 아무렇지도 않게 들먹였으니까 말이다. 그렇다고 양란이 성질을 낼 수도 없는 일이었다. 예의상 나오지도 않는 웃음을 흘릴 수밖에 없었다. 그러자 즉각 우정의 친구 중 한 사람이 그에게 핀잔을 주듯 말했다.

"아, 이 사람아! 샤오란은 위안밍이라는 아나운서가 그 프로그램을 맡기 전 4년 동안이나 진행을 했다고. 미국 유학을 오기 위해 그만뒀을 때 위안밍이 넘겨받은 것이지. 너 실수한 거야. 그래 가지고 어떻게 나중에 방송 사업을 하겠다고 그래."

우정은 친구의 말에 정신이 번쩍 드는 모양이었다. 어쩔 줄 몰라 하면서 바로 고개를 숙이면서 사과했다.

"아이고, 이거 죄송합니다. 정말 미안합니다. 저는 중국에 돌아갈 때마다 너무 바빠 TV를 본다는 것이 사치였죠. 제 실례를 변명하자면 위안밍이라는 아나운서가 어느 날 저를 취재하러 와서 제가 알고 있는 유일한 방송계 인물이 바로 그 사람인 거죠. 저는 두 분이 서로 아시나 해서 물어본 것뿐입니다. 오해는 마세요. 참으로 죄송합니다."

양란은 솔직하게 사과하는 우정의 진지한 태도에서 미묘하게도 깊은 인상을 받았고 동시에 그에게 호감이 가는 자신을 발견했다. 우정도 그녀의 자세와 말에서 편안해지는 기분을 느꼈고 둘은 그야말로 순식간에 의기투합하게 됐다. 양란은 이후 자신이 법적으로는 이혼하지 않은 신분이라는 사실을 애써 잊으려고 노력했다. 따라서 우정이 데이트를 신청하면 흔쾌히 수락한 것은 너무나 당연한 일이었다.

## 남편 우정과 중국으로 돌아가다

어느 날 그녀가 우정에게 푹 빠질 수밖에 없었던 사건도 발생했다. 둘이 뉴욕 거리를 걸어가고 있을 때의 일이었다.

"어머, 저것 봐요, 정거(征哥)!"

갑자기 양란이 비명을 질렀다. 우정은 깜짝 놀라 본능적으로 자신의 볼륨 있는 몸으로 그녀를 감쌌다. 이어 그녀가 가리키는 방향으로 고개를 돌렸다. 곧 웬 흑인이 서남아시아 사람으로 보이는 한 왜소한 남자를 두들겨 패는 모습이 그의 눈에 들어왔다. 그 흑인은 폭력을 행사하면서도 입에 담을 수 없는 욕설도 마구 퍼부었다. 왜소한 서남아시아 남자는 애걸복걸하는 자세로 어떻게든 마구잡이 폭행을 피하려고 이리저리 도망을 쳤다. 그러나 워낙 뛰어난 신체 조건을 가진 흑인의 손아귀에서 벗어나지 못했다. 주변의 사람들은 동정의 표정을 보이기는 했으나 흑인이 두려워 누구 하나 도움을 주려고 하지 않았다. 이때 우정이 양란에게 말했다.

"여기 꼼짝 말고 있어요. 절대로 다른 곳으로 가면 안 돼요."

우정은 양란이 막을 사이도 없이 쏜살같이 폭행 현장으로 달려가더니 흑인의 앞을 막아서면서 말했다.

"어이, 친구! 이제 그만하지. 저 사람 피가 낭자하잖아."

흑인은 예상대로 욕을 하면서 우정에게도 주먹을 휘두르려고 했다. 우정은 놀랍게도 그런 흑인의 손을 가볍게 잡아챘다. 100kg이 넘는 비대한 몸으로는 쉽지 않은 실력이었다. 그가 웃음을 흘리면서 다시 말했다.

"당신은 이미 저 사람을 때려서 깊은 상처를 입혔어. 경찰이 달려오면 골치 아플 텐데? 경찰을 불러도 좋아?"

흑인은 눈을 부릅뜬 채 우정이 잡고 있는 주먹을 빼내려고 했다. 그러나 그가 아무리 힘을 줘도 주먹은 쉽게 빠지지 않았다. 우정은 단순한 정의감에서 봉변을 당할 가능성이 있는 현장에 뛰어들지 않은 것이 분명했다. 흑인도 그 사실을 직감했는지 처음으로 입을 열었다.

"좋아, 그만하지."

우정은 흑인의 말에 꽉 쥐고 있던 그의 손을 놓았다. 흑인은 그를 한 번 노려보더니 바로 근처의 골목으로 사라졌다. 양란은 갑작스런 상황에 너무나 놀랐다. 한참이 지나서도 가슴이 계속 두근거릴 정도였다. 그러나 그녀는 놀란 가슴을 진정시키며 우정에게 물었다.

"두렵지 않았어요? 그 흑인은 정거보다 키가 훨씬 컸잖아요. 더구나 총을 가지고 있었을지도 모르잖아요. 그러다 총에 맞으면 어쩌려고…."

우정이 아무렇지도 않다는 듯 대답했다.

"두려웠죠. 그러나 저 흑인이 사람을 때려죽이는 것을 볼 수는 없는 것 아닙니까?" 우정은 솔직하게 말했다. 말은 길지 않았으나 여운은 길었다. 양란은 그를 다시 볼 수밖에 없었다. 이미 마음은 그에게 급속도로 기울고 있었다. 법적으로 아직 완전히 정리되지 않은 무늬만 남편인 장이빙과의 관계를 빨리 정리해야겠다는 생각이 들었다. 양란과 우정의 애정 전선은 거침이 없었다. 급기야 그녀가 대학원에서 석사 학위를 받기 직전인 1996년 초 결혼식을 올릴 수 있었다. 양란은 우정과 부부로 맺어진 다음 미국에 계속 머무르는 것도 괜찮겠다는 생각을 했다. 우정이 미국 정계 진출의 야심 실현을 위해 귀국을 망설이는 것처럼 보이는 데다 자신도 비록 이혼은 했으나 전 남편과의 관계가 찜찜했기 때문이다. 실제로 그녀의 생각은 크게 틀린 게 아니었다. 프랑스 단기 유학을 마친 다음 1988년부터 미국에 정착해 1996년 버링턴대학에서 박사 학위를 취득한 우정은 그녀와 결혼하기 전까지만 해도 미국 정계 진출에 대한 야심이 대단했다. 미국인인 첫 부인과 결혼한 이유가 순전히 부시 집안과 가까웠기 때문이었다는 점만 봐도 알 수 있다. 자신의 야심을 위해 별로 마음에도 없던 결혼을 한 우정의 노력은 분명 결과가 있었다. 1992년 대선 때 처가의 추천으로 조지 부시 대통령 후보의 선거 캠프에 들어가 젊은 참모 역할을 나름대로 확실하게 해 냈기 때문이다. 미국에서 조금만 더 기다릴 경우 연방의원은 몰라도 주의원이 될 가능성은 어느 정도 있었다. 그러나 우정은 결혼 이후 자신의 이런 야심을 다시 한 번 돌아봤다. 미국에 눌러 앉은 채 미래가 불투명한 정치판만 쳐다보는 자신보다 양란과 중국으로 돌아갈 경우 더 성공할 것이라는 생각이 없지 않았던 것이다. 더구나 그때 우정은 정치만큼 관심을 가지고 있던 미디어 분야 사업에 뛰어들 생각도 하고 있었다. 그는 자신을 위해 양란이 귀국을 망설이는 눈치가 보이자 자신의 생각을 솔직하게 피력했다.

"샤오란, 미국에서 계속 살고 싶어? 나는 중국에 돌아가는 것도 나쁘지 않다고 생각해."

양란은 자신의 귀를 의심했다. 우정이 전혀 예상하지 않은 말을 했기 때문이다.

"정거의 야심은 어떡하고? 지금까지 기울인 노력이 아깝지 않나요?"

"내 생각만 할 수는 없잖아. 샤오란과 함께 할 일이 있다면 나는 내 야심 정도는 흔쾌히 포기할 수도 있어."

"정말이에요? 그렇다면 나는 돌아가고 싶어요. 중국에서 일을 할 때는 몰랐는데 지금은 그때가 너무 좋았다는 생각이 들어요. 다시 방송을 하고 싶어요."

"좋아, 돌아가도록 하자고. 나도 한때는 방송 사업을 하려고 했던 적이

293

있으니까 나쁜 선택은 아니야."

1997년 7월 양란과 우정은 미국에서 이룬 모든 것을 버리자는 약속을 하기가 무섭게 짐을 쌌다. 석사 학위를 딴 직후 얻은 컬럼비아대학의 이사라는 직함도 다시 일을 하고자 하는 그녀의 열망 앞에서는 큰 의미가 없었다. 한때 중국에서 라이벌이 없을 정도로 인기를 끌었던 그녀가 귀국한다고 하자 중화권 방송계에서는 그야말로 난리가 났다. 서로 자사로 끌어들이기 위해 치열한 영입전이 벌어진 것은 당연했다. 이 영입 전쟁의 최후 승자는 당시 큰 인기를 끌던 홍콩의 '펑황(鳳凰 · Phenix)위성TV'의 중국어 채널이었다. 마침내 그녀는 이듬해 1월 자신의 이름을 딴 시사 프로그램인 〈양란 스튜디오〉를 신설해 중화권 방송계에 일대 센세이션을 불러일으켰다. 이로 인해 후배인 위안밍이 잠시 가져갔던 중화권 최고 여성 MC라는 타이틀은 일거에 그녀에게 되돌아왔다. 이후 시청자들은 그녀에게 중국의 오프라 윈프리라는 별칭을 선사하면서 열광적인 성원을 보냈다. 웬만한 인기 연예인 못지않은 팬클럽도 발족됐다.

양란, 중화권 여성들의 롤모델로 자리매김하다

양란은 성공리에 방송계 복귀가 이뤄지자 더 큰 꿈을 꾸지 않을 수 없었다. 마침 2000년 3월에 500만 달러를 투자해 홍콩 '야저우(亞洲)TV'의 지분 3%를 인수해 방송계 진입에 성공한 남편 우정이 홍콩 상장회사인 '양지(良記)'를 인수한 일이 있었다. 그녀는 기회가 왔다는 생각에 바로 펑황위성TV를 떠나는 결단을 내렸다. 이어 남편이 인수한 회사의 이름을 '양광문화네트워크TV'로 바꾸고 이사회 회장에 취임했다. 이제부터는 본격적으로 방송 경영자로 변신하겠다는 의지를 보여주는 포석이었다.

그녀의 야심은 같은 해 8월 8일 현실로 나타났다. 그녀의 진두지휘 아래

빈틈없는 시스템을 갖추게 된 양광위성TV가 첫 방송을 성공적으로 시작한 것이다. 그녀의 사업 투신은 외견적으로는 성공적인 것처럼 보였다. 방송을 송출한 지 2년여 만에 중국을 제외한 중화권과 호주를 비롯한 아시아·태평양 지역의 시청 가구도 5,000만 가구나 확보했다. 게다가 방송 시작과 동시에 20배나 뛰었던 양광 위성TV의 주가도 시간이 갈수록 계속 큰 폭으로 상승했다. 그러나 이런 승승장구의 이면에 드리워진 어두운 그림자도 없지 않았다. 경영 상태가 의외로 좋지 않았던 것이다. 중국의 전파 차단으로 인한 시청 가구의 정체와 이로 인한 광고 수익이 제자리걸음을 한 탓이었다. 그럼에도 그녀는 꿋꿋하게 사업을 밀고 나갔다. 2001년에는 필생의 프로그램이라고 할 수 있는 인터뷰 성격의 토크쇼 〈양란방담록(楊瀾放談錄)〉이 탄생했다. 이 프로그램으로 인해 그녀는 중국의 오프라 윈프리라는 명성을 더욱 확실하게 굳혔다. 그러나 경영 상황은 좀처럼 개선되지 않아 2003년에는 누적 적자가 2억 홍콩달러(300억 원)에 이를 정도였다. 견디다 못한 그녀는 회사의 주식 70%를 매각할 수밖에 없었다. 그러나 이런 결정에도 불구하고 그녀는 양광위성TV의 설립과 경영, 매각 등의 과정을 통해 경제적으로는 10억 홍콩달러(1,500억 원) 이상의 재산을 축적할 수 있었다. 이후 그녀는 대주주로서만 양광위성TV의 경영에 관여했다. 나머지 시간은 본연의 길인 방송과 주식 매각으로 확보한 자금으로 벤처 및 미디어, 부동산 투자에 전념했다. 그녀와 남편 우정의 결정은 결과적으로 전화위복이 됐다. 하는 사업마다 최소한 중박 정도는 터뜨려 재산을 조금씩 불려나간 것이다. 경제적으로는 교수 출신 아버지에게 한푼도 물려받지 못한 그녀가 70억 위안(1조 2,600억 원)의 재산으로 2011년 〈후룬푸하오방〉 랭킹 217위에 오르게 된 것도 모두 그녀의 당시 결정과 적극적인 사업 투신 때문이었다. 현재 양란은 타이더양광의 명목상 회장 자리에 있으면서 자선

사업에 전념하고 있다. 그녀가 벌이는 자선사업의 규모는 장난이 아니다. 굴지의 자본가들이 형식적으로 하는 것보다 훨씬 규모가 크다. 무엇보다 자신이 보유한 타이더양광과 양광미디어투자그룹의 주식 51%를 무상으로 출연해 양광문화기금회를 설립한 행보가 돋보인다. 현재 이 재단은 교육과 빈곤 퇴치 사업을 위해 매년 평균 2억~3억 위안(360억~540억 원)을 출연하고 있다. 이뿐만 아니다. 그녀는 아무 조건 없이 매년 벌어들이는 수입에 일정액을 더한 꽤 많은 액수를 개인 명의로 기부하고 있다. 그녀가 2009년 중국 민정부(民政部)의 '중화자선상'을 수상한 것과 '얼굴도 예쁘고 마음은 더 예쁜 천사표 자본가'라는 칭송을 받은 것도 이런 이유 때문이었다.

물론 그녀가 늘 칭송만 받는 것은 아니다. 비판도 없지 않다. 예컨대 명품과 치장을 너무 좋아한다는 비판이 대표적으로 꼽힌다. 심지어 2012년 3월에 열린 이른바 양회(전인대와 정협)에 정협 위원 자격으로 참석했을 때는 전 언론의 비난 표적이 되기도 했다. 너무나 화사한 복장에 미국제 명품 브랜드인 마크제이콥스(Marcjacobs) 최고급 핸드백을 들고 나온 것이 기자들의 눈에 띄어 집중 공격을 받은 것이다. 하지만 그녀의 평소 인기와 칭송에 비춰보면 이 정도의 비난은 보다 완벽한 천사가 돼 줬으면 하는 일반의 염원을 반영하는 안타까움이라고 해야 한다. 그녀는 2007년 9월에는 한국을 방문해 한류와 장동건의 열렬한 팬이라는 사실을 밝혀 화제가 된 바 있다. 이때 그녀는 "확실한 목표를 갖고 그 꿈이 꼭 이뤄진다고 믿는다면 자신을 도와줄 사람들이 주위로 모여든다는 사실을 많은 여성에게 알려주고 싶다."면서 한국 여성들에게도 강력한 메시지를 남겼다.

그녀는 양광위성TV의 경영 일선에서는 자발적으로 물러났다. 하지만 수입은 경영 일선에서 활약할 때보다 더 많다. 방송 출연 등으로 벌어들이는 연 수입만 최소한 2,000만 위안(36억 원)에 이르고 결혼식 사회를 봐줄

APEC을 앞두고 청와대에서 박근혜 대통령과 인터뷰를 마친 후
접견실을 나서고 있는 '베이징위성TV'의 양란 양광미디어그룹 회장.
박 대통령과의 인터뷰는 중국 '베이징위성TV' 양란방담록(楊瀾訪談錄)을 통해
현지에서 방영됐다.

때의 개런티가 120만 위안(2억 1,600만 원)에 달한다. 여기에 그녀가 벤처 투자 등 각종 사업으로 벌어들이는 액수까지 감안하면 그녀의 수입은 상상을 초월한다. 따라서 일부 언론이 그녀가 조만간 부호 랭킹 100위권에 진입할 것이라고 장담하는 것은 결코 무리가 아니다. 그러나 그녀에게 있어 그녀의 가장 큰 자산은 매년 중화권 여성들이 세대를 초월해 가장 닮고 싶어 하는 롤모델로 그녀를 꼽는다는 점일지도 모른다.

# 중국에서 아마존을 꼼짝 못하게 하는
## 당당서점의
## 위위 이사장


아무리 중국에 여성 경영인의 숫자가 많다고 해도
중화권 여성들의 롤모델로 양란만큼 주목을 받는 여성CEO가 쉽사리 배출
될 수는 없다. 하지만 비슷한 사례가 전혀 없지는 않다. 사이버 서점 '당당
(當當·dangdang)'의 위위(俞俞·50) 회장이다. 위위는 양란처럼 남편과 함
께 공동 창업, 공동 경영을 통해 당당을 세계 최대 중국어 사이버 서점으
로 키운 사실로 중화권 여성들의 롤모델로 존경받고 있다. 그런데 중화권
여성 CEO를 대표하는 위위와 양란은 서로 유사한 점이 있어 호사가들의
입에 자주 오르내리고 있다. 먼저 위위와 양란은 베이징외국어대학 영어
학과 동문으로 위위가 양란보다 나이로는 세 살, 학번으로는 4년 선배다.
두 번째로 위위도 양란이 그랬던 것처럼 미국 생활을 할 때 남편 리궈칭
(李國慶·51)을 만나 결혼한 이력이 있다. 마지막으로 두 사람은 중화권 여
성들을 대상으로 한 조사에서 닮고 싶은 여성 기업인 롤모델로 항상 꼽힌
다는 공통점도 가지고 있다. 물론 둘 다 성공한 기업인이라는 공통점은 두

299

말하면 잔소리다. 그런데 이런 유사한 점으로 인해 무척 친할 것 같은 두 사람은 의외로 친분이 없다고 한다. 아마도 자석의 같은 극이 서로 밀어내는 것처럼 경영 능력과 스타성을 갖춘 두 사람이 서로를 껄끄럽게 여기기 때문이 아닌가 싶다.

## 경영자의 자질을 가지고 있던 위위

위위는 흔히 아마존의 창립자인 제프 베조스(Jeff Bezos·51)의 부인 메켄지 베조스(MacKenzie Bezos·50)와 비견된다. 하지만 그녀는 이런 말을 들을 때마다 몹시 불쾌한 반응을 보인다고 한다. 당당 서점의 창업자 역할을 한 자신과 대표적인 내조의 여왕으로 꼽히는 메켄지 베조스와는 격이 다르다고 생각하기 때문이다. 이런 점만 봐도 그녀의 온화한 인상과는 다르게 대단히 자존심 강한 성격의 여성 자본가로 보인다.

그녀는 충칭의 벽촌 출신이다. 비록 시골에서 태어나기는 했어도 그녀는 상당히 총명했다. 그래서 남들보다 2년 일찍 진학한 명문 베이징외국어대학을 1986년 우수한 성적으로 졸업할 수 있었다. 그녀가 졸업 직후 21세라는 어린 나이로 에너지 분야의 미국 대기업 '밥콕 앤드 윌콕스(Babcock & Wilcox)'의 베이징 지사장 통역 겸 비서로 채용돼 만 1년을 근무했던 것도 모두 이런 뛰어난 자질과 능력 덕분이었다. 그녀는 당연히 통역이나 비서 역할에 만족할 재목이 아니었다. 결국 통역 겸 비서 생활을 1년 만에 청산하고 미국 유학에 나서 오리건(Oregon)대학에서 국제관계학 석사 과정을 수료했다. 이어 내친 김에 1992년에는 뉴욕(New York)대학에서 MBA 학위까지 땄고, 우수한 성적으로 졸업식에서는 졸업생 대표 연설을 하는 영광을 누리기도 했다. 그녀는 이 여세를 몰아 졸업과 동시에 창업에도 나섰다. 뉴욕에 M&A 전문 자문 회사인 '트리포드(Tripod)'를 설립한 것이다. 그녀가 만든 회사는 신설 회사임에도 회사의 경영 상태가 아주 좋았다. 트리포드의 연간 순익은 그녀가 월 스트리트에 취업해 벌 수 있는 최대 한도인 100만 달러에 달했다. 그녀는 성공이 눈앞에 보이자 결혼할 생각도 하지 않은 채 정신없이 사업에 매달렸다. 그러나 운명이라는 것은 어느 날 갑자기 오는 법이다. 1996년 그녀에게 갑자기 사랑이 찾아왔다. 그녀의 운명을 뒤흔든 주인공은 베이징에서 날아온 출판계 인사 리궈칭(李國慶)이었다. 리궈칭은 1987년 베이징대학 사회학과를 졸업하고 그때까지 결혼도 하지 않고 일에 정신이 팔려있던 인재였다. 대학 재학 시절 학생회 부회장을 맡아 이미 뛰어난 리더십을 보여줬던 리궈칭은 졸업 후에 중국 최고 직장으로 꼽히던 '중국국무원(國務院) 산하발전연구센터'에 취직해 그야말로 발군의 능력을 발휘했다. 작성하는 연구 리포트마다 센터의 최고책임자인 주임을 비롯한 간부들이 감탄할 정도였다. 그러나 그는 얼마 후 자신의 희망과는 무관하게 '당 중앙서기처농촌정책연구실'로 전근 발령을 받았다. 마음이 썩 내키지는 않았으나 리궈칭은 거기서도 열심히 일했다. 4년 동안 근무하면서 리궈칭이 발표한 논문의 분량은 무려 원고지 2만 5,000장에 달해 웬만한 학자들도 부끄러워 할 만큼 정력적인 활동을 펼쳤다.

이런 상황에서 그가 능력을 인정받지 못한다면 오히려 그게 이상한 일이었다. 연구실 주임을 비롯한 여러 간부들이 만일 리궈칭이 원하는 사업이 있다면 전폭적으로 밀어주겠다고 약속한 것이다. 그는 이런 신뢰를 바탕으로 1993년 본격적으로 경영자의 길로 나섰다. 리궈칭은 자신의 모교인 베이징대학, 중국사회과학원, 농업부 등의 합작을 이끌어내 문화 관련 사업을 주로 하는 '베이징 커원징마오(北京科文經貿) 주식회사'를 설립해 총재에 취임했다. 또 1995년에는 미국에서 '커원(科文)실업그룹'까지 설립하고 회장직에 올랐다. 그의 회사는 중국의 기업과 정부 기관이 생산해내는 무수한 데이터베이스 상품의 판매와 국제 판권 무역 및 국제 출판 합작 등이 주요 아이템이었다. 이어 그는 이듬해인 1996년 초 홍콩에 지사 형식의 출판사를 설립해 본격적으로 출판업에도 뛰어들었다. 명실상부한 글로벌 네트워크를 구축한 그의 출판·문화 사업은 탄탄대로였다. 매년 평균 200만~300만 위안(3억 6,000만~5억 4,000만 원)의 순익을 올렸다. 그는 이 성공에 더욱 자신감을 갖게 됐다. 얼핏 보면 교만하게도 보였다. 이 때 그의 친구 한 명이 그에게 자존심을 긁는 결정적인 한마디 말을 던졌다.

"어이, 리(李) 사장! 그 정도는 아무 것도 아니야. 그 정도 순익은 미국의 웬만한 직장 1년 연봉 정도밖에 안 돼. 너무 목에 힘주지 말라고. 자네 우물 안 개구리가 되면 되겠어? 미국에 한 번 가봐. 놀라서 뒤로 자빠질 거야."

교만해 있던 리궈칭은 친구의 말에 충격을 받았다. 그는 1996년 7월 즉각 미국으로 날아갔다. 미국인들의 경영시스템을 직접 눈으로 봐야겠다는 생각이 들었던 것이다. 그는 친구의 말대로 미국에서 상당한 충격을 받았다. 중국에서는 나름 성공했다고 자부하던 자신이 한없이 초라해지는 기분을 느꼈다. 그러나 그는 곧 정신을 차렸다. 미국에 온 목적이 한 수 배우기 위해서라는 사실을 깨달았기 때문이다. 그는 이후 열심히 배울 만한 점이 있는 회사들을 찾아다니며 몇 수 위의 미국 선진 경영기법을 배우고 또 배웠다.

### 운명적인 파트너 리궈칭과의 만남

그러던 어느 날 리궈칭은 지인의 소개로 운명적 파트너인 위위와 만나게 됐다. 위위는 당시 미국 생활에 염증을 느끼기 시작하던 때였다. 리궈칭은 처음 위위와 대면했을 때 별다른 감정을 느끼지 못했다. 그녀가 양란만큼의 미모를 가지지 않았기 때문도 아니고, 나이가 많기 때문도 아니었다. 당

중국에서 압도적으로 아마존을 따돌리고 있는
인터넷 서점 '당당'은 얼마 전 나스닥에 상장됐다.
사진은 뉴욕거래소를 배경으로 리궈칭 당당 CEO와
위위 당당 이사장 부부의 모습이다.

제3부 중국 재계를 주무르는 여왕 : 남성 CEO 뺨치는 여성 CEO들

시 그의 목적은 오로지 위위를 통해 미국식 경영 노하우를 한 가지라도 더 배우는 데 목적이 있었기 때문이었다. 위위는 리궈칭이 마치 초등학생처럼 끈질기고 유치한 질문을 퍼붓는 데도 귀찮다는 표정을 짓지 않았다. 오히려 자신이 대학원을 다니면서 배운 지식에다 기업을 경영하면서 얻은 온갖 경험을 다 털어놓겠다는 표정으로 질문 하나하나에 진지한 대답을 해줬다. 리궈칭은 그런 그녀의 말을 하나도 놓치지 않았다. 나중에는 그녀의 모든 말을 노트에 그대로 받아 적는 성실함까지 보여줬다. 둘은 곧 서로에게 강렬한 인상을 받았다. 물론 두 사람은 이때까지만 해도 자신들이 부부로 맺어질 것이라고는 꿈에도 생각하지 못했다. 아무래도 미국 생활이 10년째 접어드는 위위와 토종 중국인 리궈칭과는 거리감이 있었던 것이다. 그러나 얼마 후 그녀가 베이징으로 출장을 가면서 분위기는 빠르게 변하기 시작했다. 당시 인연이 되려고 그랬는지는 몰라도 그녀가 묵은 호텔은 리궈칭이 경영하는 회사의 정문 맞은편에 있었다. 단정할 수는 없지만 아마 적극적인 그녀의 성격이 이런 절묘한 상황을 연출하지 않았나 싶다. 당연히 리궈칭은 그녀가 투숙한 호텔을 자주 출입할 수밖에 없었다. 후텁지근한 베이징의 무더위가 한풀 꺾이기 시작한 어느 날 리궈칭은 며칠 전부터 머릿속에 몇 번이나 떠올렸던 말들을 정리하면서 위위에게 단도직입적으로 물었다.

"위 사장께서는 왜 아직까지 결혼을 하지 않고 계시나요?"

위위는 엉뚱할 수도 있는 리궈칭의 말에 전혀 불쾌한 표정을 짓지 않았다. 아니 오히려 기다렸다는 듯 입을 열었다.

"인연이 없었던 거겠죠. 저는 미국에 있으면서도 줄곧 결혼을 해야겠다는 생각은 하고 있었어요. 그건 그렇고 이 사장님은 왜 아직도 혼자세요?"

"나도 마찬가지죠. 인연이 없었죠."

"그렇다면 우리는 완전히 동병상련이네요."

"그런가요. 같은 병을 앓고 있는 환우(患友)라고 할 수 있겠군요. 지금도 병을 고칠 생각을 하지 않고 있나요?"

"글쎄요. 기회가 있다면… 리 사장님은요?"

"마찬가지입니다. 그런데 나는 지금 병을 고칠 수 있겠다는 생각이 불현듯 드는군요."

"그게 무슨 소리인가요?"

"결혼하자는 말이라는 걸 못 알아들었다고 하지는 않겠죠?"

"농담이 아니시죠?"

"왜 쓸데없이 농담을 하겠습니까? 내 청혼을 받아주세요. 아무래도 우리는 인연인 것 같습니다."

"만약 오늘이나 내일 청혼할 기색이 보이지 않았다면 다시는 보지 않으려고 했어요. 나는 의외로 자존심이 강한 여자예요."

"그게 무슨 뜻입니까?"

"아니 내 방을 시도 때도 없이 들어와 놓고 그냥 가면 그게 신사라고 할 수 있겠어요? 나는 뭐 아무 남자한테나 방을 개방하는 헤픈 여자인 줄 아세요? 미국에 10년 살면서 오히려 더 보수적이 됐다고요."

"하하하!"

리궈칭은 의외로 솔직한 위위의 말에 호탕한 웃음을 터뜨렸다. 둘의 결혼은 아주 오래전부터 준비됐던 것처럼 보였다. 이때의 청혼에 대해 위위는 훗날 언론에 솔직하게 털어놓은 바 있다.

"운명이라는 것은 정말 사람의 상상을 뛰어넘는다. 당시 어떻게 내가 지금의 남편과 결혼할 생각을 했겠는가? 남편은 미국이라고는 그때 딱 한 번 와서 체류했을 뿐이었다. 나 역시 묘하게 그때는 바쁜 와중임에도 시간이 났다. 그때는 몰랐으나 아무래도 운명이었던 것 같다. 더구나 남편하고 있으면 너무나도 편했다. 사업적인 역량도 상당히 있어 보였다. 나는 이 사람이라면 미국 생활을 청산하고 귀국해도 좋겠다는 생각을 했다. 베이징에서 다시 재회했을 때는 오히려 내가 더 애가 탔다고 해도 맞는 상황이었다. 그런데 다행히 그 사람이 청혼해 주었다."

1996년 10월 두 사람은 만난 지 겨우 3개월 만에 전격적으로 부부의 연을 맺었다. 위위는 바로 미국으로 돌아가 잘나가던 회사의 문을 과감하게 닫고 귀국했다. 귀국한 후 남편의 사업을 돕기 시작했다. 그녀는 이때도 운명이라는 것을 느꼈다. 남편의 문화·출판 사업을 돕는 과정에서 평소 자주 접하던 아마존을 보고 사이버 서점을 경영할 수 있겠다는 생각을 한 것이다. 그녀는 즉각 자신의 생각을 남편에게 피력했다.

"칭거, 아마존이라고 들어본 적이 있나요?"

"모를 리 있어? 아마존은 왜?"

"우리도 사이버 서점을 구축할 수 있다는 생각이 들어서요. 아직 중국에는 아마존 같은 곳이 단 하나도 없잖아요."

"그래? 잘될까? 아직 중국에는 무수히 많은 책들의 정보를 수록한 데이터베이스가 없잖아. 더구나 아직 네티즌도 많지 않고. 괜히 뛰어들었다가 실패하는 거 아니야?"

"당장 하자는 것이 아니에요. 그래도 지금 준비를 하지 않으면 우리가 시장을 선점하기 어려워요. 시장이 형성됐을 때 뛰어들려고 하면 이미 늦다고요. 가장 중요한 건 각종 책들의 정보를 수록하는 데이터베이스를 구축하는 거예요. 만약 이게 완벽하게 갖춰지면 그다음은 일사천리가 되지 않을까 싶네요."

"시간은 어느 정도 필요할까?"

"3년이면 돼요. 자신 있어요. 나는 미국에서 아마존의 탄생과 성공 과정

세계 최대 중국어 사이버 서점 당당을 운영하고 있는 위위 이사장.
그녀를 양란과 더불어 많은 중화권 여성들이 멘토로 삼고 싶어한다.

을 비교적 자세하게 살펴봤어요."

"자금도 적지 않게 들어가지 않을까?"

"콘텐츠가 좋으면 아마 투자자는 벌떼처럼 달려들 걸요? 나는 선별해서 투자자들을 받아들일 자신이 있어요."

"좋아, 하지 않을 이유가 없군."

## 온라인 서점 당당을 창업하는 위위와 리궈칭

위위와 리궈칭은 새로운 사업 구상에 대한 합의에 이르자마자 바로 후속 작업에 착수했다. 이후 둘은 3년 동안 중국 내의 모든 서적을 망라하는 데이터베이스 구축 작업에 뛰어들었다. 과연 사업의 윤곽이 드러나면서 모든 상황은 위위의 말대로 굴러갔다. 우선 투자자들이 돈을 싸들고 나타났고 일부 사업가는 아이템을 팔라고 유혹하기도 했다. 아마추어라면 아마 이 정도에 흔들렸을지도 모른다. 그러나 위위는 미국에서 10년 동안 공부와 사업을 하면서 산전수전 다 겪은 사람이 아니던가? 그녀는 주변의 유혹에도 눈 한 번 깜빡 하지 않았다. 대신 제대로 된 투자자들이 나타나기를 기다렸다. 과연 그녀의 생각은 맞았다. 곧 미국의 '인터내셔널데이터 그룹(IDG)'과 룩셈부르크의 '케임브리지그룹', 손정의가 이끄는 일본의 '소프트뱅크'가 엔젤투자자로 모습을 나타냈다. 전체 투자액은 800만 달러였다. 그녀는 두 번 생각할 것도 없다는 듯 세 회사에 문을 활짝 열었다. 이렇게 해서 1999년 11월 중국 최초 사이버 서점인 '당당'은 첫발을 내딛었다. 당당은 위위의 예상대로 출범과 동시에 기염을 토했고 무엇보다 네티즌들로부터 열광적인 환영을 받았다. 또 중국, 홍콩, 대만 등 중화권뿐만 아니라 미국, 브라질, 헝가리 등지로부터의 주문도 쇄도하기 시작했다. 당당이 중국의 아마존으로 불리게 된 것은 아주 자연스런 결과였다.

2000년부터는 미미하나마 흑자를 보기 시작했다. 더 경이로운 것은 영업 실적이었다. 매년 200%에서 300% 가까이 급격히 매출액이 늘어났다. 이로 인해 2004년에는 타이거펀드로부터 1,100만 달러를 더 투자받을 수 있었고, 2005년에는 당당의 가치가 전년에 비해 30% 이상 상승한 1억 달러를 손쉽게 돌파할 수 있었다. 당당이 이렇게 성장하자 당연히 적대적 인수를 노린 헤지펀드나 동종업계의 공격도 적지 않았다. 대표적인 것이 중국 진입을 노리다가 한방을 먹은 아마존의 공격이었다.

2004년 아마존은 구체적으로 1억 5,000만 달러라는 거액을 제시하며 당당을 매입하겠다는 입장을 밝히기도 했다. 당시 시장 가격의 거의 두 배 가까운 금액으로 인수하겠다는 통 큰 베팅을 한 것이다. 그러나 위위는 이런 아마존의 베팅에 가벼운 코웃음으로 맞섰다. 아마존으로서는 약이 오를 수밖에 없었다. 1~2년 후 베팅가격이 3억~4억 달러까지 치솟은 것은 당연한 수순이었다. 물론 위위는 아마존이 제시한 돈의 유혹에 맞서 진짜 당당하게 당당을 지켜냈다. 매년 2~3배 가까운 매출액 신장률을 기록하는 회사를 팔 이유가 전혀 없다는 것이 언제나 그녀가 내세우는 거절 이유였다. 만만치 않은 유혹을 이겨낸 그녀의 배짱은 급기야 2009년 당당의 기념비적인 실적을 가져오기에 이른다. 30억 위안(5,400억 원)의 매출액으로 중국 전체 시장의 51%를 장악하는 점유율을 기록하게 된 것이다. 이는 당시 업계 2위이자 아마존과 손잡고 당당 타도를 외친 '쥐웨(卓越)아마존'보다 30%나 높은 실적이기도 했다. 이제 남은 것은 2007년에 계획했다가 여의치 못한 상황 때문에 연기한 나스닥 상장 외에는 없었다. 두 번째 나스닥 상장 기회는 시간이 다소 걸리기는 했으나 마침내 찾아오고야 말았다. 때는 2010년 12월 10일이었다. 위위가 이끄는 당당은 최초 1주당 발행가 16달러의 성적으로 무사히 나스닥에 입성했다. 전체 모집 금액은 2억

7,200만 달러였다. 대단히 만족스럽지는 않았으나 그래도 당시 미국이 경제위기를 겪고 있었던 상황임을 감안해보면 그래도 선전했다고 할 수 있었다. 현재 당당은 여전히 사이버 서점 업계에서 압도적인 1위를 달리고 있다. 2011년 기준으로 매출액은 38억 위안(6,840억 원)이며 2013년경에는 매출액 50억 위안(9000억 원)을 돌파하는 것도 어렵지 않다고 전망했다.

세계 최대 중국어 사이버 서점이라는 자랑스러운 타이틀도 난공불락의 타이틀이 될 확률이 높다. 이처럼 당당이 중국 내에서 아마존 부럽지 않은 사이버 서점 업계의 선두로 성장한 데에는 나름대로 여러 가지 이유가 있었다. 우선 업계에서 가장 먼저 출범한 선두주자라는 이미지가 큰 몫을 했다고 볼 수 있다. 여기에다 주문을 접수한 후 늦어도 이틀 안에 광대한 대륙 전 지역에 배달해 주는 대고객 서비스도 빼놓을 수 없다. 위위는 이를 위해 중국에 진출한 세계적 물류 회사들과의 전략적 제휴 관계를 강화하는 적극적 행보도 마다하지 않았다. 이뿐만 아니라 도서 관련 전자상거래 업체라는 고정적 이미지 탈피를 위한 취급 물품의 다양화 전략도 눈에 띈다. 현재 당당은 책뿐만 아니라 화장품, 가구, 아동용품, 의류, 가전제품까지 취급하고 있다. 한마디로 당당은 호평 받는 고객 서비스 기틀 위에 사이버 서점에서만 머물지 않고 종합 전자상거래 업체로 거듭나고 있기 때문에 쥐웨아마존을 비롯한 라이벌들을 압도적으로 따돌리고 있는 것이다.

그녀는 향후 IT 제품을 비롯한 여러 가지 품목을 취급하는 전자상거래 시장에도 뛰어들 가능성이 매우 높다. 그녀는 현재보다는 미래의 가능성이 더 큰 여성 CEO인 것이다. 이것이 위위를 결코 만만히 봐서는 안 되는 이유이다. 인생이나 창업 스토리가 흥미진진한 중국의 여성 자본가들은 앞에서 소개한 이들 외에도 더 꼽을 수 있다. 가구와 부동산 분야에서는 누구에게도 뒤지지 않는다는 자존심의 자이메이칭(翟美卿·51) '샹장(香江)그룹' 회장, 부동산으로 시작해 에너지·제약 분야에까지 사업 영역을 넓힌 자오바오쥐(趙寶菊·49) '신아오(新奧)그룹' 회장, 가전 판매업체의 여걸 천진펑(陳金鳳·51) '쑤닝(蘇寧)전기' 회장, 남다른 안목으로 임업 분야에 뛰어들어 성공한' 둥팡위안린(東方園林)그룹'의 러차오뉘(何巧女·49) 회장 등을 대표적으로 꼽을 수 있다. 최근에는 바이두의 창업자인 리옌훙의 부인 마둥민까지 2014년 여성부호 5위에 선정되었다. 굳이 세상의 절반은 여성이며, 여성이 세상의 절반을 움직인다고 생각하는 중국인들의 사고에 기대지 않더라도 앞으로 경영 능력이나 집념과 창의력 등에서 중국 남자들 못지않은 중국 여성들의 경영참여가 폭발적으로 늘어날 가능성이 높다. 즉 측천무후나 서태후 못지않은 여성 자본가들이 중국 재계를 쥐락펴락하는 시대가 오고 있는 것이다. 아니 이미 와 있다.

# 중국 기업인과의 대화

상대방을 알기 위해서 대화만큼 좋은 방법은 없다. 격의 없이 진솔하게 흉금을 터놓고 이야기를 나누다보면 상대방에 대한 이해와 정보를 얻을 수 있기 때문이다. 그래서 4부에서는 업계에서 성공했다고 인정받는 6명의 중국 기업인들과 나눈 이야기를 지면으로 옮겨봤다. 중국 업계 대표 기업인들이 걸어왔던 길과 그들의 성공 스토리를 들어보자.

## 요즘 중국에서 뜨고 있는 신종 사업군

중국에서는 요즘 중국인의 기질을 논할 때 쓰던 말인 '만만디(慢慢的)'라는 말이 옛말이 되어 버렸다. 우리나라의 '빨리빨리'와 같은 '콰이콰이디(快快的)'라는 말이 요즘 중국을 장식하고 있기 때문이다. 하지만 '콰이콰이디'라는 말을 쓰기 위해서는 하나의 조건이 필요하다. 바로 '돈'과 관련이 있어야 한다는 점이다. 예부터 돈이 되는 일이라면 지옥행도 마다하지 않던 중국인이지만 그동안 빠른 배달 서비스만은 엄두조차 내지 못했다. 그러나 지금은 크게 달라지고 있다. 빠른 배달 서비스를 기본으로 하는 택배 산업이 중국에서 급성장을 하고 있기 때문이다. 택배 업체 수만 무려 6,000개에 달하고 이들 중 일부는 연 매출액 20억 위안(약 3,600억 원) 이상의 준재벌 기업으로까지 발전하고 있다. 중국이 이처럼 자신들의 이미지와는 맞지 않는 산업에서도 초스피드로 발전하는 이유는 온라인 쇼핑의 발전과 관계가 깊다. 온라인 쇼핑 산업의 발전으로 빠른 배달 서비스도 돈이 된다는 사실을 중국인들이 알아차린 것이다. 중국의 택배 산업은 한 단계 더 나아가 이제 국제화를 노리고 있다. 이런 경우 빠르기에 관한 한 세계 최고 수준인 한국 업체들과도 피 튀기는 경쟁을 하게 될 것이다. 우리나라 택배기업들은 이런 사실을 잘 알고 미리 준비해야 하지 않을까.

# 마윈
## 알리바바 회장
### "우리는 꿈을 포기하지 않았다"

그 사람이 누군지 알기 위해서는 대화만큼 좋은 것이 없다. 대화를 해보면 그 사람의 전체까지는 아니더라도 대략은 파악할 수 있다. 소통의 위력이 가져다주는 효과가 아닌가 싶다. 이 점에서는 일반인들이 상상하기 어려울 만큼 많은 부를 가진 자본가라고 해도 크게 다르지 않다. 그들과 대화를 나눠보면 인성이나 삶의 궤적, 부를 일군 노하우까지를 대략이나마 알 수 있고 좀 더 대화가 깊어지면 인격이나 인생관을 파악하는 것도 별로 어렵지 않다. 이 책에서 내로라할 만큼 이름이 알려진 중국 자본가들 중 몇 명을 선정해 인터뷰를 가진 이유도 바로 이 때문이다. 중국 자본가들과의 대화를 통해 그동안 베일에 가려져 잘 보이지 않던 그들의 본 모습을 파악해 보기 바란다.

이 책의 첫 번째 인터뷰 대상으로 선정한 알리바바그룹의 창업자 마윈은 세계적으로도 불가사의한 인물로 소문나 있다. 별 볼일 없는 사람이 운 좋게 어쩌다 성공했기 때문이 결코 아니다. 별 볼일 없는 사람인데도 전혀

315

기죽지 않고 많은 노력을 기울인 끝에 성공했기 때문이다.

다음은 꼴찌들의 우상으로 불러도 지나치지 않는 마윈 회장과 신비주의를 벗어던진 채 격의 없이 나눈 일문일답이다.


– 학창 시절 성적이 너무나 형편없었는데도 결과적으로 인생에서는 성공했습니다. 비결이 있을 듯합니다.

"나는 학창 시절 우등생은 아니었습니다. 그러나 나에게도 하늘이 준 능력이 있을 거라는 생각을 했습니다. 그게 영어더군요. 다른 과목은 엉망진창이었어도 영어는 누구에게도 뒤지지 않을 만큼 잘 했습니다. 게다가 나는 천성적으로 말재주가 뛰어났습니다. 지금 생각해보면 이것들이 내 사업의 밑천이 됐습니다. 영어 때문에 작게나마 사업에 뛰어들 수 있었고 이후 투자자들을 설득해 투자를 받아 사업을 크게 벌일 수 있었으니까요."

– 본인의 스타일에 대해서는 어떻게 생각합니까?

"나는 단순한 것을 좋아합니다. 단순한 것이 좋은 것입니다. 복잡하면 개인적으로는 곤란하다고 생각합니다. 생각이 많아질 수 있지 않겠습니까? 단순해도 나는 할 건 다 합니다. 예컨대 컴퓨터 수준은 컴맹은 아니지만 전문가 수준도 아닙니다. 그럼에도 IT 업종에 종사하고 있습니다. 또 나는 경영학을 배우지 않았으나 CEO를 하고 있습니다. 어찌 보면 나는 영화 주인공 포레스트 검프 같은 단순한 사람일 수 있습니다."

– 자본가는 어때야 하는지 답을 듣고 싶습니다.

"확실한 목표를 수립해야 합니다. 그리고 집중해야 합니다. 나는 수재도 아니고 집안도 어려웠습니다. 그러나 내 사업을 시작해서 세계 최고가 돼야 한다는 목표는 분명했습니다. 누구나 목표가 확실하고 집중할 수만 있다면 100%까지는 몰라도 80~90%까지는 성공할 수 있습니다. 또 자본가는 비즈니스만 생각하면 됩니다. 돈만 생각해야 한다는 말이죠."

– 다른 이슈에는 굳이 관심을 가질 필요가 없다는 말인 것 같군요.

"일단 본분을 다하라는 말입니다. 예를 들어 봅시다. 알리바바 사이트에는 반일, 반미, 심지어 반한류 문제 같은 주장이 가끔 올라옵니다. 그러면 제가 이것들을 다 지워버리라고 합니다. 이 때문에 나를 싫어하는 사람도 생겼습니다. 그러나 알리바바는 기업입니다. 기업과 관련한 얘기만 해도 무궁무진합니다. 만약 정치적인 문제를 말하고 싶으면 《런민르바오(人民日報)》 같은 사이트로 가야 합니다. 알리바바 사이트는 비즈니스 사이트지 정치 문제를 토론하는 장이 아닙니다."

– 알리바바가 전혀 정치적이지 않다는 말처럼 들리는군요.

"우리 회사는 대정부 업무를 처리하는 부서가 아예 없습니다."

– 그것도 성공 요인 중 하나일 것 같습니다.

"외풍에 흔들리지 않았기 때문에 보다 빠른 성장을 구가할 수 있었으니 그렇게 말해도 틀리지 않을 듯하군요."

– 미국 경제 잡지 포브스에서 2014년 중국 부호 1위로 뽑았더군요. 자신이 얼마나 돈을 많이 가지고 있는지 잘 알고 계십니까?

" 집사람 전화번호를 가르쳐 드리겠습니다. 한 번 물어보세요."

– 온갖 어려움을 다 뚫고 창업 15년 만에 세계적인 알리바바라는 성과를 일궈낸 것에 대해서는 기적이라는 말도 합니다.

"우리들이 15년 동안 생존을 넘어 성공한 기업이 된 것은 정말 대단한 일입니다. 나 스스로도 놀랄 때가 많습니다. 우리들이 이 기간에 적지 않은 실수를 범했기 때문에 특히 더 그렇습니다. 또 사스 등의 위기도 없지는 않았습니다. 만약 내가 알리바바에 대한 책을 쓰게 된다면 '1001개의 실수'라는 제목으로 쓰고 싶습니다. 그럼에도 우리들이 오늘날 이렇게 생존해 있는 것은 실수 중에서 교훈을 얻고 고쳤기 때문이 아닌가 생각합니다. 전자상거래에 대한 임직원들의 노력과 고객들의 지지 역시 무시할 수 없습니다. 꿈을 포기하지 않은 것도 이유가 될 것 같습니다."

– 다른 요인도 있었을 듯합니다.

"내가 가장 중요하게 생각하는 요인은 중소기업을 도와야겠다는 신념을 끝까지 유지했던 것이 아닌가 싶습니다. 게다가 이를 위해 최선을 다했습니다. 우리들의 중소기업에 대한 생각은 '세상에는 못할 장사가 없다는 것'입니다. 우리들은 무슨 일을 하던 이 사명을 잊지 않았습니다. 동시에 세 가지 원칙을 따랐습니다. 그건 고객이 제일이고 다음이 직원, 마지막이 주주라는 원칙입니다."

– 102년 지속되는 기업이 되겠다는 목표를 잡았습니다. 한 세대를 가는 것도 쉽지 않은 마당에 말입니다. 정말 그게 가능하다고 봅니까?

"중국 기업의 평균 수명은 대단히 짧습니다. 어린 나이에 세상을 떠나는 영아 수준에 있습니다. 그럼에도 나는 알리바바를 3세기 정도 생존할 수 있는 기업으로 만들고 싶었습니다. 그런 생각에서 다소 무리한 목표를 정했습니다. 물론 미래는 예측하기 어렵습니다. 그러나 우리의 앞길을 확실하게 하기 위해서라면 계속 장기적인 관점에서 발전을 추구해야 합니다. 단기적인 이익에 급급해서는 안 됩니다. 이 목표를 달성하기 위해서는 해야할 일도 많습니다. 가장 중요한 것이 지속 발전 가능한 전자상거래의 생존 시스템을 유지하는 것입니다.

또 전자상거래 시장을 계속 발전시키는 것 역시 중요합니다. 여기에 개인 창업자들과 중소기업들이 성장하도록 협조하는 것도 간과해서는 곤란합니다. 만약 이런 기본적인 원칙과 초심을 잃는다면 100년 아니라 50년

B2B, B2C, C2C기업을 총괄하는 회장답게
마윈은 물류의 중요성을 자주 강조한다.

가는 기업이 되기도 힘들다고 생각해요."

－인재를 보는 눈 역시 특이하다는 소문이 자자합니다.

"앞에서도 말했듯 알리바바에서는 고객 다음으로 임직원들을 중요하게 생각합니다. 사실상 고객과 다를 바가 없습니다. 왜 그러냐면 임직원은 고객들을 도와주는 사람들입니다. 이들이 있어야 고객들이 원하는 것이 무엇인지를 파악할 수 있습니다. 고객들이 어려움에 처해 있을 때에도 도움을 줄 수 있습니다. 우리 회사는 정신없이 커지고 있습니다. 임직원의 수도 매년 수천 명씩 늘어납니다. 직원들을 많이 뽑아야 합니다. 그렇다고 함부로 뽑을 수는 없습니다. 알리바바에 활력을 넣어줄 인재들을 뽑아야 하죠. 이들은 '고객지상'이라는 우리들의 공동사명과 가치관을 가지고 있는 사람들이어야 합니다. 이건 우리 회사의 장기적인 발전과 성공을 위해서는 절대로 포기해서는 안 되는 원칙입니다."

－임직원들을 순환 근무시키는 회사로도 유명합니다. 왜 그렇게 합니까?

"당연하다고 생각합니다. 고인 물은 썩습니다. 계속 흘러가야 합니다. 사람도 마찬가지 아닌가 싶습니다. 한 자리에 오래 있으면 나태해져요. 또 자신에게 적합한 자리를 찾지 못하게도 됩니다. 이런 말을 하고 싶습니다. 나무는 심은 자리를 옮기면 대부분 죽습니다. 그러나 사람은 반대입니다. 자리를 옮겨야 삽니다. 나아가 자신에게 딱맞는 자리를 발견할 수 있게도 되죠."

－돈에 대한 철학 역시 남다르다고 하는데요.

"남다르지 않습니다. 다른 돈 많은 자본가들의 철학이 남다를 뿐입니다. 나는 내 소유 주식이 내 것이라고 생각하지 않습니다. 얼마인지는 정확하게 모르지만 그 정도 되는 돈은 개인의 것이라고 할 수 없습니다. 언젠가는 유용하게 쓸 생각을 하고 있습니다."

－ 그래서 임직원들에게 주식을 나눠주는 것입니까?

"주인 의식이 있어야 일을 잘 할 것이라고 생각했습니다. 또 이만큼 발전한 데에는 우리 임직원들의 역할이 정말 컸습니다. 우리 임직원들이 양이면 나는 목동입니다. 목동이 양에게 잘해줘야 하는 법 아닙니까? 지금 우리 임직원들의 주식이 나보다 많습니다."

－ 지금까지는 잘 해왔습니다. 앞으로의 10년은 어떻게 전망합니까?

"지난 10년 동안 중소기업의 어려움을 해결해주는 데 큰 도움을 줬습니다. 앞으로의 10년은 새로운 패러다임의 비즈니스를 전 세계적으로 주도하는 주역이 되고 싶습니다. 이를 통해 기업들이 처해 있는 모든 문제를 해결해주고 싶습니다. 한마디로 지금까지 우리가 기업들에 '알리바바에서 만납시다.'라고 권했다면 이제는 '알리바바에서 일합시다.'라는 말을 해야 할 것 같군요. 구체적인 목표로는 1,000만 개 중소기업을 위한 새로운 개념의 전자상거래 사이트를 구축한 다음 1억 명의 일자리를 창출하는 것입니다. 또 10억 명이 우리 사이트에서 쇼핑을 하도록 만들고 싶습니다."

－ 한국 진출 계획은 있습니까?

"한국은 전자상거래 분야 선진국에 속합니다. 잠재력이 대단하다고 생각합니다. 진출 계획은 한국무역협회와 세워놓고 있습니다. 한국의 중소기업들을 돕는 방향으로 추진하고 있습니다. 개인적으로는 한국에서도 우리와 같은 사이트들이 많이 생겼으면 하는 바람입니다."

－ 아직 젊은 나이이기는 하지만 언제쯤 경영 2선으로 물러날 생각입니까?

"내 친구 빌 게이츠처럼 나도 언젠가는 물러나야 합니다. 그러나 아직

321

은 아닙니다. 규모를 더 키워야 합니다. 시가총액이 아닌 매출액에서 세계 500대 기업에 들어가야 합니다. 내 생각으로는 그게 한 10년 안에 가능할 것 같습니다."

— 아들에게 회사 경영을 맡길 생각도 하고 있습니까?"

"지금이 왕조시대가 아니라는 사실을 말하고 싶습니다. 또 회사 경영을 맡겨서는 안 되는 확실한 이유도 있습니다. 우선 능력이 있는 경우입니다. 그러면 알리바바에서 녹을 먹을 이유가 없습니다. 자신이 하고 싶은 일을 열심히 해야 합니다. 또 능력이 없는 경우도 그렇습니다. 그럴 경우 경영을 맡기면 회사가 망합니다. 혼자 망하면 괜찮지만 수많은 직원들까지 함께 망하면 곤란합니다. 이런 비극이 어디 있겠습니까? 국가적으로 사회적으로도 용납이 안 됩니다."

— 한국의 자본가들과는 생각이 많이 다른 것 같습니다. 또 다른 면을 찾자면 평소 자본가답지 않은 검소한 차림새가 아닌가 싶습니다. 튀려고 그런다는 말도 나옵니다.

"나는 남의 눈을 의식하지 않습니다. 그렇게 불편하게 살아서 뭐 합니까. 그저 남에게 큰 피해를 주지 않으면 되는 것 아닐까요. 나는 편한 옷을 좋아합니다. 제가 입고 다니는 옷들은 대부분 편하고 오래 입은 옷들입니다. 그래서 검소하게 보이면 할 수 없죠. 일하기도 바쁜데 옷차림까지 어떻게 신경을 쓰나요."

— 향후 중국 경제에 대해 어떻게 생각합니까? 계속 마 회장처럼 당대발복하는 자본가들이 많이 나올 것으로 생각하는지 궁금하군요.

"중국 경제는 아직 완전히 성숙 단계에 들어오지 않았습니다. 미국처럼 되려면 아직 20~30년은 더 있어야 한다고 생각합니다. 당연히 경제가 발

마윈 회장은 주식을 잘 나누어 주는 것으로 유명하다.
사진은 홍콩의 학생들에게 알리바바의 주식을 나눠 주는 장면이다.

전하는 이 과정에서 여러 CEO들이 당대발복하는 경우가 많이 생길 것입니다. 당연히 사라지는 자본가들도 생기겠죠."

마윈은 태어날 때부터 자신을 둘러싸고 있는 조건이 남들보다 뛰어난 사람이 아니었다. 오히려 남들보다 여러 가지 면에서 많이 모자랐던 것이 사실이다. 또 사업운도 그다지 좋지 않아 그의 사업은 번번이 실패의 고배를 마셨다. 하지만 자신이 가지고 있는 여러 가지 장점을 활용해서 부단한 노력을 기울여 현재의 자리에 올라선 사람이다. 그의 인생행보는 오늘을 사는 젊은 사람들에게 많은 점을 시사해 주고 있다.

# 이성일
# 멍두메이 회장
### "모든 꿈은 다 아름답다"

엄청난 인구에서 알 수 있듯이 중국에는 성공해서 대자본가가 되고자 하는 사람도 부지기수로 많다. 당연히 소수민족이라고 예외일 수는 없고 조선족 역시 크게 다르지 않다. 조선족 출신으로 성공한 사람들도 꼽아보면 적지 않다. 그러나 지금까지 〈후룬푸하오방〉에 이름을 올린 조선족 출신 대자본가는 한 명도 없었다. 결과만 놓고 봤을 때는 실망스럽지만 조선족 출신 자본가의 활약은 그 어떤 소수민족의 자본가들보다 왕성하다.

조선족 출신 대자본가로 첫 손가락에 꼽혀야 할 사람이 석산린(石山麟·70) 하얼빈 '창닝(昌寧)그룹' 회장이다. 석 회장은 2000년 이후 수년 동안 포브스가 선정한 중국 100대 부호에도 이름을 올렸던 전설적인 자본가로 유명하다. 그는 문화대혁명 기간 중이던 지난 1968년 하얼빈공업대학 핵물리학과를 졸업한 직후 반동으로 몰려 10년간의 옥살이를 하고 나왔다. 그러다 1985년 자신이 직접 발명한 자동급수 시설을 아이템으로 창업해 지

325

금에 이르고 있다.

2000년 대 초반에는 중국 100대 부호에도 속할 만큼 대자본가로 명성을 날렸지만 그동안 사업이 정체 상태에 빠져 더 이상 치고 올라가지 못한 것이 아쉬운 인물이다. 하지만 2008년 중국 언론으로부터 지난 30년 동안 중국 개혁·개방을 이끈 100대 자본가로 선정되면서 그의 공로를 분명히 인정받은 바 있다. 정협 위원도 오랫동안 역임해 조선족 자본가의 표상으로 불리고 있다. 석 회장 외에도 현재 이름을 날리고 있는 조선족 출신 자본가들은 많다. 대표적으로 랴오닝성 조선족기업가협회 회장을 역임한 표성룡(表成龍·63), 농산물 온라인 시장을 휩쓴다는 평가를 받고 있는 랴오닝성 선양의 조동철(趙東哲·38), 조선족 음식을 중국화한 베이징의 장문덕(張文德·42) 사장 등도 성공한 조선족 자본가로 손색이 없다. 그러나 최근들어 중국 재계의 가장 큰 주목을 받고 있는 조선족 출신 기업가는 교사, 경찰, 공무원으로 일하다 가정용 카펫 사업에 투신해 성공한 광둥성 광저우 '멍두메이(夢都美)'의 이성일(李成日·59) 회장이 아닌가 싶다. 그가 중국의 '매트왕'으로 불리는 사실만 봐도 알 수 있다. 이성일 회장을 만나 창업 성공 스토리를 들어봤다.

– 본인의 간단한 이력을 소개해 주십시오.

"아버지의 고향은 강원도입니다. 그러나 나는 지린(吉林)성 왕칭(汪淸)현이라는 곳에서 출생했습니다. 옛날에는 마적들이 많이 출몰하던 무시무시한 지역이었습니다. 심지어 농민들이 먹고살기가 힘들어 스스로 마적이 되기도 한 곳이었죠. 마적은 요즘 말로 하면 간단합니다. 조폭입니다. 지금도 조폭하면 왕칭 지역 출신자들의 이름이 들먹여질 정도로 중국 내에서 유명합니다. 일제시대 내 고향의 한인들이 독립군에 투신해 항일전선에 많이 나선 것은 다 이유가 있지 않나 싶네요."

– 그곳에서 죽 사셨나요?

"아닙니다. 어릴 때 쑹위안(松原)이라는 곳으로 이주했죠. 그곳에서 자라다 첸궈얼뤄쓰(前郭爾羅斯) 고등학교를 졸업했습니다. 이후 대학 진학을 잠시 미루고 직업 전선에 뛰어들었습니다."

– 바로 사업을 하지는 않았던 것으로 아는데요.

"그렇습니다. 문화대혁명 당시에는 개인 사업을 한다는 것은 불가능한 일이었죠. 막연하게 돈을 벌어야겠다는 생각은 했지만 기업을 운영한다든가 하는 구체적인 생각은 별로 하지를 못했죠. 나만 그런 것이 아니라 당시를 산 사람들은 거의가 그랬습니다."

– 조선족 중에서는 손꼽히는 자본가로 성공한 분이 처음 한 일이 무엇인지 궁금하군요.

"간단합니다. 고향 근처에서 농사를 지었습니다. 농부가 된 것이죠. 당시는 농부도 당당한 직업 중 하나였습니다. 그다음에는 유전에서 노동을 했습니다. 어린 나이에 많은 경험을 했습니다."

– 교사도 했다고 들었습니다.

"그렇습니다. 1975년에 19세의 나이로 인근 초등학교에서 교사로 일했습니다. 아이가 아이를 가르친 거였죠."

– 농부나 노동자, 교사 생활을 계속했다면 지금의 멍두메이라는 회사는 없었을 텐데요.

"나는 성취 욕구가 비교적 강한 사람이었던 것 같습니다. 그래서 교사 생활을 2년쯤 하다가 21세 때인 1977년에 지린성 자오허(蛟河)의 탄광학교에 입학했습니다. 지금은 석탄관리간부학원으로 이름을 바꾼 일종의 대학이었습니다. 조금 더 나은 직업을 가진 다음 궁극적으로는 신분 상승을 이루겠다는 생각을 한 것입니다. 그러나 대학을 졸업하고도 나는 교사로 다시 돌아가야 했습니다. 물론 변한 것은 있었습니다. 초등학교에서 중학교 교사로 신분이 바뀐 것이죠."

　– 교사도 당시로서는 괜찮은 직업이었다고 볼 수 있지 않을까요?

　"괜찮은 직업이었죠. 그러나 평생을 학교에서 보낼 것을 생각하니 굉장히 답답해지더라고요. 변화가 필요했습니다. 중학 교사 생활 역시 2년 만에 그만두고 공무원이 된 것도 다 그런 생각 때문이었다고 해야 할 것 같네요."

　– 공무원 생활은 비교적 길게 했던 것으로 알고 있습니다.

　"교사 생활보다는 그래도 적성이 맞더군요. 처음에는 지린시 사법국 예심과에서 근무를 하다가 창춘(長春)시 공안국으로 전근을 가서 경찰로 근무했습니다."

　– 그러다 광둥성 광저우와 운명적인 인연을 맺게 됐다고 들었습니다.

　"당시 조선족 관리들이 동북3성을 벗어나는 일은 거의 없었습니다. 특히 머나먼 대륙의 남부로 가는 일은 아예 있을 수 없다고 해도 좋았습니다. 하지만 나는 상부로부터 인정을 받은 데다 그래도 대학에서 공부를 한 덕분에 그런 기회를 가지게 됐습니다. 만약 그런 기회도 없었다면 나는 다른 일을 찾았을지도 모릅니다. 지린성을 돌아다니면서 관리 생활을 하는 것이 다시 답답해지더라고요."

　– 다른 일이라면?

　"늘 머릿속에서만 생각하던 사업을 하는 것이겠죠. 또 나는 당시 엉뚱하게 영화배우가 되는 것도 괜찮겠다는 생각을 했습니다. 주위에서 권하기도 했고요."

중국에서 매트왕으로 불리는 이성일 회장과 광둥성 광저우에 있는 멍두메이 본사.
이 회장은 조선족을 대표하는 자본가로 손색이 없고
멍두메이는 곧 중국 500대 기업의 반열에 올라설 것으로 보인다.

– 그러고 보니 상당히 잘 생긴 얼굴입니다. 젊었을 때는 미남이라는 소리를 꽤 많이 들었겠네요.

"내 자랑 같아 말하기가 쑥스러운데 우리 집안이 다 외모가 괜찮습니다. 여동생도 지린성 일대에서는 소문난 미인이었습니다. 지금은 내 사업을 돕고 있지만 한때는 배우를 하라는 주위의 권고 때문에 고생 좀 했습니다. 지금과는 반대라고 봐야죠. 지금은 얼굴이나 능력이 안 돼도 본인이 하려고 하면 가능하지만 당시에는 충분한 가능성이 있고 주위에서 권해도 선뜻 그런 쪽으로 뛰어들기를 꺼려했어요. 하지만 나는 동생과 달리 그쪽에 대한 생각이 있었습니다. 한마디로 끼가 있었다고 하나요? 배우로 성공하면 제작자가 되든가 해서 엔터테인먼트 사업을 하는 것도 괜찮겠다고 막연하게 생각했습니다."

– 배우가 되겠다는 생각은 접었나요?

"뭐가 되겠다는 생각은 솔직히 이 나이에는 부질없잖아요. 그러나 반대로 생각하면 살아만 있으면 뭐가 되겠다는 생각은 의미가 있다고 믿어요. 나중에 엑스트라나 조연 역할이 들어오면 못하라는 법도 없죠. 지금 연예계 인사들과 인맥을 쌓고 있는 것도 다 이런 생각이 있었기 때문에 가능했겠죠."

– 다시 본론으로 돌아와야 하겠네요. 광저우에서도 역시 공무원을 하셨군요?

"그렇습니다. 광둥성 당 위원회 3국 7처 4과의 부과장까지 했습니다. 고위직은 아니지만 30세의 나이에 그 정도였다면 미래가 있다고 해도 좋았습니다."

– 그럴 경우 빛이 보이기 때문에 계속 노력하는 것이 일반적인데요.

"더 높이 올라가기 위해 노력을 하지 않은 것은 아닙니다. 그래도 자꾸 창업에 대한 생각은 들더군요. 마침 개혁·개방의 광풍이 거세게 부는 광저우에서 제가 공무원 생활을 했던 것도 영향을 줬을 겁니다."

– 바로 창업에 나섰나요?

"하늘이 나에게 어떤 트레이닝을 시켜줬지 않나 싶네요. 공무원 생활 3년 만인 1989년 나를 광저우 세계무역추진회 상무대표 자리에 보냈으니까요. 나는 비로소 이 역할에 충실하면서 무역이나 비즈니스에 눈을 떴습니다. 창업을 해야겠다는 생각이 솟구치는 것을 어쩔 수가 없었습니다."

– 창업에 이르는 본격적인 스토리를 한 번 들려주시죠.

"광저우 세계무역추진회 상무대표로 일하면서 내가 꿈꾸던 새로운 세계가 바로 이것이라는 생각을 하게 됐습니다. 그렇다면 어떤 업종을 하느냐하는 선택을 하지 않으면 안 됐습니다. 그래서 대표 자리에 있으면서 몇가지 사업을 실습 삼아 해봤습니다. 하지만 모두 실패였어요. 그러다 생활용품을 한다면 괜찮겠다는 생각을 하게 됐죠. 생활용품은 인류가 생존하는 한 영원히 필요로 하는 것 아니겠습니까. 구체적으로는 침구용품을 취급하기로 했습니다."

– 그 회사가 바로 멍두메이였습니까?

"지금의 회사와는 조금 다르기는 하지만 모체라고 보면 크게 틀리지 않습니다."

– 회사의 영문 이름이 독특하네요.

"영어로는 모드모아라고 합니다. 좀 촌스럽습니까?"

– 조금 그런 생각이 드는군요.

"중국어로는 대단한 뜻을 포함하고 있습니다. '모든 꿈은 아름답다.'라는 뜻입니다. 역시 촌스럽습니까? 꿈이 없으면 사업을 할 역량도 가지지 못한다는 생각에서 그렇게 작명을 했습니다."

– 듣고 보니 괜찮다는 생각은 드는군요. 앞서 창업을 하는 과정에 이르기까지 실패를 한 적도 있다고 하셨지요?

"무역추진회 대표로 있으면서 경험을 얻기 위해 창업을 시도해봤습니다. 처음에는 부산주점이라는 식당 겸 주점을 했습니다. 내가 전력을 다 기울이지 않았으니 성공할 까닭이 있었겠습니까? 실패였죠. 덕분에 빚을 조금 지게 됐습니다. 다음에는 자전거 경음기 생산에 도전해봤습니다. 역시 실패였습니다. 빚은 거의 몇 배나 늘어났습니다. 도저히 안 되겠다 싶어 이번에는 6만 평의 땅을 빌려 깨 농사를 지어봤습니다. 내가 농민 출신 아닙니까? 그래도 실패였습니다. 전력을 다해 사업에 투신하지 않았기 때문에 실패하지 않았나 싶습니다."

– 3년 동안 참 많은 실패를 하셨군요.

"자살을 생각했으니까 많다면 많은 실패겠죠. 그러나 실패는 또 다른 동력이기도 했습니다. 오기가 생기더라고요. 그래서 아예 공직에서 물러나 본격적으로 사업을 해보자 하는 생각을 했습니다. 이른바 올인이라는 것이죠."

– 세 번의 실패로 인한 빚도 만만치 않았을 텐데요?

"굉장했죠. 지금으로 따지면 500만 위안 정도는 됐을 거예요. 한국 돈으로는 10억 원 가까운 돈이죠. 그러니 누가 나에게 사업 자금을 빌려주려고 했겠습니까? 그러나 이때 한국에서 구원의 손길이 오더군요. 정말 절망은 없다는 생각이 들었어요."

– 엔젤투자자는 누구였습니까?

"지금은 은퇴한 마론그룹의 조웅기 회장이라는 분입니다. 단 세 번째 만남에서 선뜻 2만 달러를 빌려주겠다고 하시더군요. 그분은 정말 대단한 분이었습니다. 내가 '꼭 갚는다는 장담은 못합니다.'라고 했는데도 더 이상 토를 달지 않더군요."

– 올인한 사업은 괜찮았습니까?

"마지막으로 배수의 진을 치니까 비로소 사업이 되더군요. 내놓는 브랜드마다 히트했습니다. 빌린 돈뿐 아니라 예전에 진 빚도 갚을 수 있겠다는 생각이 비로소 들더군요."

– 3전4기를 한 셈이 되겠군요.

"이를테면 그렇다고 봐야죠. 이 상태를 계속 이어갈 경우 목표를 예상 외로 빨리 이룰 수도 있겠다는 생각도 서서히 들기 시작했죠."

– 카펫 사업에는 언제 뛰어들었습니까?

"1996년에 업종을 바꿔야겠다는 생각이 들었습니다. 그래서 회사 이름은 그대로 두고 카펫 사업에 주력하게 됐습니다. 더 자세하게 말하면 가정용 매트를 만들게 된 것이죠."

– 당시에도 성공을 예감했습니까? 처음부터 승승장구했다고 알고 있습니다만.

"나는 싸구려 제품은 만들지 않겠다는 생각을 처음부터 했습니다. 과감하게 선진국의 중산층을 겨냥해 수출할 수 있는 제품을 생산하고자 했죠. 결과적으로 전략은 성공했습니다."

– 계속 기업의 규모가 커졌겠군요. 지금 '매트 대왕', '카펫 대왕'으로 불리는 것만 봐도 짐작할 수 있는데요.

"그렇습니다. 카펫 제조업으로 방향을 전환한 후 매년 매출액이 2~3배씩 성장했습니다. 설립 10년 만에 연 매출액이 6억 위안(1,080억 원)대에 이르게 됐죠. 개혁·개방 이후 설립됐다가 사라진 기업들이 수백만 개에 이른다는 사실을 감안하면 정말 성공했다고 봐도 괜찮을 겁니다."

— 현재 회사의 규모는 만만치 않겠는데요.

"2014년 매출액이 월 1억 위안(180억 원)을 돌파했습니다. 이 정도 되면 중소기업에서는 벗어났다고 해도 좋습니다. 순익도 1억 위안(180억원) 가까이 기록했습니다. 생산제품의 대부분은 미국, 영국, 프랑스 등 50개 국 이상으로 수출되고 있습니다. 중국 내외에 1300여 개 대리점이 있습니다."

— 지금까지의 성장 속도로 보면 조만간에 중국 500대 기업에 진입하는 것은 일도 아니겠군요. 그런 야심을 종종 언론과의 인터뷰에서 피력하기도 했다고 들었습니다.

"마음이야 세계 500대 기업에도 진입하고 싶죠. 우리의 최종 목표가 그렇기도 합니다. 중국 500대 기업에 조만간 진입한 다음 글로벌 500대 기업에 언젠가는 들어가는 것입니다. 그러나 개혁·개방 이후 신생 기업의 10년 생존 비율이 30만 분의 1, 20년 생존 비율이 100만 분의 1이라는 사실을 감안하면 쉬운 일은 아니라고 봅니다. 무엇보다 계속 성장하면서 끝까지 버티는 것이 중요하다고 생각합니다."

— 말씀을 나눠보니 멍두메이는 100년까지는 몰라도 리 회장께서 경영하실 동안은 생존이 가능할 것 같습니다.

"솔직히 내가 물러난 후에도 생존했으면 좋겠어요. 내가 경영을 할 때는 중국 500대 기업, 후세대들이 맡을 때는 세계 500대 기업에 진입하면 더욱 좋겠고요."

— 그렇게 되기를 기원하겠습니다. 화제를 조금 돌려보죠. 사회공헌도 많이 하는 것으로 들었습니다.

"내 입으로 말하는 것이 쑥스럽습니다만 신경을 조금 쓰고 있습니다. 어려웠던 시절과 교사 때의 경험을 생각하니 아무래도 학교에 관심이 많이 가더군요. 모교인 첸궈얼뤄쓰 고등학교에 지금까지 1,000만 위안(18억 원) 정도를 기부했습니다. 소수 민족 빈곤 탈피를 위한 캠페인에도 800만 위안 (14억 4,000만 원) 정도를 기부했고요. 또 매년 조선족 문단의 활성화를 위해 《장백산》이라는 잡지를 후원하고 있습니다. 장백산문학상도 제정해 조선족 문인들을 돕고 있고요."

− 정치활동도 활발하게 하셨지요?

"정협 위원으로 활동하고 있습니다. 그저 단순한 위원이 아니라 발언권이 있는 전문위원입니다. 1999년 중국 건국 50주년행사 때는 광둥성 정협 대표로 장쩌민 전 국가 주석 겸 총서기 등의 국가 지도자들과 함께 톈안먼 성루에 올라가 인민해방군의 사열도 받은 적이 있습니다."

− 현재의 위치에 만족할 수밖에 없겠군요.

"조금 전에 중국 500대 기업, 글로벌 500대 기업 운운했으나 솔직히 이 정도도 성공했다고 봅니다. 더 이상의 욕심은 과욕이라고 주변에서 말합니다. 나도 그런 생각이 전혀 없지는 않습니다."

− 운영하는 회사들이 그룹으로 커지지 않았나요?

"멍두메이 말고도 호텔, 리조트, 건설 사업 등을 하고 있습니다. 그룹의 전체 매출액을 합치면 아마도 곧 중국 500대 기업에 진입하지 않았나 싶습니다."

− 회사를 자녀들에게 물려주고 싶은 생각은 있습니까? 아무래도 가족 기업이니 그런 생각이 없지 않을 텐데요.

"아닙니다. 만약 자식의 능력이 부족해 회사를 잘못 경영하면 어떻게 되겠습니까? 그건 우리 집안의 불행만 아니라 사회의 불행, 나아가 국가의 불행이 됩니다. 그런 비극에 직면하느니 능력 있는 후계자에게 회사를 물려줘 100년까지는 몰라도 향후 50년은 버티도록 해야겠죠. 그래야 사회에 죄를 짓지 않을 수 있습니다. 내 자식들은 대주주로 배당만 받아도 평생을 먹고 살게 됩니다. 물론 능력이 있다면 어떤 형태로든 회사 경영에 관여할 수 있겠죠."

– 어떤 자본가로 기억되고 싶습니까?

"자본가라는 말이 나에게 어울릴지 모르겠습니다. 자본가로 인정을 한다는 전제조건 아래 말을 하라고 한다면 평범합니다. 나중에 나만 생각하지 않고 사회와 국가를 두루 살피는 자본가였다는 평가를 받았으면 합니다. 돈이라는 것은 있다가도 없는 것일 수 있습니다. 욕심을 너무 부리면 몸이 화를 입습니다. 정신 건강에도 좋지 않습니다. 중국의 전설 시대에 무광(務光)과 허유(許由)는 천하를 준다고 하자 듣지 말아야 할 말을 들었다면서 귀를 씻지 않았습니까? 지구촌의 모든 사람들이 이런 생각을 가지고 산다면 세상에는 분쟁이 있을 수 없겠죠. 평화만 있을 것입니다. 모든 악의 뿌리는 욕심입니다. 이 욕심을 버려야 합니다. 자본가도 마찬가지입니다. 욕심이 없어야 합니다. 물론 성취욕은 반드시 필요하겠죠. 불가능할까요?"

이성일 회장이 운영하는 광저우의 멍두메이는 최근 큰 불행을 당했다. 광저우 판위(番禺)에 소재한 본사 공장이 큰 화재로 거의 소실돼 엄청난 피해를 입었다. 이 피해가 결정타가 돼 회사의 운영이 어려울 수도 있었다. 그러나 그가 3전4기의 집념 강한 자본가라는 사실을 상기한다면 충분히 긍정적인 기대를 할 만했다.

# 양위안칭
# 롄샹(레노버)그룹 회장
## 연 180억 원 연봉 받는 전문경영인

중국의 민영기업에는 미국처럼 전문 경영인들이 많이 존재하기 어렵다. 미국의 애플이나 구글처럼 대박을 터뜨리는 민영기업의 역사가 일천하기 때문이다. 게다가 한국보다 더 끔찍하게 가족을 챙기는 가족 기업이 많은 까닭에 남에게 대권을 넘겨주는 일은 하늘이 두 쪽 나는 일로 인식하는 경향이 크다. 그럼에도 전문경영인들이 전혀 없는 것은 아니다. 대표적인 인물로 세계 500대 기업 리스트에서 말석이나마 차지하고 있는 중국 최대 컴퓨터 및 IT 회사로 유명한 '롄샹(聯想)그룹'의 양위안칭(楊元慶·51) 회장을 꼽을 수 있다.

그는 2001년 롄샹의 CEO에 오른 이후 롄샹의 CEO와 회장으로 장수하고 있다. 게다가 2014년에는 꿈의 연봉인 1억 위안(180억 원)을 돌파한 중국 내 유일한 전문경영인 출신 기업가가 될 것으로 보인다. 다음은 중국의 스티브 잡스, 중국의 빌 게이츠로 불리고 있는 롄샹의 양위안칭 회장과 나눈 일문일답이다.

– 중국에서는 롄샹을 모르는 사람이 없습니다. 그야말로 국민 기업이라고 해도 좋습니다. 그러나 영문으로는 '레노버(Lenovo)'인 롄샹을 모르는 외국인들은 꽤 됩니다. 회사를 간단하게 설명해 주십시오.

"현재 그룹의 명예회장으로 일하고 계시는 류촨즈(柳傳志·71) 전 회장께서 달랑 20만 위안(3,600만 원)으로 1984년에 창업한 회사입니다. 당시회사 이름은 '베이징컴퓨터신기술발전'이라는 회사였습니다. 주주는 류 전회장을 비롯한 10여 명이었습니다. 대주주는 중국과학원이었죠. 민영기업이기는 했으나 그래도 여전히 국가 기관의 입김이 있었습니다. 반관반민이었다고 해야 하겠군요."

– 출발은 보잘것없었으나 발전 속도는 빨랐지요?

"그렇다고 할 수 있습니다. 회사의 깃발을 들어 올린 지 1년이 채 되지않은 시점에서 어쨌든 컴퓨터라고 만들어 팔았으니까요.

물론 다른 회사 제품을 뜯어보면서 만든 제품이라 완전히 우리 브랜드라고 하기는 어려웠습니다. 어느 정도 발전이 빨랐는지는 1987년에 매출액 1억 위안(180억 원)을 달성한 다음 1988년에 홍콩에 지사까지 세운 사실만봐도 잘 알 수 있습니다. 이 무렵 최초의 영문 이름인 '레전드(Legend)'와'롄샹'이라는 이름도 사용하게 됐습니다. 세계 컴퓨터 업계의 전설이 되고자 했던 거죠."

– 1990년에는 롄샹의 얼굴이 될 만한 브랜드의 제품도 출시했다고 하더군요.

"열심히 뜯어보고 조립하고 하다 보니 기술이 축적되더군요. 우리 브랜드 제품의 출시는 말할 것도 없고 생산 라인까지 곧바로 설치하게 됐죠. 이여세를 몰아 1994년에는 홍콩 증시에 상장도 하게 됐습니다."

338

– 기록을 보면 이후에도 거칠 것이 없었습니다.

"그렇습니다. 매년 5배 이상 성장하는 모습이 눈에 환히 들어올 정도로 잘나갔다고 해도 좋았습니다. 1996년에는 IBM 등 내로라하는 외국 업체들을 제치고 국내 시장 점유율 1위를 달성하게 됐습니다. 1998년에 우리와 중국과학원 기술연구소가 롄샹중앙연구원을 공동으로 설립하게 된 것도 다 이런 발전과 맥락을 같이했다고 하겠습니다. 1999년에는 매출액도 203억 위안(3조 6,540억 원)을 기록, 압도적인 전국 최대 전자업체로 확고하게 자리를 잡았습니다. 연속 2년째였습니다."

– 양 회장께서는 대학 졸업과 동시에 롄샹에 입사했습니다. 당시 다른 회사로 가야겠다는 생각도 했을 법 한데요.

"솔직히 상하이의 명문 자오퉁(交通)대학을 졸업하고 1989년에는 중궈커지(中國科技)대학에서 석사 학위를 취득한 내게 롄샹은 대단한 회사가 아니었습니다. 당시의 나는 원하는 곳은 어디든 갈 수 있는 입장이었습니다. 한마디로 내가 롄샹에 입사한 것은 깜짝 놀랄 사건이었다고 해도 좋습니다. 집에서 심하게 말리기도 했으니까요. 당연히 다른 회사에 입사하면 어떨까 하는 생각을 하지 않은 것은 아니었습니다. 또 과학 분야 공무원이 되는 것도 괜찮을 것 같다는 생각도 없지는 않았죠."

– 그럼에도 굳이 롄샹에 입사한 이유가 궁금합니다. 다른 회사들을 애써 외면할 정도로 롄샹이 매력적이었던 모양이죠?

"롄샹은 당시 전혀 매력적이지 않은 회사였습니다. 단 하나 매력이 있었다면 신생 회사였기 때문에 모든 가능성이 열려 있었다는 사실이 아니었나 싶습니다. 또 내가 가서 키우는 것도 좋을 것이라고 생각했습니다. 또 창업자 류촨즈 명예회장의 카리스마도 어느 정도 작용했다고 생각합니다. 나는 그분 밑에서라면 아무리 어려운 상황이라도 열심히 일할 수 있다고 생각했습니다."

― 결과적으로 탁월한 선택이었다고 보고 싶군요. 입사 이후 파격적인 승진가도를 달렸다고 들었습니다. 롄샹의 미래라는 말도 들었다고 하더군요.

"그렇게 주위에서 평가해줬다면 고맙죠. 사실 승진이 빠르기는 했습니다. 입사 5년 만인 1994년에 컴퓨터의 일부 부품 생산을 담당하는 계열사 사장이 됐으니까요. 30세 때였습니다. 그러나 당시는 회사의 규모가 생각보다 작았습니다. 뛰어난 인재들도 많이 입사하지 않았어요. 내가 엉망으로 일을 한다는 인식을 주지 않는 한 빠른 승진은 당연했습니다. 당시 지원자 중에서 선발돼 같이 입사한 58명의 동기들도 나만큼은 아니더라도 고속 승진을 했습니다. 대표적인 인물이 지금 그룹 산하 최대 소프트웨어 회사로 손꼽히는 '선저우수마(神州數碼)'의 궈웨이(郭爲·51) 회장을 꼽을 수 있습니다. 그 친구가 처음에는 나보다 더 두각을 나타냈습니다."

― 어쨌든 선두주자였군요. 류촨즈 명예회장이 후계자로 점을 찍었다는 말도 있었다고 하던데요?

"부인하지는 못하겠군요. 계속 승진하면서 회장까지 올라왔으니까요. 사장이 된 이듬해인 1995년에는 그룹의 총재보가 됐습니다. 이어 1996년에는 그룹 부총재가 됐죠. 1998년에는 또 그룹의 고급부총재 겸 컴퓨터 부문 사장이 됐고요."

― 2001년에는 대망의 그룹 CEO 겸 총재가 된 것으로 알고 있습니다. 역시 주변의 평가가 맞았던 것 같군요.

"그렇다고 해야겠군요. 당시 37세 때였으니 끝까지 부인한다면 교만하다고 하겠네요."

렌샹 그룹을 이끌고있는 양위안칭 회장.
그는 전문경영인 출신으로는 전무후무한 기록인
연봉 1억 위안을 돌파할 것으로 보인다.

- CEO가 된 후에는 더욱 맹활약한 것으로 알고 있습니다. 세계 500대 기업에 진입한 것이 순전히 양 회장의 활약에 힘입은 것이라는 평가가 없지 않습니다.

"일을 열심히 하기는 했습니다. CEO에 취임한 이후 어느 해라고 열심히 하지 않은 해는 없지만 나는 개인적으로 2004년이 가장 기억에 남아요. 이 해에 '레전드'라는 그룹의 이름을 '레노보'로 우선 바꿨죠. '레노보(Lenovo)'는 '레전드(legend)'라는 단어의 첫 발음에, 혁신이라는 단어 이노베이션을 의미하는 라틴어 단어에서 '노보(novo)'를 떼어내 붙여 만든 합성 브랜드입니다. 혁신을 통해 전설 같은 기업이 되고자 하는 열망을 반영했다고 할 수 있겠네요. 그룹의 이름을 바꾸자 일도 잘 풀렸습니다. 그해의 마지막 달에 우리의 로망이기도 했던 미국 IBM의 PC 부문을 인수하는 개가를 올리게 됐으니까요. 내가 잘한 것도 있겠지만 롄샹의 모든 임직원들이 열심히 한 것이 결실을 맺지 않았나 싶습니다."

- 이후의 발전 상황은 현재의 위상만 봐도 파악할 수 있지 않을까 싶군요. 어느 정도인가요?

"설립 초창기처럼 정말 빛의 속도로 발전했다고 해도 좋을 것 같습니다. 무엇보다 그룹의 본부가 미국에 있다는 사실이 놀랍습니다. 현재 노스캐롤라이나 주의 롤리에 자리 잡고 있습니다. 나도 한때는 그곳에 상주하면서 그룹을 경영한 바 있습니다. 또 베이징 외에 파리와 롤리, 싱가포르 등지에도 본사라고 할 수 있는 거점 지점들이 있습니다. R&D 센터 역시 마찬가지입니다. 베이징과 상하이, 선전 외에 일본과 미국에도 있으니까요. 직원수를 봐도 격세지감을 느낍니다. 현재 3만 명을 바라봅니다. 매출액은 더 말할 것이 없습니다. 2011년 회계연도에 벌써 220억 달러의 실적을 올렸습니다. 아직 글로벌 업체를 추월할 정도는 아니지만 희망이 있다는 사실을 보여주는 실적이라고 해도 좋죠."

– 롄샹이 승승장구하는 이유는 경쟁력 때문이라고 합니다. 그 원천은 무엇일까요? 역시 양 CEO 겸 회장의 탁월한 지도력이나 능력과 관련이 있을 것으로 생각합니다.

"롄샹의 경쟁력이 탁월한 것은 맞습니다. 그러나 전적으로 나 때문만은 아닙니다. 롄샹이 짧은 시간 내에 경쟁력을 다질 수 있었던 것은 무엇보다 시장과 소비자의 특성을 잘 이해했기 때문이라고 해야 합니다. 예컨대 중국 소비자들을 봅시다. 얼마 전까지만 해도 이들은 일반적으로 컴퓨터 응용 수준이 세계적 수준과는 다소 차이가 있었습니다. 당연히 조작이 간단한 컴퓨터를 찾고는 했습니다. 그럼에도 우리 라이벌 기업들은 자신들의 표준을 중국에 그대로 적용했습니다. 소비자들에게 어필할 수가 없었죠, 그러나 롄샹은 달랐습니다. 실용적인 컴퓨터로 승부를 걸었죠. 당연히 승부에서 이길 수밖에 없었습니다. 롄샹은 늘 이런 식입니다. 당연히 이렇게 하면서도 기술은 세계적인 수준을 유지했습니다. 이처럼 기술적인 기반을 다져놓고 그 바탕 위에서 시장의 특성을 공략하니 실패할 수가 없었던 것이죠."

– 롄샹의 성공을 기업 문화에서 찾으려는 분석도 없지는 않습니다. 말하자면 젊은 직원들만 할 수 있는 발상의 전환에 나선 것이 주효했다는 얘기입니다. 동의하시는지요?

"그렇습니다. 롄샹은 젊은 고급 두뇌로 이뤄진 기업입니다. 금세기 초에는 롄샹 직원들의 평균 연령이 28세에 불과한 적이 있었습니다. 지금이야 많이 높아졌지만 아직도 젊은 직원들이 태반입니다. 이런 직원들의 머리에서는 늘 신선한 아이디어가 나옵니다. 경쟁력이 강할 수밖에 없습니다."

– 양 회장께서는 롄샹의 성장에 기여한 공로로 2011년 11월 드디

어 류촨즈 명예회장으로부터 대권을 물려받았습니다. 이 때문에 샐러리맨 황제라는 별명으로도 불리게 된 것으로 압니다.

"이 부분은 정리가 좀 필요할 것 같군요. 류 명예회장께서는 2004년 말 모든 자리에서 물러난 후 이사회 회장으로 활동했습니다. 나에게 회장 자리를 물려준 것이죠. 그러다 2009년 세계 경제위기가 심화되면서 복귀를 생각하게 됐습니다. 또 실제로 복귀도 했습니다. 나 역시 그래서 다시 CEO로 돌아갔죠. 그러다 2011년 모든 것이 안정되자 다시 자리를 물려주시고 은퇴를 한 것입니다. 이 때문에 그분도 두 번 은퇴, 나도 두 번 회장 취임이라는 재미있는 기록을 가지게 됐습니다. 아마 샐러리맨 황제라는 말은 그 때문에 들었지 않나 싶네요. 남들은 한 번 하기 힘든 회장을 두 번이나 하게 됐으니 말입니다. 그러나 샐러리맨 황제라는 말은 솔직히 그 전부터 들었어요. 직원으로 입사해 승승장구하면서 연봉이 많았으니까요. 하지만 황제라는 말은 너무 과합니다. 롄샹그룹은 나 혼자 키운 회사가 아니에요. 3만 롄샹인들이 키운 회사입니다. 그들이 모두 황제라고 한다면 나한테 붙는 황제라는 말을 받아들이겠습니다."

– 3만 직원을 지휘하는 회장 자리에 어울리게 연봉도 대단한 것 같습니다. 샐러리맨 황제라는 말이 과언이 아닙니다. 어떻게 생각하나요?

"중국의 경제가 엄청나게 커졌다고는 하지만 아직은 전문경영인에게 연봉 1,000만 위안(18억 원)을 주기는 어려운 상황이라고 개인적으로 생각합니다. 실제로 현재 중국 국영기업의 전문경영인들은 100만 위안(1억 8,000만 원)도 채 받지 못합니다. 그러나 롄샹은 글로벌기업입니다. 미국을 비롯한 자본주의 국가들이 전문경영인에게 해주는 식으로 따라가다 보니 내 연봉이 엄청나게 많아졌습니다. 박봉에 시달리는 중국의 대부분 샐러리맨

들을 생각하면 부담스럽고 안타깝습니다. 그러나 어쩔 수 없다고 생각합니다. 내가 아닌 다른 누가 이 자리에 있더라도 그 정도는 받아야 하지 않을까 생각하고 있습니다."

— 얼마 전에는 자사주를 매입해 상당한 주목을 받았습니다. 홍콩 등지에서는 대주주가 될 생각이 있다는 말도 합니다.

"될 생각도 없고 되지도 않을 것입니다. 내가 그룹의 주식 8억 주를 31억 5,000만 위안(4,650억 원)에 취득한 것은 전적으로 류 고문께서 2선으로 물러나면서 적극 권한 것과 관련이 있습니다. CEO와 회장으로서 내가 주인이라는 의식을 보여줘야 한다는 말씀이 있어 과감하게 용단을 내렸습니다. 그래야 주주들도 안심할 것 아닙니까. 더구나 내가 주식 매입에 쓴 돈은 내 돈이 아닙니다. 나는 지난 25년여 동안 월급과 기타 인센티브 외에는 받아본 적이 없는 전형적인 전문경영인입니다. 그룹의 지분 8%를 인수할 여력이 없습니다. 나는 정말 투명한 사람입니다."

— 그래도 샐러리맨의 성공 신화를 썼습니다. 적지 않은 재산을 모은 자본가로 알려져 있습니다.

"정확하게 밝히지는 않겠습니다. 또 솔직히 말해 내가 어느 정도의 재산을 가지고 있는지 정확하게 알지도 못합니다. 그저 중국의 1000대 부호 안에는 언젠가는 들어갈 정도는 된다고 말할 수 있겠죠."

— 앞으로 롄샹과 본인의 미래를 어떻게 생각합니까? 지금까지의 승승장구를 이어갈 것이라고 보는지 궁금하군요.

"세상은 천변만화합니다. 그러므로 고인 물은 썩을 수밖에 없습니다. 지금 잘나간다고 별 다른 노력 없이 앞으로도 잘될 것이라고 생각하면 그 순간 모든 것이 끝나는 불행이 찾아오게 됩니다. 굳이 미국경제 전체를 살펴보지 않아도 좋습니다. 자동차 산업만 봐도 이 사실은 바로 알 수 있습니

2012년 1월 미국 라스베이거스에서 열린 국제전자 제품박람회(CES)
에 참가한 양위안칭 회장(가운데).

다. 누가 미국 자동차 업계의 빅3가 저 모양이 될 줄 알았겠어요? 우리 관련 업계에서는 노키아가 대표적으로 꼽힙니다. 한때 노키아는 넘볼 수 없는 4차원의 벽이었습니다. 그러나 지금은 어떻습니까? 현재 상황을 계속 유지하면 얼마 안 있어 사라지지 않는다는 보장이 없습니다. 답은 간단합니다. 부단히 변화하려는 노력을 기울이면 생존의 가능성이 상대적으로 높아지지만 반대의 경우에는 언젠가는 사라지는 운명에 처할 수밖에 없습니다. 우리는 부단한 노력으로 머지않은 미래에 비극을 겪는 일이 없도록 할 생각입니다."

양위안칭 CEO 겸 회장은 외견적으로 보면 근심이 없어 보인다. 하기야 수려한 외모에다 50세를 갓 넘은 젊은 나이에 중국 최고 민영기업을 10년 이상 경영하고 있는 그의 현재 모습을 보면 이런 선입견은 당연하다. 그러나 그도 사람인 이상 고충이나 어려움이 없을 수 없다. 최근에는 개인적인 어려움도 겪었다. 부인 장페이린(姜培琳·49)과의 이혼설이 불거져 주위의 따가운 시선을 받았기 때문이다. 역시 개인적인 가정 문제는 돈의 많고 적음과 그다지 관계가 없는 것 같다.

# 장루이민
# 하이얼 회장
파산 직전 회사를 글로벌기업으로 키워내다

꼴찌만 하던 소위 '잉여'나 '루저'가 어느 날 갑자기 1등을 하는 모범생으로 변신하는 것은 누가 뭐래도 기적이라고 해야 한다. 기업의 경우에는 더 말할 나위 없다. 다 쓰러져가던 삼류 업체가 천상천하 유아독존을 외치는 기업으로 거듭난다면 이는 기적이라는 말로도 부족하다. 일류 기업도 잠깐 한눈을 팔면 바로 나락으로 떨어지는 현실을 감안할 때 이런 표현은 정말 지나치지 않다고 해야 한다. 그러나 중국이 어떤 나라인가? 자신들이 유대인이라고 주장하는 사람만 1,000여 명에 이르고 로마 시대 병사의 후예도 살고 있는, 없는 것이 없고 안 되는 것이 없는 나라가 바로 중국이다. 초특급 이적(異蹟)이라도 일궈낼 기업이 충분히 존재할 수 있는 것이다. 대표적으로 한국의 삼성전자를 극복해야 할 당면 목표로 삼고 있다는 산둥성 칭다오 소재의 종합 가전회사 '하이얼(海爾)'이 바로 그 주인공이다. 하이얼은 한때 파산 직전의 재기불능 회사였으나 지금은 삼성전자를 입에 올리는 것이 이해가 될 정도로 환골탈태의 이적을 일궈낸 기업으로 평가받고 있다. 말할 것도 없이 하이얼의 이적은 하늘에서 뚝 떨어진 것이 아니다. 지금도 하이얼의 선장으로 하이얼호를 이끌고 있는 장루이민(張瑞敏·66) 회장의 피와 땀 어린 눈물겨운 개조 노력이 결실을 맺었기 때문이다. 오죽했으면 한때 그가 없었다면 하이얼의 오늘도 없었다는 말까지 크게 유행했을까? 다음의 대화는 중국의 잭 웰치로 불리며 불가능을 가능으로 만들어낸 장루이민 회장과의 일문일답이다.

– 완전히 망해가는 회사를 살린 미다스의 손으로 불립니다. 당시 상황이 그 정도로 절박했습니까?

"나는 1984년 25세의 나이로 하이얼의 전신인 '칭다오 냉장고 공장'의 공장장에 취임했습니다. 가서 보니 엉망도 그런 엉망이 없더군요. 말만 기업이지 몇 년째 직원 월급을 제대로 지급하지도 못하고 있더군요. 회사를 제대로 운영하는 것이 문제가 아니라 월급을 해결하는 것이 급선무였습니다. 그러나 은행은 엄청나게 잘나가는 중앙의 국영기업도 아닌 적자투성이의 이른바 '집단기업(민영이 아닌 공영회사의 개념)'에 대출을 해줄 이유가 없었습니다. 할 수 없이 회사 근처 마을의 농민들에게 돈을 빌려야 했습니다. 우리가 잘되면 여러분들에게도 혜택이 돌아간다는 식으로 설득했죠."

– 농민들도 돈이 없기는 마찬가지였을 텐데요. 돈이 모이던가요?

"잘 모일 까닭이 없죠. 하지만 십시일반이라는 말이 있지 않습니까. 조금씩 모이니까 나중에는 희망이 보이더군요. 체불 문제만 해결되면 다음 단계로 넘어갈 수 있겠다는 생각이 드니까 더욱 열심히 돈을 빌리러 다녔습니다. 그러다 잘 마시지 못하는 술을 많이 마시게도 됐습니다. 이렇게 해서 부임한 지 1년이 됐을 때의 명절에는 직원 모두에게 생선 몇 마리씩이라도 나눠 줄 수 있을 만큼 숨통이 틔었습니다."

– 직원들이 우리도 잘 될 수 있다는 희망을 가졌겠네요. 새로운 공장장이 변혁의 바람을 불어넣었으니 패배주의적인 기업 문화가 변하기도 했겠어요.

"잘 될 것이라는 희망만 있으면 뭐합니까? 기업 문화도 그렇습니다. 행동이 뒤따르지 않으면 아무 소용이 없습니다. 당시 상황이 바로 그랬습니다. 뭔가 변해야 한다는 생각들은 하는데 행동으로 옮기지는 못했습니다. 어떤 결정적인 전기가 마련돼야 했어요."

– 전기가 있었다고 들었습니다. 불량 냉장고들을 해머로 때려 부쉈다고 하더군요.

"쇼를 하기 위해 그런 것은 아니었습니다. 당시 나는 품질제일주의를 매일 주창했습니다. 우리가 매출을 많이 올리고 다양한 제품을 많이 만들지는 못해도 품질은 제일이라는 프라이드를 가져야 한다고 생각했죠. 그러나 말로는 내 경영 방침이 잘 먹혀들지 않았어요. 그래서 한 번은 직접 생산라인을 점검하게 됐죠. 그랬더니 역시 문제가 있었어요. 결함 있는 냉장고들이 그대로 라인에서 통과가 되더군요. 나는 즉각 불량품은 쓰레기라는 소리와 함께 결함 있는 제품들을 공장 뒤뜰에 쌓아놓으라고 지시했어요. 그런 다음 직원들을 불러놓고 해머로 부수게 했어요. 부수려고 나서는 직원들이 없더군요. 하기야 냉장고 한 대 값이 당시 근로자 3개월 월급이었으니 누가 그 일을 하려고 했겠습니까. 할 수 없이 내가 나섰죠."

– 반응이 즉각 왔을 것으로 생각하는데요.

"총 76대의 냉장고를 해머로 부숴버렸어요. 직원들은 자신들이 만든 제품이 쓰레기 취급을 받으면서 산산조각 나는 것을 보자 눈물을 흘리더군요. 나는 그때 비로소 '아, 앞으로는 정말 잘될지도 모르겠다.'라는 생각을 했어요."

　ー 진짜 그렇게 되던가요? 타성이라는 것이 무서운데 말입니다.

"되더군요. 충격이 컸을 겁니다. 이후 불량률이 많이 줄기도 했어요. 그러자 서서히 회사의 경영도 정상화되기 시작했습니다. 직원들이 패배의식에서 벗어나는 것은 그때부터였습니다. 나는 직원들에게 항상 위기의식을 잊지 말라는 의미에서 그 해머를 나중에 생긴 우리의 전시관에 상설 전시하도록 했어요. 지금도 전시돼 있습니다."

　ー 회사를 완전히 환골탈태시키기 위해서는 더 큰 자극이 있어야 했을 텐데요. 당연히 후속 조치가 있었을 것으로 압니다.

"맞습니다. 나는 즉각 앞으로는 철밥통은 없다고 선언했습니다. 사실 당시만 해도 '대궈판(大鍋飯)'이 사회주의 중국의 전통 직업관이었습니다. 그러나 이게 발전의 걸림돌이기도 했습니다. 일을 대충 해도 평생 먹고살 수 있는데 누가 열심히 일하려고 하겠습니까. 나는 이 대궈판 정신을 없애지 않으면 생존이 불가능하다고 생각했습니다. 그래서 내 생각을 관철시켰습니다."

　ー 생산성이 오르던가요?

"당연하죠. 1985년 세계적인 냉장고 회사인 독일의 리페르(Liebherr)와 기술제휴를 했죠. 그렇지 않았으면 어떻게 가능했겠어요? 1986년부터 서서히 흑자도 보기 시작했습니다. 1991년 말에는 이 흑자 기조를 바탕으로 세탁기와 TV까지 생산하는 종합 가전회사로 변신할 수 있었습니다. 그 해에 회사의 이름도 '하이얼'로 바꿨습니다."

　ー 이후에는 승승장구라는 말이 과언이 아니었을 것으로 생각합니다.

"그렇다고 봐도 됩니다. 우선 1989년부터 냉장고로는 국내 브랜드 파워

351

장루이민 회장은 망해가던 회사를 살린 것도 모자라
하이얼이라는 거대그룹을 일궈 중국의
잭 웰치로 불린다. 삼성 전자를 능가하고 싶어 한다.

1위 업체가 됐습니다. 외국 회사와 비교하면 한참 차이가 났지만 어쨌든 국내에서는 우리가 최고였습니다. 회사 이름을 하이얼로 바꾼 지 2년 만인 1993년에 상하이증권거래소에 상장할 수 있게 된 것도 다 이런 승승장구가 있었기 때문에 가능했습니다."

– 쾌속 성장에는 직원들의 아이디어도 단단히 한몫을 했다고 하더군요. 구체적인 사례를 하나 들어주십시오.

"1996년의 일로 기억합니다. 당시 쓰촨성의 농민 한 명이 하이얼 세탁기의 배수관이 막혔다고 신고했습니다. 서비스 담당 직원이 당연히 수리를 해줬죠. 나중에 고장 원인을 알아보니 기가 막히더군요. 고구마가 배수관에 걸려 빠져나가지 못한 거예요. 당시 대부분의 중국 농민들은 고구마를 세탁기에 씻었거든요. 이 경우 웬만한 직원들은 그냥 넘어갑니다. 그러나 우리 직원들은 그러지 않았어요. 그렇다면 고구마 전용 세탁기를 만들어주면 되지 않겠느냐 하는 생각을 하기에 이른 것이죠. 외국인들이 들으면 배꼽을 잡고 웃을 일이지만 중국의 현실은 달랐습니다. 결국 1998년에 고구마 세탁기가 출시됐어요. 반응은 폭발적이었습니다. 이 성공은 우리가 도약을 할 수 있는 발판을 만들어주기까지 했습니다."

– 중국 시장을 확실히 다진 다음에는 국제화에도 적극 나섰습니다. 중국의 기술력이나 브랜드 파워로는 성공을 자신하기가 쉽지 않았을 것으로 압니다.

"1999년 TV에 이어 컴퓨터까지 생산하는 성장을 이뤘습니다. 정신없이 성장을 하니까 서서히 세계시장에도 눈이 돌아가더군요. 미국 현지 법인을 그해 만들었습니다. 이어 파키스탄과 이탈리아에도 진출을 하기에 이릅니다. 2002년에는 뉴욕 맨해튼 중심부에 미국 본부도 설립했고요. 2004년에는 한국에도 진출했습니다. 아쉬운 것은 한국 시장을 잘 몰라 현재는 철수했다는 말이 나돌 정도로 고전한다는 사실입니다. 그러나 일본 시장에서는 다릅니다. 크게 성공했습니다. 2011년에는 일본의 가전회사인 '산요(三洋)'까지 인수하게 됐죠. 얼마 전까지만 해도 기술력이나 브랜드 파워에서 고전을 했으나 지금은 다릅니다. 세계적인 브랜드로 인정받고 있습니다."

― 현재 회사의 현황은 30여 년 전이 무색합니다. 회장께서도 전혀 예상을 하지 못했을 테지요?

"솔직히 처음 하이얼에 부임했을 때만 해도 적자기업을 살리자는 생각 외에는 없었습니다. 그때와 비교하면 지금은 상전벽해라는 말도 모자랍니다. 남들은 기적이라고 하는데 솔직히 나도 이 정도까지는 예상하지 못했습니다. 그러나 이 정도에서 만족하면 안 됩니다. 2011년 글로벌 시장에서 올린 1,500억 위안(27조 원)의 매출액을 10년 안에 1조 위안(180조 원)까지 올린다면 세계 500대 기업에서 100대 기업으로 진입하는 것도 그리 어렵지는 않을 것입니다. M&A 시장에서 더욱 적극적인 역할을 한다면 10년도 채 안 걸릴 수도 있어요. 이 경우 현재 7만명 전후인 직원이 20만명으로 늘어나지 않을까요? 한국의 삼성전자에는 못 미쳐도 바짝 따라는 갈 수준이 아닌가 싶은데요?"

― 기적을 일군 경영자라는 말이 괜한 게 아닌 것 같군요. 평소 경영철학이 궁금합니다.

"노자(老子)의 《도덕경(道德經)》은 기업 문화에 대해 의미 있는 조언을 한다고 생각합니다. 예컨대 천하의 만물은 눈에 보이는 것에서 생겨나고 눈에 보이는 것은 눈에 보이지 않는 것에서 생겨난다는 말이 있습니다. 이 말을 경영 측면에서 풀어보면 나의 경영철학이 나옵니다. 기업 안에서 가장 우선시해야 하는 것은 눈에 보이는 장부상의 자산이 아니라 기업문화라는 사실을 말입니다."

- 새로운 기업 문화를 어떻게 만들고 있는지 궁금합니다.

"기업의 중심은 누가 뭐라고 해도 사람이라고 생각합니다. 인재가 중요하다는 얘기죠. 그러나 단순하게 그저 인재를 중요하게 생각하기만 하면 안 됩니다. 이들에게 경쟁 시스템을 적용해야 합니다. 이에 따라 인센티브도 적용하고요. 우리 회사에서는 누구든지 나를 승진시켜 달라는 요지의 신청서를 낼 수 있어요. 또 회사에서는 이를 평가해 점수가 높은 사람을 승진시켜야 할 의무가 있습니다."

- 해외 출장 때 이코노미 좌석을 고집한다는 얘기가 있습니다. 너무 검소한 것도 예의가 아닌 것 같은데요?

"지금은 그래서 이코노미 좌석을 타지 않습니다. 비행기를 자주 탈 수밖에 없는데 그때마다 승무원이 나를 알아보고 좌석을 바꿔주는 것이 영 불편하다는 생각이 들더라고요. 그러나 점심시간에는 어떻게 하든 회사 식당에서 식사를 하려고 합니다. 출퇴근 시간에도 직원들과 마찬가지로 출퇴근부에 사인을 합니다. 나는 나 자신이 검소하다고 생각하지는 않습니다. 무리하게 티를 내려고도 하지 않습니다."

- 중국의 자본가 역사는 일천합니다. 이들에게 부족한 점은 과연 무엇일까요?

"개혁·개방을 실시한 지 이미 30여 년이 지났습니다. 결코 짧은 기간이 아닙니다. 그러나 미국이나 일본, 한국 등과 비교하면 짧다고 하지 않을 수도 없습니다. 당연히 자본가들에게 부족한 점이 많죠. 내가 볼 때 가장 부족한 부분은 역시 국제화에 대한 인식이 부족하다는 것입니다. 또 패러다임의 변화를 통해 새로운 도전에 대처하려는 노력도 다소 부족하지 않나 싶습니다. 그러나 이런 약점을 제외하면 대체로 중국의 자본가들은 평균 이상의 성적은 받을 수 있다고 생각합니다."

－ 30년 가까이 CEO를 했는데도 중국의 1,000대 부호의 반열에도 끼지 못하고 있습니다. 이상한 시각으로 보는 사람들이 없지 않습니다.

"당연한 것이니겠어요. 나는 오너가 아닙니다. 전문경영인일 뿐입니다. 그렇다면 대부호가 되는 것은 말이 안 되죠. 물론 내가 재산이 적은 것은 아닙니다. 평생을 불편 없이 먹고살 만큼은 충분히 있습니다. 그 정도면 되는 것 아니겠어요. 욕심을 부려서 도대체 무엇을 하겠습니까? 나는 늘 무소유를 주장한 노자를 강조하는 사람입니다."

－ 궁극적인 목표도 있을 것이라고 생각합니다. 짐작은 하고 있습니다만.

"말할 것도 없이 내 자식 같은 하이얼을 세계 최고 브랜드로 키우는 것입니다. 어쩌면 이 목표는 내 당대에 이루지 못할 가능성이 높습니다. 그러나 언젠가는 이뤄지겠죠. 나는 그 초석을 놓는다는 심정으로 일하고 있습니다."

－ 후계자를 키울 생각이 있습니까? 아니면 지금 키우고 있습니까?

"내 후임자는 노자가 말한 무위(無爲 · 있는 듯 없는 듯한 리더십)의 경지에 이른 사람이 될 것이라고 생각합니다. 이 경지에 이른 사람이라면 나는 대단한 후계자가 될 것이라고 생각합니다. 그러나 키우고 있지는 않습니다. 스스로 커야 합니다. 더구나 기업이든 국가든 가정이든 한 사람에 의해 좌우되면 곤란합니다. 이런 견지에서 보면 대표 선수를 한 사람 내세우고 집단이 경영하는 체제도 나쁘지는 않다고 생각해요."

장루이민 회장은 2014년 취임 30주년이었다. 얼마 후에는 어떤 식으로든 퇴임을 준비해야 한다. 하이얼의 2기 경영 시대가 바야흐로 열릴 상황이 오고 있는 것이다. 과연 장 회장이 물러난 뒤에도 하이얼은 이전처럼 승승장구할 수 있을까? 그의 경영이념과 그가 일궈놓은 성과들을 놓고 보면 최소한 십 수 년 동안은 크게 흔들릴 것으로 보이지 않는다. 잘나가는 기업에 있는 뛰어난 경영인 한 사람의 영향력은 그 정도로 크다고 해야 할 것이다.

# 톱스타
# 쑨웨

노래 한 곡에 수천만 원 받는 움직이는 1인 기업

엔터테인먼트 산업은 미국이나 유럽, 일본 등 선진국에서는 황금알을 낳는 산업으로 꼽힌다. 잘 키운 스타 한 명이 웬만한 기업의 매출액을 능가하는 것은 일도 아니다. 심지어 순익 규모에서도 내로라하는 세계적 기업들을 아래로 깔고 보는 월드스타도 많다. 대표적으로 미국의 여성 방송인인 오프라 윈프리(Oprah Winfrey)를 꼽을 수 있다. 그녀의 뛰어난 입담을 바탕으로 거둬들인 매출액은 2011년 기준으로 1억 6,500만 달러를 기록했고, 세금을 비롯한 각종 활동 경비들을 뺀 순이익은 최소 1억달러 이상일 것으로 분석되었다. 사실 시장의 잠재적 규모만 놓고 보면 중국의 엔터테인먼트 산업은 미국이나 유럽이 부럽지 않아야 한다. 그럼에도 불구하고 불과 얼마 전까지만 해도 인구가 30분의 1 정도밖에 되지 않는 한국보다 별로 나을 것이 없었다. 그러나 최근 들어서 엔터테인먼트 시장의 빠른 성장속도를 보이고 있다. A급 연예인들이 1년에 벌어들이는 수입이 최소 1억 위안(180억 원)에 이르는 현실이 무엇보다 이런 사실을 분명하게 말해주고 있다.

여기에 판빙빙(范氷氷·33), 탕웨이(湯唯·36) 등 스타 연예인들이 받는 이른바 행사비가 1시간에 평균 300만 위안(5억 4,000만원)에 이른다는 현실까지 더하면 더 이상의 설명은 사족에 가깝다. 한마디로 말해 이제 중국에서도 스타 연예인이 1인 기업 내지 자본가로 군림하는 때가 도래한 것이다. 이런 1인 기업 중의 한 명으로 손꼽히는 스타 가수 겸 배우인 쑨웨(孫悅·43)을 만나 최근 폭발적으로 성장하고 있는 중국 엔터테인먼트 산업의 현황에 대해 얘기를 나눠봤다.

– 연예계 데뷔를 언제 했는지 궁금하군요. 간단하게 자기소개를 해주시면 좋겠습니다.

"헤이룽장 하얼빈 출신이에요. 어렸을 때부터 노래 부르는 것을 좋아했어요. 학예회 때 단골로 출연하는 학생이었죠. 그때부터 무대에 서서 관객들과 같이 호흡하는 것이 내 천직이라고 생각했어요. 그래서 중학교를 졸업하자마자 겨우 15세의 나이에 헤이룽장성 군구(軍區) 산하의 문예병이 될 수 있었어요. 군대에서 나는 많은 것을 배웠습니다. 대중음악과 클래식 음악을 체계적으로 두루 섭렵할 수 있었어요. 무대에 서서 많은 상도 받았고요. 굳이 데뷔 연도를 따지라면 1988년이라고 해도 무방할 것 같아요."

– 계속 군대 연예인으로 활동하지는 않은 것으로 알고 있습니다.

"1992년 스무 살 때 군대에서 나왔습니다. 이어서 1990년대를 떠들썩하게 만든 TV 연속극 '녠룬(年輪)'에 출연했어요. 비로소 일반인들에게 내 얼굴을 알렸다고 할 수 있습니다. 평가도 상당히 좋았어요."

– 프리랜서로 활동하지는 않았나요? 군대를 나와서 다시 소속을 가졌습니까?

"당시에는 연예 산업이라는 개념이 희박했다고 봐야죠. 지금과는 완전히 달랐습니다. 소속이 없으면 불안하기도 하고. 그래서 고향 하얼빈시 산하의 문공단(文工團)에 들어갔어요. 시 직속 예술단이라고 할 수 있었습니다. 그다음에는 베이징에 진출해 철도건설총공사 산하 문공단의 연예인이 됐습니다."

– 베이징에 진출하자마자 지금도 많은 사람이 좋아하는 곡을 발표해 일약 스타덤에 올랐습니다. 1994년 무렵이지요?

"그렇습니다. '주니펑안'이라는 곡이었어요. 좋은 곡이라고 생각은 했지만 그렇게까지 엄청난 반향을 불러올 줄은 몰랐습니다. 이 곡으로 완전히 전국구 가수로 떴어요. 이 노래가 1994년 전국 10대 가요 중 하나로 선정됐을 정도였으니까요. 나 자신도 전국에서 가장 사랑받는 가수로 뽑혔죠."

– 수입도 대단했겠는데요. 공개할 수 있을지 모르겠군요.

"생활에는 지장이 없었지만 당시 시장은 지금 같지 않았어요. 그저 부모님께 집을 사줄 정도의 여유는 생겼다고 해두죠. 아마 지금 같았다면 돈방석에 앉았을 겁니다."

– 해외 진출의 기회도 잡은 것으로 압니다.

"1995년에 내가 국내에서 가장 성공한 공익 가수라는 칭호를 얻었어요. 그러자 1995년 말 일본 NHK에서 섭외가 들어왔어요. 당시 꽤 인기를 끌었습니다. 1996년 초에는 미국 라스베이거스 무대에도 서게 됐어요. 이해 9월에는 아시아가요제에 참가해 노래를 불렀습니다. 또 10월에는 홍콩의 20부작 TV 드라마 '흔적도 없이 사라지다'의 주연과 OST를 맡게 됐어요. 완전히 전성기를 맞았습니다."

– 한국 가요를 번안해 불러 상당한 인기를 끌었습니다. 초창기 한류를 중국에 전파한 공로자라고도 할 수 있겠습니다만.

무대에서 열창하고 있는 쑨웨.
그녀는 친한파 가수이며 이희호 여사의 양녀로도 유명하다.

"클론의 '쿵따리 샤바라'라는 노래가 굉장히 좋더군요. 별 생각 없이 종종 흥얼거리고는 했어요. 그러자 주변에서 듣기가 좋았던지 바로 번안을 하더군요. 상당히 히트했어요. 내 대표곡 중 하나입니다."

― 일이 되려고 그랬는지 이후 본격적으로 한국과의 인연이 시작됩니다. 좀 들려주시죠.

"쿵따리 샤바라를 부른 이후 친한파 가수라는 타이틀을 얻게 됐어요. 내가 의도하지는 않았는데도 한국 관련 행사가 자연스럽게 따라오더군요. 결정적인 계기는 금세기 초 한국관광공사 베이징 지사장으로 일하던 최재근 선생님을 알게 되면서 마련됐어요. 그분은 정말 사심 없이 나를 아껴줬어요. 당연히 나도 뭔가를 보답해야겠다는 생각이 들더군요. 마침 그분이 제게 한국홍보대사를 한 번 하는 것이 어떻겠느냐는 제안을 해왔어요. 두 말할 것도 없이 바로 수락했습니다. 이후 한국과는 더욱 끈끈한 인연이 맺어졌어요. 나중에는 김대중 대통령 부인이신 이희호 여사의 양녀까지 됐죠. 지금도 기회가 있으면 찾아뵙습니다."

― 베이징 올림픽 때도 상당한 역할을 했습니다. 메인 무대에서 열창을 했다고 하더군요.

"영광이었습니다. 그 무대에 서자 비로소 '아, 내가 중국을 대표하는 가수구나'라는 생각이 들었죠. 속으로 많이 울었습니다. 옛날 어려웠던 시절 생각이 많이 났습니다."

― 비교적 순탄한 길을 걸어오지 않았습니까? 어려웠던 시절이 있었다니 의외입니다.

"누구나 어려웠던 시절은 있습니다. 나는 군대에 있을 때는 월급이 달랑 100위안(1만 8,000원)이었습니다. 배불리 먹고 나면 화장품 하나 사 쓸 돈이 없었습니다. 고향의 어려운 가족을 돌본다는 것은 완전히 언감생심이었어요.”

– 지금 연예계의 상황을 보면 격세지감을 느끼겠군요.

“당시에는 널리 알려진 가수나 배우라고 해도 그저 생활 걱정을 하지 않을 정도였어요. 지금과는 180도 달랐죠. 그래서 내가 아는 많은 연예인들은 당시 부업들을 다 했습니다. 심지어 요리사를 하는 연예인도 있었습니다. 개인적으로 가게를 열어 장사를 하는 건 기본이었죠.”

– 지금 사업을 하는 것은 그렇다면 어려웠던 시절의 추억과 무관하지 않겠군요. 만두 체인점 사업을 한다고 들었습니다.

“반드시 그렇지는 않습니다. 그러나 만두 체인점 사업을 하다보니까 어려운 시절이 가끔 생각나기도 합니다.”

– 체인점 수입이 대단하다는 소문도 있습니다. 정말 그런가요?

“절대 아니에요. 그저 맛있는 만두를 만들어서 팬들에게 대접한다는 생각으로 하고 있습니다. 수익이 나면 대부분을 어려운 이웃을 위해 씁니다. 가끔 만두 가게들을 무료로 오픈하는 날도 있고요.”

– 이제 43세의 나이입니다. 전성기가 지났다는 생각이 들 법도 하군요.

“아무래도 비주얼까지 갖춘 젊은 후배들에게 밀릴 수밖에 없겠죠. 그러나 인기에서는 아직 소외감을 느낄 정도는 아니라고 자신합니다. 지금도 나를 필요로 하는 곳이 엄청나게 많습니다.”

– 아직 연예 활동 수입도 대단하겠습니다. 이제 웬만큼 이름이 알려지는 연예인들은 걸어다니는 1인 기업으로 불리지 않습니까?

“일반인의 눈으로 보면 대단하다고 할 수 있죠. 그렇지 않다고 하면 욕을 먹을 겁니다. 그러나 나는 수입에 대해서는 그다지 신경을 쓰지 않습니다. 알려고도 하지 않고요. 수입은 모두 매니저가 관리합니다. 그래야 세금

363

도 제대로 내고 회계 처리가 분명해지니까요."

– 한때 기업체 행사의 단골 연예인이었습니다. 한 곡 부르는데 10만 위안(1,800만 원)을 받았다는 전설 같은 소문이 있더군요.

"말씀 드리기가 조심스럽네요. 아니었다고 하기는 어려울 것 같습니다. 중국에는 졸부들이 우선 많습니다. 이들의 특징은 과시하기를 좋아한다는 겁니다. 연예인들을 불러 각종 행사를 가지는 것이 아마도 이들에게는 자신을 과시할 수 있는 가장 효과적인 방법일 거예요. 지금도 전국 곳곳에서 이런 일은 벌어집니다. 한 곡 부르는 대가로 1,000만 위안을 받는 가수도 있을 겁니다. 그러나 나는 이제 더 이상 이런 행사에 눈을 돌리지 않아요. 물론 부르는 곳이 있으면 무조건 마다하지는 않습니다. 과연 행사가 올바른 것인지, 내 자존심을 해치지 않을 무대인지를 꼼꼼하게 따집니다. 또 사례를 받으면 수입으로 처리하지 않고 어려운 이웃을 위해 쓰는 경우가 많습니다."

– 중국 연예 산업의 미래를 어떻게 봅니까?

"상당히 빠른 속도로 산업화될 것으로 생각합니다. 결론부터 말하면 일본보다 훨씬 더 큰 시장이 될 것으로 봅니다. 언젠가는 미국과 어깨를 나란히 할 시장도 되지 않겠어요? 인구나 경제 규모, 지구촌에 미치는 영향 등을 감안하면 내 생각이 틀리지는 않을 겁니다."

– 미국처럼 엄청난 수입을 올리는 연예인들의 출현도 가능하다는 말씀이네요.

"이미 그렇게 되고 있다고 봐도 좋아요. 후배들의 경우는 더욱 그럴 것으로 봅니다. 더구나 요즘 조금 잘나가는 연예인들은 할리우드의 주목까지 받고 있으니 수입이 과거와는 비교가 되지 않는 것은 너무나 당연할 수밖에 없죠.

– 부럽지 않습니까? 적극적으로 뛰어들 생각도 있을 듯 한데요.

"부럽지 않으면 거짓말이겠죠. 그러나 사람은 분수를 알아야 합니다. 더구나 나는 그래도 연예 산업이 산업으로 불릴 초창기에 혜택을 전혀 보지 않은 것이 아닙니다. 솔직히 재산도 좀 있습니다. 지금도 수입이 적지 않고요. 더이상 욕심을 부리면 노추(老醜)라는 말도 들을 수 있죠."

– 부군이신 우페이저우(吳飛舟·45) 사장도 상당한 재산을 가진 자본가라고 하더군요.

"젊은 시절 한때는 통신 관련 소프트웨어 업계에서 나름대로 이름을 알린 사람이에요. 모토롤라 중국 지사에서는 컴퓨터 관련 일도 했고요. 지금은 1996년에 설립한 '쓰터치(思特奇)컴퓨터'라는 회사가 렌샹그룹 산하 소프트웨어 회사인 '선저우수마(神州數碼)'에 인수된 덕분에 전문경영인으로 일하고 있죠. 창업자였으니까 아마도 개인 재산이 조금 있을 겁니다. 그러나 나는 남편이 재산을 얼마나 갖고 있는지 알려고 하지 않아요."

– 욕심이 별로 없으신 것 같네요. 돈이라는 것은 묘해서 99개를 가진 사람이 다른 사람이 유일하게 가진 1개를 탐내는 법이라고 합니다. 100개를 채우려고 말이지요.

"인정합니다. 젊었을 때는 그런 생각을 하지 않은 것도 아닙니다. 중국 최고의 부를 쌓은 연예인이 되고도 싶었어요. 그러나 아무리 많은 돈이 있다 한들 정신이 황폐하면 뭐하겠습니까? 이런 사람에게 돈이라는 것은 그저 탐욕의 대상일 뿐입니다. 정신이 더욱 황폐해지게 됩니다. 돈을 잘 쓸 줄 아는 사람은 욕심도 적당하게 부립니다. 나는 정신이 황폐해지는 사람이 되기보다는 돈을 잘 쓸 줄 아는 사람이 되고 싶어요. 물론 자본가들이 다 정신이 황폐하다든가 나쁘다는 뜻은 아닙니다. 돈이 없으면 삶이 불편해질 수 있잖아요."

중국에는 소위 뜨려고 무모한 행동을 벌이는 연예계 지망생들이 많다.
사진은 노출과 누드로 이름을 날리고 있는 연예인 간루루(干露露)다.

– 앞으로의 계획이 궁금합니다.

"어렸을 때는 계획이 상당히 많았습니다. 그러나 지금은 단순합니다. 순간순간 최선을 다하려고 노력하는 사람이 되고 싶어요. 최고가 되기보다는 최선을 다하는 사람으로 기억된다면 더 바랄 것이 없겠어요. 또 능력이 되면 주변 사람들을 많이 돕고 싶어요. 돈으로 안 된다면 내가 가진 재능으로 하고 싶습니다. 두 가지 다 할 수 있으면 금상첨화라고 해야겠죠."

쑨웨는 말도 많고 탈도 많은 중국 연예계에서 비교적 스캔들 없이 활동해 왔다. 평도 상당히 괜찮은 편에 속한다. 물론 2000년에 매니저인 쥐펑(居鵬)이 살해당하고 한 번 결혼 경력이 있는 남편과 결혼을 하는 어려움을 겪기도 했으나 모두 본인의 의지와는 관계가 없는 일들이었다. 본인으로서는 억울할 수도 있었지만 그럼에도 이런 일들에 대해 굳이 입장을 밝히거나 변명하려고 하지 않았다. 물결 따라 흘러가는 나뭇잎처럼 쑨웨도 그렇게 살았다고 해도 좋을 것 같다. 그녀가 최근 들어 마치 인생을 달관한 듯한 분위기를 풍기는 것도 아마 이 때문이 아닌가 싶다.

# 온라인게임 업계의
# 대부 리톈닝
## "성공은 어느 순간에 온다"

       중국에는 미국보다는 적지만 청년 자본가들이 상당히 많고 이들 모두 뚜렷한 특징을 가지고 있다. 물론 재벌 2세를 의미하는 이른바 '푸얼다이(富二代)'도 없지 않지만 대부분이 자신의 아이디어나 발상의 전환을 무기로 창업에 나서서 대박을 터뜨린 사람들이다. 한마디로 말해 기업가 정신과 아이디어로 무장한 청년 세대의 창업 본색이 중국에서는 통한다는 얘기다. 이 사실은 중국 재계에 널리 알려진 전국구 자본가들인 천톈차오(陳天橋) 성다(盛大) 회장, 리옌훙 바이두(Baidu) 회장 등의 성공 사례만 봐도 잘 알 수 있다. 성공한 청년 자본가들의 등장은 앞으로도 이런 기조가 계속 이어질 것이라는 말이다. 지금도 중국 전역에서는 선배들의 성공에 자극받은 미래의 젊은 자본가들이 계속 창업에 도전하고 있기 때문이다.

       중관춘 온라인게임 업계 대부로 불리는 '랑진(朗金)소프트웨어'의 리톈닝(李天凝·41) 사장은 관련 업계에서 성공할 가능성이 높은 사람 중 한 명으로 손꼽힌다. 조만간 찾아올 성공을 확실하게 잡기 위해 하루 24시간을 철저하게 쪼개 쓴다는 리 사장을 만나봤다.


– 동안으로 보이십니다. 실제로도 젊습니까?

"아닙니다. 신체적·정신적 나이는 모르겠으나 법률적으로는 적지 않은 나이입니다. 41세가 됐다면 게임업계에서는 70대 노인으로 불려도 할 말이 없습니다. 내 친구들 중 일부가 이 바닥에서 떠난 것도 아마 나이 탓이 아니었나 싶어요. 그러나 나는 이 분야가 좋습니다. 그래서 더욱 젊은 마인드를 가지려고 노력하고 있어요. 나이로는 확실한 기성세대죠."

– 그럼에도 젊은 CEO로 불립니다.

"아마 20대 후반에 중관춘에서 창업을 했기 때문이 아닌가 싶습니다. 당시에도 젊은 나이는 아니었지만 지금에 비하면 완전히 어린애였으니까요."

– 당시 꽤 유망하다는 평가를 받았습니다. 그에 비해 현재의 모습은 크게 성공했다고 하기에는 조금은 모자란 감이 듭니다.

"솔직히 말하면 그렇다고 해야 합니다. 만년 유망주라고 해야 하나요? 개인적으로도 안타깝죠. 그러나 빨리 성공했다가 빛의 속도로 사라지는 이 업계의 속성을 감안하면 지금까지 버티고 있는 것이 어쩌면 더 기적인지도 모릅니다. 살아남아서 언젠가 올지 모르는 성공을 기다리고 있다는 사실 자체도 행복이라는 생각으로 버티고 있습니다. 한 번은 기회가 올 것이라고 생각합니다."

– 그렇다고 딱히 실패를 한 것도 아니지 않습니까?

"그렇죠. 사업 초창기에 서비스했던 게임인 '쉰장(勳章·훈장)'은 성다의 게임 '촨치(傳奇)'에 못지않을 정도로 인기를 끌었습니다. 당시에는 최첨단인 3D 영상이었습니다. 원화 제작에만 무려 30여 명의 인력이 매달렸을 정

엄청난 숫자의 사람들이 즐기고 있는 중국의 pc방 풍경.
중국의 온라인업계는 이런 대단한 숫자의 고객들이 있기 때문에
아직까지는 온라인게임 업계의 미래가 밝다고 볼 수 있다.
중관촌 온라인게임 업계의 대부로 통하는 랑진소프트웨어 리톈닝 사장.(원내)

도였고요. 실패했다면 그게 이상했겠죠. 그러나 이후 수익 모델과 후속 작품의 부재 등으로 더 이상 치고 올라가지 못했어요. 만약 그때 대박을 냈다면 나스닥에도 상장하는 기회를 가졌을 텐데 아쉽습니다."

― 원래 관련 분야를 전공하지는 않았다는 말을 들었습니다. 전공이 뭐였습니까?

"어릴 때는 군인이 되고 싶었죠. 그래서 군사학교에 들어갔습니다. 성적도 상당히 좋은 편이었는데 그런 결정을 내렸죠."

― 리 사장 회사의 대표 게임인 쉰장이 그냥 탄생한 것은 아니군요?

"그렇게 보면 또 그렇다고 하겠네요. 그러나 졸업 후 군인은 내가 갈 길이 아니라는 사실을 바로 깨달았어요. 더 늦기 전에 내 길을 가야겠다는 생각에 군복을 벗었죠. 아쉬운 마음이 없지 않았으나 지금은 결단을 잘 내렸다고 생각해요."

― 제대 후 바로 IT 사업에 뛰어들었나요?

"아닙니다. 나와 전혀 어울리지 않을 수도 있는 의류 사업에 뛰어들었어요. 주로 젊은이들이 즐겨 입는 캐주얼 의류를 취급했죠. 생산은 하지 않고 매장을 열어 판매만 하다 보니 이건 아니라는 생각이 들었어요. 게임 산업으로 말하면 콘텐츠는 개발하지 않고 서비스만 한 셈이죠. 그럼에도 불구하고 그때 금전적으로는 상당히 재미를 봤습니다. 게임 산업에 뛰어들 기반을 마련할 수 있었죠."

― 게임 업체치고는 규모가 작지 않습니다. 회사 분위기도 자유분방하고요.

"100여 명의 직원들이 일하고 있는 업체는 솔직히 중국에서도 그리 많지 않아요. 우리보다 규모가 큰 회사는 전국적으로 30개 정도밖에는 되지 않죠. 매출액은 2011년 기준으로 2억 위안(약 360억 원) 정도 됩니다. 아

371

직 갈 길이 멀어요. 회사 분위기는 다른 회사들과 비교하면 자유분방하다고 하기는 어렵죠. 더 자유분방한 회사들이 많으니까요. 심지어 직원들이 1주일에 하루만 출근하도록 하는 회사도 있어요."

— 회사의 목표가 궁금합니다. 한때는 나스닥에 상장하는 꿈도 꿨다고 하지 않았습니까?

"지금 중국의 게임시장은 매년 30%씩 성장하고 있어요. 우리는 이 수준을 넘어서고 싶습니다. 최소한 연 50% 이상의 매출 성장은 달성하고 싶어요. 이 경우 우리가 1차 목표로 상정하고 있는 연 10억 위안(1,800억 원) 매출액도 5~6년 안에는 달성하지 않을까 기대합니다."

— 특별히 어떤 분야에 주력하고 있습니까?

"온라인과 모바일에서 다 즐길 수 있는 게임을 계속 출시할 생각입니다. 더불어 스토리텔링이 있는 애니메이션 게임 사업에도 적극 나설 생각이에요."

— 투자 여력은 충분한지 궁금하군요.

"지금 중관춘에만 해도 투자할 곳을 찾지 못해 헤매는 자금이 많습니다. 스토리텔링이 있는 콘텐츠만 개발하면 자금 걱정은 필요 없어요. 더구나 정부에서도 게임 산업을 신성장 산업으로 인식하고 적극적으로 지원해주고 있죠. 우리는 '킬러 콘텐츠(killer content)'를 개발할 능력을 갖추기 위해 노력만 하면 됩니다."

— 지금 중국 게임 시장은 아직도 외국 업체들의 점유율이 상당합니다. 이런 상황에서 리 사장의 랑진 같은 중소업체가 생존 공간을 찾는 것도 쉽지 않을 텐데요.

"10여 년 전만 해도 중국은 한국 게임의 천국이었습니다. 거의 70% 가까이 이르렀고 중국 게임의 점유율은 20% 남짓했죠. 그러나 중국 업체들의 꾸준한 노력으로 지금은 점유율이 역전됐습니다. 중국 게임이 전체 시장의 70%를 차지하고 한국 게임은 대략 20% 전후를 점유하고 전체적으로는 외국 업체들의 점유율이 30% 전후에 이르죠. 이 정도면 외국 업체들이 정말 선전하는 겁니다. 그러나 우리의 걸림돌은 외국 업체들이 아니에요. 오히려 시장을 독과점하는 일부 업체들이 더 문제라고 나는 생각해요. 이 상황을 극복하지 못하면 정말 우리같이 작은 업체들은 생존할 공간이 사라지게 됩니다."

– 어떻게 해야 생존이 가능하겠습니까?

"아까도 말했지만 역시 킬러 콘텐츠를 가지는 것입니다. 아무리 규모가 작아도 실력만 있다면 세상에 무서울 것이 없어요. 중국의 중소 게임업체들에는 앞으로 2~3년이 계속 성장하느냐 퇴출되느냐의 갈림길이 되지 않을까 생각합니다. 지금 중국의 공룡업체들이 시장을 독점하기 위해 적극적인 공격 경영에 나서고 있기 때문이죠. 물론 그래도 우리 회사는 살아남을 것으로 자신합니다."

– 자본가로 불릴 만한 재산을 일궜다는 소문은 듣지 못했습니다. 그러나 중국에서 30위권의 게임업체 CEO라면 나름대로 남부럽지 않은 부는 일궜다고 할 수 있지 않을까요?

"만약 내 주머니만 챙겼다면 상당한 부를 축적했을 수도 있겠죠. 하지만 나는 끊임없이 재투자를 했습니다. 재투자를 하고 남는 순익은 종업원들의 복지와 재교육을 위해 썼고요. 물론 나도 개인적으로는 생활하는 데 전혀 어려움이 없습니다. 월급쟁이가 나쁜 것은 아닙니다. 월급쟁이가 되려는 사람들이 적당히 있어야 창업도 할 수 있지 않겠습니까? 그러나 젊었을 때는 성공 여하를 떠나 창업을 한 번 해보는 것도 괜찮다고 생각합니다. 만약 체질에 맞으면 계속 하는 것이고 그렇지 않다는 판단이 설 경우 취업을 하면 되지 않을까요. 청년 시절에는 극복할 수만 있다면 실패도 큰 재산이 됩니다."

－ 궁극적으로는 어떤 기업인이 되고 싶습니까?

"돈을 벌려고 했다면 아마 적당한 기회에 손을 털었을 겁니다. 함께 중관춘에서 창업을 했던 내 친구들 중 일부는 나이에 부담을 느끼고 몇 년 전에 회사를 정리하기도 했어요. 지금 이들은 모두 안락한 생활을 합니다. 그러나 나는 도전정신이 없다면 그 인생은 가치가 없는 인생이라고 생각하는 사람이에요. 지금도 대기업에서 회사를 정리하는 것이 어떻겠느냐고 제의해 오는 경우가 없지 않습니다. 전혀 흔들리지 않았다면 솔직히 거짓말이겠죠. 하지만 제 기본적인 생각은 흔들리지 않습니다. 정리를 하더라도 크게 한 번 성공한 후 하려고 합니다. 어느 순간 분명히 올 그 기회를 지금 기다리고 있다고 하면 너무 속이 보인다고 해야 하나요."

－ 리 사장의 금전관에 대해 듣고 싶네요. 주변에서는 초연하다는 평가를 내리더군요.

"그런 사람이 어디 있겠습니까? 그저 나는 탐욕스럽지 않을 뿐입니다. 돈이라는 것은 악착스럽게 벌려고 하면 벌 수 있습니다. 그러나 그러면 너무 사람이 추해집니다. 그 돈은 더욱 추해질 수 있죠. 열심히 노력하는 과정에서 나오는 돈이 진정으로 아름다운 돈입니다. 그렇게 하면 사람도 추해지지 않습니다."

리 사장은 게임업체 사장답지 않게 게임을 별로 좋아하지 않는다. 그래서 비록 자신의 회사에서 개발한 게임이라도 자신의 자녀가 게임하는 것을 권하지도, 말리지도 않는다. 그렇다고 그가 게임이 나쁘다고 생각하는 것은 아니다. 적당하게 즐기면 정신 건강에도 도움이 된다고 그는 판단한다.

물론 게임의 폐해에 대해 말도 안 되는 소리라고 펄쩍 뛰지도 않는다. 오히려 게임 중독의 심각성을 알고 해결책 마련을 위해 조심스럽게 사회 활동을 하기 원하는 편이다. 그렇기 때문에 조만간 그의 이름을 사회사업 분야에서도 들을 수 있지 않을까 싶다. 물론 전제 조건은 있다. 그가 언젠가는 찾아올 성공의 기회를 꽉 잡게 된 후에 말이다

# 향후 더 많은 홍색자본가가 쏟아질
# 운명의 중국대륙

도도한 강물을 뒤로 되돌리기는 정말 쉽지 않다. 인간의 욕망과 관련된 현실은 더 말할 것도 없다. 누가 작심하고 브레이크를 걸어도 막기가 불가능하다. 그저 흘러가는 흐름이라고 생각하는 것이 지켜보는 입장에서는 현명한 자세일 수도 있다.

중국은 조만간 미국을 누르고 지구촌의 명실상부한 G1으로 올라설 수밖에 없다. 자본가들이 마치 넝쿨째 쏟아지듯 탄생할 것이라는 단정도 단순한 전망이 아닌 현실이라고 해야 한다. 어쩌면 세계 최고 기업인이 곧 중국에서 탄생하거나 세계 부호 랭킹 상위권을 중국 자본가들이 싹쓸이하는 광경도 조만간 눈앞에 펼쳐질 가능성이 높다.

그렇다면 어떤 부류의 인물들이 앞으로 중국자본가 그룹의 주류가 될까? 과거 35년여 동안 중국 자본가 탄생의 역사와 미래의 사회적 경제적 트렌드를 살펴보면 대략 몇 부류로 꼽아볼 수 있다. 우선 현대판 황족으로 불리는 태자당을 꼽아야 할 것 같다. 공산당의 정신이나 순수 이념으로 볼 때 태자당은 본인이 크게 똑똑하지 못하면 빛 좋은 개살구라고 해도 틀리지 않는다. 그저 부모나 조부모 등이 한때 잘나갔다는 긍지만 가져야 하고 돈과는 한참 거리가 있어야 한다.

그러나 현실은 완전히 반대 상황이다. 막강한 권력 그 자체라고 해도 좋을 태자당의 직계 비속이라는 타이틀 하나만 가지고도 평생을 잘 먹고 잘 사는 사례가 그야말로 부지기수에 이르는 것이 현실이다. 당사자가 이재(理財)에 재주가 있다면 땅 짚고 헤엄치는 것처럼 쉽게 내로라하는 자본가 대열에 들어서는 것도 어렵지 않다. 설사 그렇지 않더라도 상당한 축재를 할 수 있는 것은 기본이다.

2012년 들어 갑자기 비리 혐의로 낙마해 전 세계에 화제를 불러일으킨 보시라이의 경우만 봐도 잘 알 수 있다. 주지하다시피 그는 덩샤오핑에 버금가는 중국공산당 혁명 원로인 보이보(薄一波) 전 부총리의 둘째 아들이다. 아버지가 대자본가이거나 금 숟가락을 물고 태어난 엄청나게 부유한 집안 출신도 아니었다. 본인 역시 정치국원과 충칭시 서기의 고위직에 있었으나 30여 년 공직 생활 동안 공식적인 연봉이 10만 위안은커녕 그 근처에 가본 적도 없었다.

그러나 낙마한 이후 그의 재산에 대한 소문은 보통 사람의 머리에 쥐가 날 만큼 엄청나다고 한다. 국외에 밀반출하려고 했던 재산이 무려 80억 위안(1조 4,400억 원)에 이른다고 호사가들은 말하고 있다. 인민해방군 총정치부 부부장을 지낸 구징성(谷景生)을 아버지로 둔 부인 구카이라이(谷開來·56)가 이런저런 재주를 부려 알뜰살뜰 긁어모았음직한 재산까지 감안한다고 해도 너무 많다. 아들인 보과과가 영국과 미국 유학을 하면서 중동 왕족들 못지않은 사치스런 생활을 한 것도 이 재산 내역을 보면 놀랄 일도 아니다. 게다가 보시라이의 경우는 주변 친인척들까지 모두 한 재산 단단히 긁어모은 것으로 알려지고 있다. 우선 국영기업인 '광다(光大)인터내셔널'의 부회장으로 있는 형 보시융(薄熙永·69)이 그렇다. 공식적 연봉은 20만 달러에 불과하나 외신에 의하면 최소한 2,500만 달러(287억 5,000만원)의 재산을 보유한 것으로 파악되고 있다. 동생 보시청(薄熙成·64)도 난형난제라는 말이 전혀 부족하지 않다. '류허싱(六合興)그룹'의 회장으로 활동하면서 작은형보다는 적으나, 큰형보다는 많은 재산을 보유하고 있다고 한다.

아버지와 작은형의 후광과 그 자신 역시 한때 관리로 근무한 경험이 재산 축적에 결정적인 도움을 줬다는 것이 언론계의 분석이다. 아들인 보과과에 이르면 아예 기가 찰 따름이다. 돈 한 푼 벌어본 적 없는데도 2010년에 32만 달러를 투자해 '과과테크놀로지'를 설립, 20대 초반에 자본가가 됐다. 보시라이가 황태손이라고 해도 좋을 아들에게 증여 목적으로 회사를 설립해줬다는 소문이 파다하다.

친정아버지 구징성과 제부 보시라이의 후광이 찬란한데 처형인 구왕장(谷望江·68)이라고 보고만 있을 까닭이 없다. 그녀는 특수 인쇄를 주요 사업으로 하는 '둥샹(東港)인쇄'의 대주주인 홍콩 '시둬라이(喜多來)그룹'의 회장으로 맹활약하고 있다. 시둬라이는 시장가치만 최소 20억 위안(3,600억 원)에 이르는 것으로 알려져 있다. 이런 상황이니 또 다른 처형 구왕닝(谷望寧·59)의 알려진 재산 5억 위안(900억원)이 이들 사이에서는 새 발의 피처럼 보이는 것은 당연할 수밖에 없다. 그러나 구왕닝조차 '한장(漢江)글로벌'이라는 기업의 회장 신분으로 지금도 열심히 땅 짚고 헤엄치기를 하고 있다. 이처럼 축재 허가증이나 다름없는 태자당의 신분을 가지고 있는 태자당 중 상당수가 앞으로 불법이든 합법이든 새로운 자본가 대열에 낄 것이라는 전망은 충분히 가능하다. 최대 1만여 명에 달하는 이들 태자당 출신 사람들이 중국 자본가 그룹의 주류가 될 첫 번째 신분으로 꼽힌다.

이름만 알려지면 가장 손쉽게 떼돈을 버는 대표 직종, 연예계 종사자들은 더 말할 필요조차 없다. 졸부들의 파티나 기업의 행사 등에서 노래 한 곡 불러주는 대가가 한화로 수천만 원의 사례를 받는 현실은 이 단정이 지나치지 않다는 사실을 증명한다.

보시라이와 억울하게 엮인 것으로 추정되는 영화배우 장쯔이(章子怡·36)가 화대(花代)로만 10억 위안(1,800억 원)에 가까운 천문학적인 돈을 받았다는 소문을 믿는 중국인들이 많은 것에는 이유가 있다. 실제로 지금 중국에서는 출연료나 광고 수입 등만으로도 웬만한 자본가들이 부럽지 않은 연예인 자본가들이 손가락으로 꼽기 어려울 정도로 많다. 그들 사이에서는 연 1억 위안(180억 원) 정도의 수입을 올리지 못하면 A급 스타 취급을 받지 못한다.

학원가의 이른바 일타 강사들도 전망이 좋은 신흥 자본가 그룹에 속한다고 해야 할 것 같다. 내로라하는 대학의 전국구 스타 교수 연봉이 잘해야 20만 위안(4,600만 원) 전후인 것이 현실인데도 이들은 하루 저녁에 10만 위안(1,800만 원)의 수입을 올리는 것이 결코 어렵지 않다. 심지어 학원을 옮길 때 받는 계약금이 1억 위안(180억 원)을 호가하는 강사들도 있다고 하니 이 정도 되면 한국의 사교육 시장 스타 강사들이 머리를 숙일 지경이다. 하기야 현실이 이러니 사교육 시장에서 '신둥팡그룹'의 위민홍이라는 자본가가 탄생한 것이다. 중국인들의 자식에 대한 무한 사랑이 식지 않는 한 이 분야는 자본가를 탄생시키는 영원히 마르지 않는 샘이 될 것이다.

스포츠 스타도 거론하지 않으면 섭섭하다. 스포츠 스타는 일단 네임밸류가 있으면 평생을 남부럽지 않게 떵떵거리며 사는 것도 어렵지 않다. 게다가 자신의 이름을 딴 회사를 세울 경우 당당한 자본가 대열에 합류하기도 한다.

대표적인 인물이 88 서울올림픽 금메달에 빛나는 체조 스타 리닝(李寧·52)이 아닌가 싶다. 은퇴 후 자신의 이름을 따서 만든 체육용품 회사가 대박을 터뜨려 자본가로 우뚝 서 있다. 2010년에는 120억 위안(2조 1,600억 원)의 재산으로 부호 순위가 64위까지 오르는 기염을 토한 바도 있다.

미 프로농구 NBA에서 맹활약하다 부상으로 은퇴한 야오밍(姚明·36)도 리닝이 부럽지 않은 스포츠 자본가이다. 그의 공식 재산은 20억 위안(3,600억 원)이 약간 안 된다고 하지만 타고난 이재 능력을 바탕으로 곳곳의 숨겨진 재산까지 합치면 50억 위안(9,000억 원)은 가볍게 넘는다고 알려져 있다.

이 둘에 필적할 미래의 스포츠 재벌로는 올림픽 육상 110미터 허들의 금메달리스트 류샹(劉翔·31)과 야오밍에 이어 미국 NBA에서 활약하고 있는 농구의 이젠롄(易建聯·28) 등이 손꼽힌다. 아직 재산이 10억 위안(1,800억 원)대에도 못 미치는 것으로 보이나 시간이 지나면 양쯔강의 뒷물이 앞물을 밀어내듯 상전벽해의 판도 변화를 가져오지 말라는 법도 없다. 특히 이젠롄의 경우에는 아직 젊기 때문에 시장가치가 야오밍을 넘어설 가능성도 농후하다. 중국에는 전국적으로 야오밍이나 류샹, 이젠롄과 같은 잠재력을 가진 예비 스포츠 스타들이 수천여 명에 이른다는 사실을 감안해보면 앞으로도 스포츠계 출신 자본가들이 봇물 터지듯 탄생하는 것은 거의 기정사실이라고 해야 할 것이다.

문화계의 트렌드를 선도하는 문화예술인들도 요즘 들어서는 예비 자본가로 불려도 손색이 없는 부류로 꼽힌다. 특히 다른 장르보다 나름 대중적이라고 할 수 있는 화단과 문단의 소설가 등은 더욱 그렇다고 할 수 있다. 과거처럼 배고픈 문화예술인이 아직도 많기는 하지만 잘나가는 경우는 웬만한 자본가들 수입 못지않다. 우선 중국 화단을 대표한다는 류사오둥(劉小東·52), 장샤오강(張曉剛·57) 같은 중견 화가들을 보면 진짜 그렇다는 사실을 어렵지 않게 알 수 있다. 둘 모두 미국이나 홍콩 경매 시장에서 거래되는 평균 작품 가격이 5,000만 위안(90억 원) 전후에 이르는 거장들이다.

우리나라의 박수근이나 이중섭, 박생광 같은 한국 거장들의 작품 가격이 웬만해서는 50억 원 근처에도 가지 못하는 현실을 감안해보면 어느 정도의 레벨인지 바로 감이 잡힌다. 이들이 마음만 먹으면 1년에 수천만 위안의 돈을 손쉽게 버는 것도 불가능하지 않다. 이 경우 웬만한 중소기업의 1년 순익을 가볍게 능가하는 액수다. 현재 중국 전역에는 이런 수준의 화가들이 최소한 100명 가까이 된다고 하니 걸어 다니는 예비 자본가들이 이 정도라고 할 수 있다.

문인 중에서는 이른바 '바링허우(八零後·80년대 이후에 태어난 세대)' 작가군의 선두주자로 꼽히는 궈징밍(郭敬明·32), 한한(韓寒·33) 등을 대표적으로 꼽을 수 있다. 이들은 1년 수입이 2,500만 위안(45억 원)을 가볍게 넘는 문인 자본가들이다. 특히 궈징밍은 거의 매년 수백만 권이 팔리는 히트작을 내는 만큼 수입이 더욱 늘어날 가능성이 높다. 현재 이들을 벤치마킹해 성공하겠다는 야심에 불타는 작가들이 적지 않기 때문에 중국의 문단은 앞으로도 많은 문인 자본가를 배출할 개연성이 상당히 높다. 이 밖에도 '물 반, 고기 반'이라는 말을 들을 정도로 많은 자본가들을 배출한 IT와 부동산 업종에서도 다크호스들이 속속 등장하지 말라는 법은 없다. 더구나 중국의 젊은 세대들이나 해외에서 공부하고 돌아오는 이른바 '하이구이(海歸)'들이 대부분 이 업종에 종사하는 경우가 많아 이 분야가 가장 많은 신흥 자본가들을 배출하는 분야가 될 수밖에 없다.

중국인들은 한국인들과는 많이 다르다. 체면을 많이 생각하는 한국인들과는 달리 상당히 현실적이다. 한국인들은 물을 마시고도 이빨을 쑤시지만 중국인들은 먹은 고기 찌꺼기가 빠져나갈까봐 이빨조차 쑤시지 않는다. 돈 좋아하는 것을 나쁘게 생각할 이유도 전혀 없다. 그들은 돈이 있으면 귀신에게도 연자방아를 돌리게 할 수 있다고 믿는 사람들이다. 한국식으로 따지면 개도 돈이 있으면 점잖은 멍첨지가 되는 것이다.

당연히 한국처럼 자본가들을 부정적으로 보거나 적대시하지 않고 심지어 존경하기까지 한다. 존경의 강도도 한국과는 비교가 안 된다. 좋지 않은 업종으로 돈을 벌어도 능력이 있으니까 그렇지 않느냐, 하고 말하는 사람들이다. 한 마디로 말해 과정이야 어떻든 끝이 좋으면 다 좋다고 보는 것이다. 중국이라는 나라에서는 돈을 버는 방법에 심적 부담을 가질 필요가 별로 없는 것 같다. 게다가 돈을 벌 수 있는 환경도 상당히 괜찮다. 중국의 내로라하는 자본가들이 대부분 재벌 2, 3세가 아닌 당대발복의 기회를 잡은 행운아들이라는 사실은 무엇보다도 이런 현실을 잘 말해주고 있다. 국가가 G1을 향해 달려가는 것에서 보듯 앞으로 경제 환경이 더욱 좋아질 가능성도 크다. 중국이 조만간 옛날처럼 자본가 천하가 될 것이라는 사실은 불보듯 뻔하다.

| 순위 | 이름 | | 순자산 | 연령 | 회사명 | 업종 |
|---|---|---|---|---|---|---|
| 1 | | 마윈 | $19.5 B | 50 | 알리바바 | 인터넷 전자상거래 |
| 2 | | 리옌훙 | $14.7 B | 46 | 바이두 | 인터넷 검색 |
| 3 | | 마화텅 | $14.4 B | 43 | 텐센트 | 인터넷 미디어 |
| 4 | | 왕젠린 | $13.2 B | 60 | 완다그룹 | 부동산 |
| 5 | | 리허쥔 | $13 B | 47 | 한넝홀딩스 | 재생 에너지 |
| 6 | | 종칭허우 | $11 B | 69 | 와하하그룹 | 음료 |
| 7 | | 왕원인 | $10 B | 47 | 정웨이 국제그룹 | 철강 |
| 8 | | 레이쥔 | $9.1 B | 45 | 샤오미 | 스마트폰 |
| 9 | | 허샹젠 | $7.5 B | 72 | 메이더그룹 | 가전제품 |
| 10 | | 류창둥 | $7.1 B | 40 | 징둥닷컴 | 전자상거래 |
| 11 | | 류융싱 | $6.5 B | 66 | 동방희망 그룹 | 기업식 농업 |
| 12 | | 왕징 | $6.4 B | 42 | 신웨이 텔레콤 | 통신 |
| 13 | | 첸 리후아 | $6.1 B | 74 | 푸후아 인터내셔널 | 부동산 |
| 14 | | 웨이젠쥔 | $6 B | 51 | 만리장성 모터스 | 자동차 |
| 15 | | 쉬자인 | $5.9 B | 56 | 헝다그룹 | 부동산 |
| 16 | | 쉬룽마오 | $5.4 B | 64 | 스마오그룹 | 부동산 |
| 17 | | 루관치우 | $5.4 B | 70 | 완샹그룹 | 자동차,자동차부속품, 원자재,부동산,금융 |
| 18 | | 장즈둥 | $5.2 B | 43 | 텐센트 | 인터넷 미디어 |
| 19 | | 딩 레이 | $4.9 B | 43 | 넷이즈 | 온라인 게임 |
| 19 | | 양후이옌 | $4.9 B | 33 | 비구이위안 | 부동산 |
| 21 | | 퉁진취안 | $4.8 B | 60 | 장봉부동산 | 부동산 |
| 22 | | 왕찬푸 | $4.7 B | 49 | BYD | 전기차,배터리 |
| 23 | | 장스핑 | $4.4 B | 68 | 산동위교 그룹 | 금속 |
| 23 | | 조젠핑 가족 | $4.4 B | 54 | 하이란그룹 | 의류 |
| 25 | | 궈광창 | $4.3 B | 48 | 푸싱 인터내셔널 | 원자재,부동산, 제약생물기술,금융 |

| 순위 | 이름 | 순자산 | 연령 | 회사명 | 업종 |
|---|---|---|---|---|---|
| 26 | 왕웨이 | $4.2 B | 44 | S.F. Express | 물류 |
| 27 | 량원건 | $4 B | 58 | 싼이중공업 | 공업설비 |
| 28 | 루즈창 | $3.8 B | 62 | 범해그룹 | 부동산, 금융 |
| 28 | 순광신 | $3.8 B | 52 | 신상광위 산업투자그룹 | 에너지,무역,부동산 |
| 30 | 류용하오 | $3.7 B | 63 | 신희망그룹 | 기업형 농업 |
| 30 | 장잉 | $3.7 B | 49 | SOHO 차이나 | 부동산 |
| 32 | 공훙지아 | $3.4 B | 50 | 하이캉 웨아스 | 전자제품제조,투자 |
| 32 | 류종티앤 | $3.4 B | 51 | 종왕 홀딩스 | 알류미늄 제조 |
| 32 | 루샹양 | $3.4 B | 52 | 롱제투자, BYD | 자동차,배터리,투자 |
| 35 | 쟝빈 | $3.3 B | 48 | 거얼성쒜에 | 음향전자제품제조 |
| 36 | 판쯔엉민 | $3.2 B | 45 | AAC 성악과기 | 전자 |
| 36 | 스위주 | $3.2 B | 52 | 거인그룹 | 온라인 게임,투자 |
| 36 | 우야준 | $3.2 B | 51 | 롱후토지 | 부동산 |
| 36 | 장진동 | $3.2 B | 52 | 쑤닝윈샹 | 가정용기기 소매 |
| 40 | 치우광허 | $3.1 B | 63 | SEMIR | 의류소매 |
| 40 | 왕위서 | $3.1 B | 51 | 신아오그룹 | 에너지 |
| 42 | 황루룬 | $3 B | 63 | Century Golden Resources Group | 부동산 |
| 43 | 황싀짜이 | $2.8 B | 63 | 대중화 인터내셔널 | 부동산 |
| 44 | 리리 | $2.7 B | 51 | 하이푸뤠이 | 제약 |
| 44 | 예청차이 | $2.7 B | 71 | 신리타이 | 제약 |
| 46 | 팡캉 | $2.6 B | 59 | 하이티 엔웨이 | 조미료 |
| 47 | 처펑셩, Haikou | $2.5 B | 65 | Sihuan Pharma- ceutical Holding Group Ltd | 제약 |
| 47 | 첸 파슈 | $2.5 B | 54 | 뉴 화두 인더 스트리얼 그룹 | 광산,수퍼마켓 |
| 47 | 스원보 | $2.5 B | 65 | 헝안그룹 | 위생산물 |
| 50 | 푸 리취안 | $2.5 B | 47 | 다화구펀 | 감시장치,전기 |

| 순위 | | 이름 | 순자산 | 연령 | 회사명 | 업종 |
|---|---|---|---|---|---|---|
| 50 | | 커시핑 | $2.5 B | 54 | 샤먼헝싱 그룹 | 투자,금융, 부동산,원자재 |
| 50 | | 쉬렌제 | $2.5 B | 61 | 헝안그룹 | 위생산물 |
| 53 | | 리슈푸 | $2.4 B | 51 | 지리그룹 | 자동차 |
| 53 | | 마젠룽 | $2.4 B | 60 | 선저우 인터내셔널 | 원단,의류 |
| 53 | | 주싱량 | $2.4 B | 56 | 진탕랑 | 건설 |
| 56 | | 송쭈어원 | $2.4 B | 68 | 산동남산 그룹 | 알루미늄,건축, 방직,부동산,항공 |
| 57 | | 차오룽샹 | $2.3 B | 57 | 징촨야오예 그룹 | 제약,생물과기 |
| 57 | | 린지앤화 | $2.3 B | 52 | 푸스터 | 환경보호, 태양에너지 |
| 57 | | 쉐광린 | $2.3 B | 47 | 브라이트 오일 | 석유,운송 |
| 57 | | 쎄빙 | $2.3 B | 63 | 중국생물 제약 | 제약 |
| 61 | | 리종추 | $2.3 B | 51 | 석기소식 | 소프트웨어,서비스 |
| 62 | | 쟝런성 | $2.2 B | 61 | 즈페이성우 | 백신,제약 |
| 63 | | 주린야오 | $2.2 B | 45 | 화바오 인터내셔널 | 향수,향료 |
| 64 | | 주공샨 | $2.1 B | 57 | GCL-폴리 에너지홀딩스 | 태양전지판 |
| 65 | | 황웨이 | $2.1 B | 56 | 신후그룹 | 부동산,금융, 원자재제약,생명과기 |
| 65 | | 린깡 | $2.1 B | 50 | 캉즈어야 오예 | 제약 |
| 65 | | 왕원쉐 | $2.1 B | 47 | 화샤싱푸 | 부동산 |
| 68 | | 순퍄오양 | $2.1 B | 56 | 헝뤄이제약 | 제약 |
| 68 | | 웨이치 | $2.1 B | 60 | 티엔허화공 | 석유,화학 |
| 70 | | 차이쿠이 | $2 B | 52 | 롱후띠챤 | 부동산 |
| 70 | | 첸궈쥰 | $2 B | 52 | 인타이그룹 | 소매,부동산 |
| 70 | | 옌빈 | $2 B | 61 | 화빈 인터 내셔널 그룹 | 부동산,식료, 무역,관광업 |
| 73 | | 리리우파 | $2 B | 57 | 티엔루이 그룹 | 철강,원자재,관광업 |
| 73 | | 왕챵티엔 | $2 B | 50 | 광시앤전매 | TV,영화제작, 엔터테인먼트 |
| 75 | | 팡웨이 | $1.9 B | 57 | 팡다그룹 | 제조업 |

| 순위 | 이름 | 순자산 | 연령 | 회사명 | 업종 |
|---|---|---|---|---|---|
| 75 | 푸메이천 | $1.9 B | 57 | 화처잉스 | 오락 |
| 75 | 징빠이푸 | $1.9 B | 45 | 국제카니발 | 부동산 |
| 78 | 자웨팅 | $1.9 B | 41 | 러쓰왕 | 인터넷미디어 |
| 78 | 정지앤밍 | $1.9 B | | 순펑광전 | 친환경 및 신에너지 |
| 80 | 천진샤 | $1.8 B | 47 | 융진그룹 | 투자 |
| 81 | 차이동칭 | $1.8 B | 46 | ALPHA | 애니메이션 |
| 81 | 황전다 | $1.8 B | 67 | 광둥그룹 | 건축 |
| 81 | 시옹슈지 앤 부부 | $1.8 B | 58 | 닝보그룹 | 부동산 |
| 84 | 쉐상동 | $1.8 B | 56 | 동화소프트 웨어 | 소프트웨어 |
| 85 | 위링 | $1.8 B | 65 | 그린제약 | 제약 |
| 86 | 량원차오 | $1.8 B | 46 | 탕천 베이지엔 | 영양조충제 |
| 86 | 장 리 | $1.8 B | 62 | 푸리그룹, 장리광업 | 부동산 |
| 88 | 양 카이 | $1.8 B | 58 | 광산유업 | 유제품 |
| 89 | 장지용 | $1.7 B | 46 | 동금천, 항성부동산 | 선박건조,조선소 |
| 90 | 펑하이량 | $1.7 B | 54 | 하이량그룹 | 구리가공,부동산 |
| 91 | 장자오 바이 | $1.7 B | 51 | 펑신그룹 | 부동산 |
| 91 | 우광밍 | $1.7B | 53 | 위위에의료 설비주식회사 | 의료장비 |
| 91 | 저우췬 페이 | $1.7 B | 45 | 란쓰과기 | 제조업 |
| 94 | 리쉬롱 | $1.7 B | 58 | 절강영서 공고집단 | 석유화학 |
| 94 | 저우청젠 | $1.7 B | 50 | 미터즈 | 소매 |
| 96 | 마시휘 | $1.6 B | 44 | 구보조명 | LED lighting |
| 97 | 린슈청 가족 | $1.6 B | 59 | 싼안그룹 | 전자공학 |
| 98 | 황리 가족 | $1.6 B | 51 | 고덕홍외 | 전자장비 |
| 98 | 량신쥔 | $1.6 B | 47 | 푸싱그룹 | 원자재,부동산,바이오,제약, 금융,유통 등 |
| 100 | 류바오린 | $1.6 B | 61 | 지우저우통 그룹 | 의료 |

| 순위 | | 이름 | 성별 | 출생년도 | 소속 | 자산 | 주요산업 |
|---|---|---|---|---|---|---|---|
| 1 | | 마윈 | 男 | 1964 | 알리바바 | 1500억 위안 | IT,전자상거래 |
| 2 | | 왕젠린 | 男 | 1954 | 완다 | 1450억 위안 | 부동산,문화 |
| 3 | | 리허쥔 | 男 | 1967 | 하너지 에너지 | 1250억 위안 | 태양력,풍력,수력 |
| 3 | | 종칭허우 | 男 | 1945 | 와하하 | 1250억 위안 | 음료 |
| 5 | | 마화텅 | 男 | 1971 | 텐센트 | 1085억 위안 | IT,오락 |
| 6 | | 리옌훙 | 男 | 1968 | 바이두 | 1050억 위안 | IT,검색엔진 |
| 7 | | 옌자허, 옌하오 부자 | 男 | 1960 | 태평양 건설사 | 850억 위안 | 건축 |
| 8 | | 옌빈 | 男 | 1954 | 화빈 | 600억 위안 | 음료,부동산 |
| 9 | | 류창동 | 男 | 1974 | 징동 | 530억 위안 | 전자상거래 |
| 10 | | 레이쥔 | 男 | 1969 | 샤오미 | 450억 위안 | 핸드폰,투자 |
| 11 | | 양후이옌 | 女 | 1981 | 비구이위안 | 440억 위안 | 부동산 |
| 11 | | 장진동 | 男 | 1963 | 쑤닝윈상 | 440억 위안 | 가전제품, 부동산 |
| 11 | | 장시핑 | 男 | 1946 | 쿠이챠오 | 440억 위안 | 방직 |
| 14 | | 왕원인 | 男 | 1968 | 정웨이 | 430억 위안 | 금속, 반도체 |
| 15 | | 쉬자인 | 男 | 1958 | 헝다 | 420억 위안 | 부동산, 투자 |
| 16 | | 허샹젠 가족 | 男 | 1942 | 비테키 | 410억 위안 | 가전 |
| 17 | | 찬라이와 | 女 | 1941 | 푸화 | 400억 위안 | 부동산 |
| 17 | | 쉬룽마오 | 男 | 1950 | 스마오 | 400억 위안 | 부동산,투자 |
| 19 | | 루관치우 | 男 | 1946 | 스마오 | 395억 위안 | 자동차제조,부동산, 농업 |
| 20 | | 류융싱 | 男 | 1948 | 둥팡시왕 | 380억 위안 | 산화알루미늄, 중화공, 사료 |
| 21 | | 장즈동 | 男 | 1971 | 텐센트 | 375억 위안 | IT,오락 |
| 22 | | 웨이쩬쥔 | 男 | 1964 | 창청치처 | 370억 위안 | 자동차 |
| 23 | | 딩레이 | 男 | 1971 | 왕이 | 355억 위안 | IT,오락 |
| 24 | | 리진위안 | 男 | 1958 | 텐스 | 350억 위안 | 건강식품 |
| 24 | | 루즈창 | 男 | 1952 | 판하이 | 350억 위안 | 부동산,금융,투자 |

| 순위 | 이름 | | 성별 | 출생년도 | 소속 | 자산 | 주요산업 |
|---|---|---|---|---|---|---|---|
| 26 | | 류상양 부부 | 男 女 | 1962 1963 | 롱지에투자 | 315억 위안 | 투자 |
| 26 | | 주이차이 부부 | 男 女 | 1964 | 위룬 | 315억 위안 | 식품,부동산 |
| 28 | | 왕촨푸 | 男 | 1966 | 비야디 | 310억 위안 | 자동차,휴대폰부품,충전지 |
| 29 | | 량원근 | 男 | 1956 | 싼이 | 300억 위안 | 중공업 |
| 30 | | 류용하오 | 男 | 1951 | 신시왕 | 290억 위안 | 농업,금융 |
| 30 | | 장인 | 女 | 1957 | 주룽제지 | 290억 위안 | 제지업 |
| 32 | | 궈광창 | 男 | 1967 | 푸싱 | 280억 위안 | 투자,강철,의약품 |
| 32 | | 왕위서 | 男 | 1964 | 신아오 | 280억 위안 | 천연가스,화학에너지 |
| 32 | | 조젠핑 | 男 | 1961 | 하이란 | 280억 위안 | 의류,투자 |
| 35 | | 우야쥔 | 女 | 1969 | 용호 | 260억 위안 | 부동산 |
| 36 | | 스위주 | 男 | 1981 | 쥐런 | 245억 위안 | 금융,온라인게임 |
| 37 | | 황웨이, 리핑 부부 | 男 女 | 1959 | 위룬 | 240억 위안 | 부동산,금융 |
| 38 | | 순광신 | 男 | 1962 | 광후이 | 235억 위안 | 부동산,자동차판매,에너지 |
| 39 | | 장빈 | 男 | 1966 | 고어테크 | 225억 위안 | IT |
| 40 | | 황루룬 | 男 | 1951 | 스지진위엔 | 220억 위안 | 부동산 |
| 40 | | 판스이, 장잉 부부 | 男 女 | 1963, 1965 | SOHO 차이나 | 220억 위안 | 부동산 |
| 40 | | 왕원쉐 | 男 | 1967 | 화샤싱푸 | 220억 위안 | 부동산 |
| 43 | | 궁홍자, 첸춘메이 부부 | 男 女 | 1965 | 하이캉 웨이스 | 215억 위안 | 보안장비 |
| 43 | | 장 차오바이 형제 | 男 | 1963 | Pengxin | 215억 위안 | 부동산,투자 |
| 43 | | 리슈푸 | 男 | 1963 | 지리그룹 | 215억 위안 | 자동차제조 |
| 43 | | 판정민 | 男 女 | 1969 | AAC Technologies | 215억 위안 | 전자부품제조업 |
| 47 | | 천파슈 | 男 | 1964 | 신화두 | 205억 위안 | 투자,부동산 |
| 48 | | 천젠화 | 男 | 1971 | 헝리 | 200억 위안 | 방직,화학섬유 |
| 48 | | 웨이치 | 男 | 1955 | 톈허화공 | 200억 위안 | 화공 |
| 48 | | 주멍이 | 男 | 1959 | 허성황잔 /주지양투자 | 200억 위안 | 부동산 |

| 순위 | 이름 | 성별 | 출생년도 | 소속 | 자산 | 주요산업 |
|---|---|---|---|---|---|---|
| 51 | 첸추오린 가족 | 男 | 1962 | 야쥐러 | 190억 위안 | 부동산 |
| 51 | 황광위 가족 | 男 | 1969 | 펑룬투자 | 190억 위안 | 가전제품,부동산 |
| 51 | 자웨팅 가족 | 男 | 1973 | 러스왕 | 190억 위안 | 통신,동영상서비스 |
| 51 | 롱즈젠 | 男 | 1942 | 중신타이푸 | 190억 위안 | 투자,부동산 |
| 51 | 웨이샤오준 | 男 | 1963 | Longjitaihe | 190억 위안 | 부동산,대체에너지 |
| 51 | 샤오젠화、주훙원 부부 | 男 女 | 1971 | 명천 주식회사 | 190억 위안 | 금융,투자 |
| 57 | 치우광허 가족 | 男 | 1951 | 썬마그룹 | 185억 위안 | 의류 |
| 58 | 차이쿠이 가족 | 男 | | 용호그룹 | 180억 위안 | 부동산 |
| 58 | 뚜쑤앙화 | 男 | 1965 | 르쟈오철강 | 180억 위안 | 철강 |
| 58 | 스원보 | 男 | 1950 | 헝안그룹 | 180억 위안 | 개인위생용품 |
| 61 | 첸궈준 | 男 | 1962 | 인타이 | 175억 위안 | 소매,부동산 |
| 61 | 쑨소우췐 | 男 | 1949 | 지아청 | 175억 위안 | 내화재료,석탄화학 |
| 61 | 쉬렌제 | 男 | 1953 | 헝안 | 175억 위안 | 개인위생용품,기저귀 |
| 61 | 쉐광린 | 男 | 1967 | 광후이석유 | 175억 위안 | 석유탐사,석유거래 |
| 61 | 위안야페이 | 男 | 1964 | 산바오 | 175억 위안 | IT소매,부동산,투자 |
| 61 | 장스샹 | 男 | 1967 | 지앤롱 | 175억 위안 | 철강,광업,운송 |
| 61 | 정젠장 가족 | 男 | 1961 | 아오커스 | 175억 위안 | 가전,부동산 |
| 68 | 천톈차오 가족 | 男 | 1973 | 샨다네트워크 | 170억 위안 | 온라인게임 |
| 68 | 린이 | 男 | 1963 | 승룡 | 170억 위안 | 부동산 |
| 68 | 리우중톈 | 男 | 1964 | 비철금속 | 170억 위안 | 구리 |
| 68 | 장훙웨이 | 男 | 1954 | 동방 | 170억 위안 | 에너지원,소매 |
| 72 | 주린야오 | 女 | 1970 | 화바오그룹 | 165억 위안 | 향수,향료 |
| 73 | 두샤 가족 | 男 | 1947 | 쟈스지예 | 160억 위안 | 투자 |
| 74 | 팡웨이 | 男 | 1973 | 팡다그룹 | 155억 위안 | 탄소,강철,석탄 |
| 74 | 궈언구이 가족 | 男 | 1966 | 행정기관 | 155억 위안 | 부동산,투자 |

| 순위 | 이름 | 성별 | 출생년도 | 소속 | 자산 | 주요산업 |
|---|---|---|---|---|---|---|
| 74 | 예청차이 가족 | 男 | 1943 | 신리타이 | 155억 위안 | 의약품 |
| 74 | 장리, 장량 부자 | 男 | 1953 | R&F | 155억 위안 | 부동산,광업 |
| 78 | 처지앤신 | 男 | 1966 | 훙싱메이 카이롱 | 150억 위안 | 가구 |
| 78 | 천훙톈,야오 리니 부부 | 男女 | 1959 | 샹치그룹 | 150억 위안 | 투자,부동산 |
| 78 | 린슈칭, 린즈창 부자 | 男 | 1951 1974 | 싼안광전 | 150억 위안 | LED |
| 78 | 샤오종이 | 男 | 1968 | 천시백화점 그룹 | 150억 위안 | 석유화학,가공업 |
| 78 | 장레이 | 男 | 1972 | Hillhouse | 150억 위안 | 투자 |
| 83 | 펑하이량 | 男 | 1960 | 하이량그룹 | 145억 위안 | 구리가공,투자 |
| 83 | 리리 가족 | 男 | 1964 | 하이푸루이 | 145억 위안 | 의약품 |
| 83 | 팡캉 | 男 | 1956 | 하이티엔 웨이 | 145억 위안 | 식품제조업 |
| 83 | 송쥐원 가족 | 男 | 1947 | 난산 | 145억 위안 | 알루미늄,의류,투자 |
| 83 | 위용 | 男 | | Cathay Fortune- Corp | 145억 위안 | 광업 |
| 83 | 자오부창 | 男 | 1942 | 부창 | 145억 위안 | 의약품 |
| 83 | 저우훙이 | 男 | 1970 | 치후360 | 145억 위안 | 소프트웨어 |
| 90 | 처펑성 | 男 | 1962 | 쓰환의약 | 140억 위안 | 의약품 |
| 90 | 황누보 | 男 | 1956 | 중쿤 투자 그룹 | 140억 위안 | 부동산 |
| 90 | 황원즈 | 男 | 1953 | 싱허완 | 140억 위안 | 부동산 |
| 90 | 류환위안 | 男 | 1964 | 퉁웨이 | 140억 위안 | 농업,신에너지 |
| 90 | 마싱톈 가족 | 男 | 1969 | 캉 메이 제약 | 140억 위안 | 제약 |
| 90 | 먀오소우량 | 男 | 1955 | 푸위안 | 140억 위안 | 부동산,수력,신에너지 |
| 90 | 니자오싱 가족 | 男 | 1956 | 중룬그룹 | 140억 위안 | 문화,부동산,에너지원,투자 |
| 90 | 쉬닝, 리산후 부부 | 男女 | | 혁기국제 그룹 | 140억 위안 | 의류 |
| 90 | 옌시쥔 | 男 | 1953 | 천사력그룹 | 140억 위안 | 의약품 |
| 90 | 주궁산 | 男 | 1958 | 골든콩코드 홀딩스 | 140억 위안 | 태양열,발전소 |
| 100 | 차이동칭 가족 | 男 | 1969 | Alpha Animation | 135억 위안 | 애니메이션 |

## 중국을 움직이는 CEO들

초판 1쇄 발행 ▮ 2015년 10월 20일
초판 2쇄 발행 ▮ 2015년 11월 30일

지은이 ▮ 홍순도
펴낸이 ▮ 김정동
펴낸곳 ▮ 서교출판사
등록번호 ▮ 제 10-1534호
등록일 ▮ 1991년 9월 12일
주소 ▮ 서울시 마포구 합정동 371-4 덕준빌딩 2F
전화번호 ▮ 3142-1471(대)
팩시밀리 ▮ 6499-1471

이메일 ▮ seokyodong1@naver.com
홈페이지 ▮ http://blog.naver.com/seokyobooks
ISBN ▮ 979-11-85889-16-9 03320

잘못된 책은 구입처나 본사에서 교환해 드립니다.

서교출판사에서는 독자 여러분의 투고를 기다리고 있습니다. 특히 중국 관련 원고나 아이디어가 있으신 분은 seokyobooks@naver.com으로 간략한 개요와 취지 등을 보내 주세요. 출판의 길이 열립니다.

이 도서의 국립중앙도서관 출판예정도서목록(CIP)은 서지정보유통지원시스템 홈페이지 (http://seoji.nl.go.kr)와 국가자료공동목록시스템(http://www.nl.go.kr/kolisnet)에서 이용하실 수 있습니다. (CIP제어번호: CIP2015027764)